Angus Kinnear

# Watchman Nee

## Ein Leben gegen den Strom


clv

Christliche
Literatur-Verbreitung e.V.
Postfach 11 01 35 · 33661 Bielefeld

1. Auflage 1996
2. Auflage 2006

Englischer Originaltitel »Against the tide, the story of Watchman Nee«

Postfach 110135 · 33661 Bielefeld
CLV im Internet: www.clv.de

Übersetzung: Irmgard Muske
Umschlag: Dieter Otten, Bergneustadt
Satz: CLV
Druck und Bindung: AALEXX Druck GmbH, Großburgwedel

ISBN-10: 3-89397-368-0
ISBN-13: 978-3-89397-368-2

# Inhalt


Vorwort des Herausgebers 6
Vorwort des Autors 9
Wer ist wer? 11

Das Gottesgeschenk 15
Ehre deine Ahnen 19
Revolution 29
Hingabe 41
Das Samenkorn entfaltet sich 49
Die Glaubensprobe 61
Dienst im Ausland 73
Die alten Weinschläuche 81
Irdene Gefäße 91
Ernüchterung 99
Neue Horizonte 111
Rückbesinnung 123
Der Höhepunkt 135
Rückzug 143
Rückkehr 153
Eine folgerichtige Wahl 163
Die Falle klappt zu 173
Die Feuerprobe 183
Unterdrückung 193
Die letzten Jahre 201

Landkarte – China 211
Literatur und Anmerkungen 213

# Vorwort des Herausgebers

Es ist über zwanzig Jahre her, seit diese beeindruckende Biographie zum ersten Mal in deutscher Sprache erschienen ist. Damals wurden auch zahlreiche andere Bücher von W. Nee übersetzt und herausgegeben, von denen das Buch »Das normale Christenleben« sicher die größte Verbreitung gefunden hat.

In den letzten Jahren sind die Schriften von W. Nee ein wenig in Vergessenheit geraten oder ins Zwielicht gerückt, weil einige zweifelhafte Zeitgenossen sich auf ihn beziehen und seine Aussagen zitieren, um ihren sektiererischen Lehren und Zielen einen seriösen, vertrauenerweckenden Anstrich zu geben.

Zu diesen Männern muß auch der in diesem Buch öfter erwähnte Witness Lee gezählt werden, der damals einer der leitenden Mitarbeiter Nees in Schanghai und auf den Philippinen war, später in die USA auswanderte und von dort aus in vielen Ländern sog. »Ortsgemeinden« gründete. Auch wenn er sich auf W. Nee beruft und viele seiner Bücher herausgegeben hat, – seine eigene willkürliche Bibelauslegung, sein Mystizismus, seine sektiererische Gemeindesicht und Praxis hat nichts mit den Überzeugungen und der Gesinnung von Watchman Nee zu tun.

Auch deswegen ist es um so mehr zu begrüßen, daß diese anregende und herausfordernde Lebensgeschichte von W. Nee neu aufgelegt worden ist und sicher manches Vorurteil beseitigen kann.

Hier wird uns ein Mann vorgestellt, der als 18jähriger eine tiefgreifende Bekehrung erlebte und für den es selbstverständlich war, daß er sich »lebenslang im Gehorsam dem Einen unterwarf, der totale Ansprüche stellt«.

Sein eifriges Bibelstudium, seine Entschiedenheit, seine außerordentliche Begabung und sein Fleiß als junger, unkonventioneller Straßenevangelist waren der Grund dafür, daß Menschen in seiner Umgebung sich bekehrten und Christen herausgefordert wurden, die Bibel zu studieren und danach zu leben.

Im Alter von 21 Jahren gab er bereits die Zeitschrift »Erweckung« heraus, vier Jahre später schrieb er sein umfangreiches Werk »Der geistliche Christ« und noch keine dreißig Jahre alt war er bereits der anerkannte geistliche Führer einer wachsenden Anzahl von Gemeinden, die später »Kleine Herde« genannt wurden und in denen man versuchte, ein Gemeindeleben nach biblischem Muster zu praktizieren. Bis zu seiner Verhaftung im Jahr 1952 entstanden durch seinen Dienst etwa 700 Gemeinden, die besonders vor der Kulturrevolution in ganz China eine enorme Evangelisationsarbeit leisteten.

W. Nee war vielseitig begabt. Als Evangelist und Lehrer hat er segensreiche Spuren hinterlassen, aber er legte auch großen Wert darauf, jüngere Brüder zu fördern und zum Dienst zuzubereiten.

Seine schriftstellerische Begabung hat sich in zahlreichen Liedern und in den Büchern niedergeschlagen, die zum großen Teil aus seinen zahlreichen Artikeln in seinen Zeitschriften zusammengestellt wurden, oder Mitschriften seiner Ansprachen waren und zunächst in China eine große Verbreitung gefunden haben. Es entspricht sicher den Tatsachen, wenn gesagt wurde, daß kein anderer christlicher chinesischer Schriftsteller einen solchen Einfluß auf die Christen aller Denominationen in China hatte, wie Watchman Nee.

Es ist interessant, die theologische Prägung W. Nees aufzuspüren. Natürlich hat vor allem das Studium der Bibel seine Überzeugungen geprägt, – er hat z. B. als junger Christ monatlich mehrmals das Neue Testament durchgelesen. Aber auch Biographien und theologische Werke haben einen großen Einfluß auf sein Denken und Leben gehabt. Da waren zunächst die Schriften der französischen Mystikerin Guyon und die Biographien von Georg Müller und Hudson Taylor, die ihn stark beeindruckten. Wenige Jahre später beschäftigte er sich mit den Kommentaren von Alford und Westcott und den Biographien von Martin Luther, John Knox, Jonathan Edwards, George Whitefield und David Brainerd. Auch die »Heiligungsbewegung« mit ihren Autoren wie Andrew Murray, F. B. Meyer, Evan Roberts, Otto Stockmayer und Jessie Penn-Lewis haben die Überzeugungen von W. Nee geformt und schließlich ist deutlich der Einfluß der Bücher von J. N. Darby, C. A. Coates, W. Kelly, F. W. Grant und anderen Autoren der »Brüderbewegung« zu erkennen.

Fast ist man geneigt zu sagen, daß Watchman Nee es verstanden hat, jeweils das Wertvollste aus den Erkenntnissen und Erfahrungen dieser Autoren für sich und andere nutzbar zu machen. In seinen Predigten und Schriften ging es ihm nicht darum, Wissen oder neue Erkenntnisse zu vermitteln, sondern Hörern und Lesern den Weg zu einem Leben in Abhängigkeit von Gott und in eine echte, tiefe Gemeinschaft mit Christus zu zeigen. Daher wurden Themen wie »Zerbruch«, »Hingabe«, »Anbetung« usw. in seinem Dienst immer wieder betont.

»Es bedarf eines Zerbrechens, einer völligen Bereitschaft zur Hingabe, um bei anderen Menschen ein Bedürfnis danach zu wecken, den Herrn näher kennenzulernen …

So viele angesehene und gefeierte Menschen in der christlichen Welt wissen nichts davon, was es heißt, verschwendet zu werden … Wir möchten am liebsten immer auf Trab sein. Der Herr aber möchte uns manchmal lieber im Gefängnis haben. Wir würden am liebsten auf Apostel-Reisen sein – aber Apostel tragen ihre Ketten. Der Herr gebe uns Gnade, damit wir lernen ihm zu gefallen.«

Die letzten 20 Jahre seines Lebens hat W. Nee im Gefängnis zugebracht. In diesen scheinbar »verschwendeten« Jahren hatte er weder eine Bibel, noch irgendwelche theologischen Werke. Dennoch hörte man ihn in aller Frühe geistliche Lieder singen und sein Zeugnis hat zumindest dazu geführt, daß ein Gefängniswärter zum Glauben gekommen ist.

Wenige Wochen nach seiner Entlassung, am 1. Juni 1972, wurde W. Nee heimgerufen. Zu Lebzeiten hat er nie erfahren, daß gerade die Nachricht seiner Verhaftung und seines geduldigen Leidens in alle Welt verbreitet wurde und dazu führte, daß nicht nur sein Name, sondern auch seine Schriften überall bekannt und in viele Sprachen übersetzt wurden. So diente diese lange, scheinbar sinnlose Haftzeit dazu, ungezählte Menschen in allen Erdteilen mit seiner Botschaft bekannt zu machen.

Diese Biographie stellt keinen fleckenlosen Heiligen vor, sondern schildert auch die Niederlagen, Fehlentscheidungen und Irrwege eines Mannes, der trotz aller Schwächen und Mängel mutmachend und glaubwürdig vorgelebt hat, wie man gegen den Strom unbiblischer Auffassungen und Traditionen schwimmen und zur Ehre Gottes leben kann.

Wolfgang Bühne

# Vorwort des Autors

Wenn ich diesen Bericht über Leben und Dienst Watchman Nees vorlege, so geschieht das aus einer gewissen Distanz, da ich nie in China gewesen bin. Ich war ein junger Missionar, der von England gerade nach Indien ausreisen sollte, als ich einige unvergeßliche Wochen mit Nee verbrachte. Leben und Dienst des Christen erschienen mir danach in einem neuen Licht; ich gewann eine neue Ausrichtung und sah das Ziel klarer. Und jetzt, da mir die Aufgabe geworden ist, die ungewöhnliche Geschichte seines Lebens niederzuschreiben, hat er mein Denken wieder stark bewegt. Das mag auch darin seinen Grund haben, daß sein Leben untrennbar mit seiner Botschaft verbunden ist. Das eine erhellt das andere. Dazu kommen die vielen Anekdoten, mit denen er seine Gedanken veranschaulichte und die, da sie meist aus seinem Leben oder aus dem seiner Freunde gegriffen waren, willkommene Hilfe bei der Abrundung des oft lückenhaften Quellenmaterials boten. Alles zusammen zeigt Gottes Hand in einem Leben, das durch welterschütternde Ereignisse führte.

Jahre hindurch hatte ich das Vorrecht, Menschen zu begegnen, die Nee sehr gut kannten, und ihnen verdanke ich hauptsächlich das lebendige Bild von ihm, das ich in diesem Buch nachzuzeichnen suche. Viele dieser persönlichen Berichte ergänzten und bestätigten einander, doch für manche Einzelheiten mußte ich mich – und ich glaube, mit Recht – auf die Aussage einzelner Zeugen verlassen, die nach dem Gedächtnis zitierten. Überdies habe ich gelegentlich, wo die Aussagen dürftig waren, meine eigenen Schlußfolgerungen in bezug auf die zeitliche Aufeinanderfolge gezogen und hin und wieder auch ergänzt. Für mögliche Irrtümer und Unstimmigkeiten bin ich persönlich verantwortlich, ebenso für meine Einschätzung Nees und seiner Mitarbeiter.

Bei meiner Arbeit haben mir also viele Menschen geholfen; aber an erster Stelle muß ich meine Dankesschuld gegenüber der verstorbenen Elisabeth Fischbacher erwähnen, die das beste von Nees Predigten und Artikeln in zuverlässigen Abschriften festhielt. Mit großem Geschick hat sie den geistigen Niederschlag dieses Mannes eingefangen und für die Nachwelt aufbewahrt. Ihre Beiträge sind – bisher ungenannt – in der Bücherserie von Nee erschienen, die herauszugeben ich das Vorrecht hatte. Sie werden in diesem Buch wieder herangezogen. Bei der Deutung der Ereignisse, besonders an manchen kritischen Punkten, verdanke ich viel der Reife und Weisheit des verstorbenen Faithful Luke, der schon als Knabe Watchmans Freund war.

Im Laufe der Jahre habe ich weitere Hilfe in Gestalt von Erinnerungen, privaten Dokumenten, Übersetzungen usw. von den folgenden Personen erhalten: T. Austin-Sparks, Hubert L. Barlow, David Bentley-Taylor, Joy Betteridge, Dorothea Beugler, Lena Clarke, Theodor Fischbacher, Nancy Gaussen, Doris E. Hinckley, Herald Hsu und vielen anderen. Die gedruckten Quellen sind hinten angegeben.

*Angus I. Kinnear*
*London 1973*

# Wer ist wer?

*Die Nee (Ni) Familie* (in der Futschou-Sprache: Nga)

Watchmans Großvater:

der Rev. Nga U-cheng (U. C. Nga) in Futschou, geboren 1840; er arbeitete mit dem American Mission Board, Futschou. Gestorben 1890.

Watchmans Eltern:

Ni Weng-hsiu (W. H. Ni) oder Nga Ung-siu aus Futschou, geboren 1877, vierter von neun Söhnen. Höherer Beamter am Zoll. Gestorben in Hongkong 1941.
Lin Huo-ping (Peace Lin), geboren 1880 in Futschou, starb in Swatou 1950.

Die neun Kinder:

1. Ni Kuei-chen, geboren 1900 (Frau H. C. Chan).
2. Ni Kuei-cheng, geboren 1902 (Frau P. C. Lin).
3. Ni Schu-tsu oder Henry (oder auf Futschou: Nga Schu-jeo), geboren in Swatou am 4. November 1903. Er nannte sich später Ni Ching-fu und dann Ni To-scheng oder Watchman Nee. Verheiratet mit Charity Chang. Er starb in der Provinz Anhwei am 1. Juni 1972. Das Ehepaar war kinderlos.
4. Ni Huai-tsu oder Georg Nee, Chemiker in der pharmazeutischen Forschung.
5. Ni Scheng-tsu, er starb als Student.
6. Ni Tek-ting (Frau L. H. Wong).
7. Ni Teh-ching (Frau Chang).
8. Ni Hong-tsu oder Paul Nee.
9. Ni Hsing-tsu oder John Nee.

*Die Chang Familie*

Charitys Vater:

Rev. Chang Chuen-kuan (C. K. Chang) aus Futschou, Pfarrer in Tientsin von der Christian and Missionary Alliance.

Seine Kinder:

1. Chang Pin-tseng oder Beulah Chang (Frau G. S. Ling).
2. Chang Pin-fang oder Faith Chang (Frau K. L. Bao).
3. Chang Pin-huei oder Charity Chang (Frau Watchman Nee). Starb im Oktober 1971 in Schanghai.
4. Chang Yi-lun oder Samuel Chang.

*Einige christliche Leiter und Mitarbeiter:*

(Die Punkte bezeichnen die Mitarbeiter der »Kleinen Herde«-Bewegung)

- John Chang (Chang Kwang-yung), früher Mitarbeiter in Schanghai
- James Chen (Chen Tseh-hsin) von Amoy, Mitarbeiter in Hongkong
- Dr. C. H. Jü (Yu Cheng-hua), Augenarzt, Ältester in Schanghai
- Dora Jü (Yu Tsi-tu), Evangelistin und Bibellehrerin, die zur Bekehrung Watchman Nees beigetragen hat. Sie starb 1931.
- Stephen Kaung (Chiang Sheo-tao), Mitarbeiter in Tschungking
- Ruth Lee (Li Yuen-ju), vollzeitliche Mitarbeiterin in der Bücherstube von Schanghai
- Witness Lee (Li Shang-chou) von Chefoo, später leitender Mitarbeiter in Schanghai und auf den Philippinen
- Philip Luan (Luan Fei-li) aus Schantung, Mitarbeiter in Hangtschou
- Faithful Luke (Liok Tiong-sin) von Kutien, Mitarbeiter in Singapur
- Hirt Ma (Ma Muh), christlicher Kaufmann in Schanghai

- Simon Meek (Miao Shou-hsun) von Lieng Tschieng, Mitarbeiter in Manila Mary Stone, M. D. (Shih Ma-yu) erste chinesische Ärztin und Gründerin des Bethel Krankenhauses in Schanghai
  John Sung, Dr. phil. (Sung Ju-un), Erweckungsprediger, der mit der Evangelistischen Arbeitsgemeinschaft von Bethel zusammen arbeitete.
- Daniel Tan (Chen Chu-yen) von Amoy, Mitarbeiter in Singapur
- John Wang (Wang Lien-chun), Ältester in Futschou
  Leland Wang (Wang Tsai) aus Futschou, Gründer der China Overseas Missionary Fellowship
  Wang Ming-tao, fundamentalistischer Prediger in Tabernacle von Peking
- Peace Wang (Wang Pei-chen), Mitarbeiterin in Schanghai
  Wilson Wang (Wang Tse) aus Futschou, Bruder und Kollege von Leland Wang
- K. H. Weigh (Wei Kwang-hsi) von Kutien, Mitarbeiter in Hongkong
- K. S. Wong (Wong Kai-seng), christlicher Kaufmann in Singapur
- Lukas Wu (Wu Jen-chieh) aus Tsinkiang, Mitarbeiter in Manila
- Alan C. L. Yin, christlicher Geschäftsführer der von den Nees gegründeten Pharmazeutischen Gesellschaft

# Das Gottesgeschenk

Im Mittleren Königreich war der Frühling schon weit vorgerückt, und die Zeit der »Reinen Heiterkeit« war der des »Kornregens« gewichen. Die Nachtluft war klar. Schäfchenwolken trieben über den silbernen Mond. Kein Nebel verhüllte die zusammengedrängten Hausboote auf dem Min. Die Stadt Futschou-Fu hatte ihre sieben Tore unter den vielstöckigen Türmen geschlossen. Von den Mauern blickten rostende Kanonen über die Reisfelder und die sich immer weiter ins Land schiebenden Vororte. Kein Fußgänger überquerte mehr die »Brücke der zehntausend Zeitalter«, die die Stadt auf dem Nordufer mit Tschung-Tschou und den Nantai-Inseln verband.

Das Kauderwelsch des Tages war längst verstummt. Verklungen waren die rhythmischen Geräusche der Handwerker, der Gesang der Kulis, das Mahlen der Reisstößel, das endlose Schlürfen von Strohsandalen, das Quieken zusammengebundener Schweine, die zum Markt getragen wurden, die Rufe der Straßenhändler und die der Bettler. All dies war verstummt, und verklungen waren auch die letzten, heimwärts gerichteten Schritte in der engen Gasse: Träger einer Sänfte, die einen Beamten heimbrachten, Hafenarbeiter, die eine Dschunke beladen hatten, damit sie rechtzeitig mit der Flut auslaufen konnte; ein Opiumsüchtiger, den die Sucht nach dem »ausländischen Rauch« trieb. Nun endlich war alles still. Auch in dem weitläufigen Haus der Ngas.

» Po-po! po-po! «

Lin Huo-ping bewegte sich auf der Matte neben ihrem schlafenden Mann. Sie spürte ihr drittes Kind. Sie lauschte. Von Kuei-chen und von der Kleinen kamen nur ruhige Atemzüge.

»Po-po! po-po!«

Wieder dieser kurze Laut, diesmal näher! Es mußte der Nachtwächter auf seiner Runde sein. Das beruhigende Klappern seiner Bambusrassel wurde leiser, als er jetzt flötete: »Es ist nach Mitternacht, Nachbarn. Alles in Ordnung!«

Eine Öllampe mit schwimmendem Docht tauchte den Raum in ihr schwaches Licht. Die Flamme flackerte, als Huo-ping sich zurücklegte, beruhigt, daß alles in Ordnung war.

Wieder schloß sie die Augen, aber nicht um zu schlafen. Zum hundertsten Mal flüsterte sie: »Laß es ein Junge sein!« Groll brannte in ihr, als sie sich an die bösen, spottenden Worte erinnerte, die ihr den Besuch bei den Schwiegereltern so schmerzlich machten. Die chinesische Gesellschaft legte großen Wert auf männliche Nachkommen, und sie hatte ihrem freundlichen Nga Ung-siu nur zwei Mädchen geboren. Ihre Schwiegermutter in Kanton war wütend gewesen. Die unglückliche Frau ihres ältesten Sohnes empfinge nur Mädchen – sie hatte bereits sechs –, und nun gehe es mit Ung-sius Frau, so versicherte sie, genau so.

»Räche mich, Gott!« weinte Huo-ping voller Bitterkeit. »Nimm diesen Makel von mir!« Dann fiel ihr das halbherzige Versprechen wieder ein, das sie vor einem Jahr gegeben hatte, als ihr zweites Kind unterwegs war, und das sie so schnell wieder vergessen hatte. Mit Hannas Worten hatte sie gebetet: »Gott, wenn du mir einen Jungen gibst, will ich ihn dir zurückgeben, damit er sein Leben lang dein Diener sei.« Das waren vertraute Worte für sie. Seit ihrer Kindheit kannte sie die Geschichte von Samuel. Aber nun weckten diese Worte in ihrem Herzen auf einmal etwas, was sie vorher nicht gefühlt hatte. »Ich werde mein Wort halten, Herr«, flüsterte sie. Endlich beruhigte sie sich. Dann kam auch der Schlaf.

Es waren noch viele Wochen. Mit dem Schiff reisten sie zurück in ihr Heim in Swatou. Endlich kamen die Wehen, und dann, als ihr Mann rief: »Es ist ein Junge!« löste sich ihre Spannung in Tränen, die Freude überwältigte sie. Rotgefärbte Enteneier sagten den Nachbarn und Freunden, daß der Sohn und Erbe da war.

So kam Henry Nga am 4. November 1903 zur Welt – zur Freude seines stillen Vaters und seiner willensstarken Mutter.

Chinesische Namen haben Bedeutung, ob sie einem Kind bei der Geburt gegeben werden oder ob jemand an irgendeinem Wendepunkt seines Lebens einen neuen Namen annimmt. Entsprechend der Familientradition hieß der Knabe Nga Schu-jeo oder – in der Mandarinsprache – Ni Schu-tsu, »Der die Verdienste seiner Ahnen verkündet«. Später jedoch, als er sich seiner Mission im Leben bewußt wurde, suchte er sich einen neuen Namen, der seine Aufgabe als Gottes Sprachrohr umschrieb. Eine Zeitlang nannte er sich Ching-fu: »Einer, der warnt und ermahnt«. Aber dies schien etwas streng und herb, und er war nicht ganz befriedigt. Seine Mutter schlug dann To-scheng (Sturmglocke) vor und erinnerte ihn an ihr Versprechen in jener Nacht, als der Wächter mit seiner Bambusrassel durch die Straßen ging. So wurde Ni To-scheng aus ihm oder auf Englisch Watchman (Wächter) Nee, und unter diesem Namen ist er allgemein bekannt geworden. Er wollte wie Samuel wach sein, während andere schliefen, und priesterlich mit der Glocke läuten, um die Leute vor Gefahr zu warnen oder sie in der Dämmerung eines neuen Tages zu wecken.

*Hafen von Nantai und die »Brücke der Zehntausend Zeitalter«, Futschou.*

# Ehre deine Ahnen

Futschou ist die Hauptstadt der Provinz Fukien und eines der Tore zum südlichen Ozean. Seit Generationen wohnte die Nga (oder Nee)-Familie dort; seit Generationen gingen Männer, Frauen und Kinder der Familie im Frühling zu dem nahegelegenen Hügel, um die Gräber ihrer Ahnen zu pflegen. 1839, ein Jahr, bevor Watchmans Großvater Nga U-cheng geboren wurde, waren die Feindseligkeiten zwischen China und England wegen der Handelsbeschränkungen mit dem Ausland ausgebrochen. Es folgte der drei Jahre dauernde Opiumkrieg, der mit der Demütigung Chinas und der gewaltsamen Öffnung des Reiches für den Westen endete. Der Vertrag von Nanking 1842, in dem Hongkong an England abgetreten wurde, erzwang auch die Öffnung des Hafens von Futschou und vier anderer Häfen für den ausländischen Handel, mit allen Mißbräuchen, die das mit sich brachte. Während der chinesische Küstenhandel mit Holz, Papier, Früchten und Textilien weiterging, entstand nun eine neue und unwillkommene Niederlassung von ausländischen Fabriken und Wohnvierteln auf dem in der Mitte des Stroms gelegenen Inselchen Tschung-Tschou und auf den Hügeln der Nantai-Inseln.

Fünfzig Jahre früher hatte der gebildete Kaiser Chien Lung, der wahrscheinlich von den englischen Übergriffen unter Clive und Warren Hastings in Indien wußte, in einem Brief an Georg III. erklärt, daß in der ausgewogenen Wirtschaft seines Landes kein Raum sei für die seltsamen Produkte von Leuten, die weit fort in den Tiefen der See lebten. »Wie Ihr Abgesandter selbst feststellen kann, besitzen wir alles. Ich lege keinen Wert auf fremde und raffinierte Dinge, und wir haben keinen Gebrauch für die bei Ihnen erzeugten Waren.« In offiziellen Kreisen herrschte diese Ansicht noch immer vor. Doch wurden in Europa zunehmend chinesisches Porzellan, Seide und Lack verlangt, und da durch kaiserliches Edikt Tauschhandel verboten war, mußten die englischen Kaufleute mit Silber bezahlen. Dieses Problem wurde erst gelöst, als sie herausfanden, daß man die Chinesen zum Kauf von indischem Opium bewegen konnte. Das Prinzip des Umtauschs wurde dann so angewandt, daß es einseitig zum Vorteil der Engländer arbeitete, und um 1851 war der Widerstand des Himmelssohnes schon so weit ausgeschaltet, daß der Opiumhandel legalisiert wurde.

Zum Aufschwung des Handels trug vor allem auch Europas Verlangen nach Tee bei. Um 1853, als Großvater Nga U-cheng vierzehn Jahre alt war, wurden die ersten Schiffsladungen mit Futschou-Tee nach Europa und Amerika verfrachtet, und bald machten die hohen chinesischen Schnellsegler mit den stolzen Namen »Taeping«, »Thermopylae«, »Ariel« Futschou zum zweitwichtigsten Tee-Hafen nach Schanghai.

Eine andere Folge des Opiumkrieges und des Vertrags von Nanking war das Eindringen des protestantischen Christentums in China. Die Missionare folgten den Kaufleuten, und ein westlicher Zeitgenosse schrieb mit erstaunlicher Selbstzufriedenheit: »Die Art, wie Gott mit diesem Volk handelte, beginnt offenbar zu werden; er unterwarf sie dem Gericht, damit er ihnen seine Gnade zeigen kann.« Der zinnoberrote Stift des Kaisers hatte in einem Dekret verordnet, daß der christliche Glaube im Reich der Mitte toleriert werden sollte, doch militärischer Druck laugte die Verordnung aus. Trotzdem tat sich nun die Tür weit auf; westliche Missionare mit ihrem sozialen Bewußtsein und evangelistischen Eifer zogen ein und pflanzten einen neuen Begriff von Gerechtigkeit in chinesische Herzen.

Dies geschah schnell. Die ersten Missionare, die 1847 in Futschou ankamen, waren Kongregationalisten aus Amerika; im gleichen Jahr folgten amerikanische Methodisten und 1850 Anglikaner von der Missionsgesellschaft der Englischen Kirche. Die Missionare zögerten nicht, gegen den frevelhaften Opiumhandel zu protestieren. Aber als rothaarige Ausländer mit exterritorialen Vorrechten, fielen sie für die Chinesen mit den Kaufleuten und deren Handel in einen Topf.

Die erste Schule, die westliche Bildung vermittelte, wurde von der amerikanischen Mission in einem Vorort der alten Stadt eröffnet, und dort hörte Watchman Nees Großvater als Knabe von der Liebe Gottes in Christus Jesus und wurde für ihn gewonnen. Vier Jahre später, 1857, als die erste christliche Gemeinde in

Futschou entstand, gehörte er zu einer Gruppe von vier Schülern, die im Min getauft wurden[1]. Er machte so gute Fortschritte, daß die Amerikaner ihn zum Evangelisten ausbildeten, und bald verkündete er mit anderen jungen Männern das Evangelium von Jesus Christus in dieser Stadt, die eine halbe Million Einwohner hatte. Schließlich wurde er zum Pastor ordiniert, der erste Chinese von den drei Missionen Nord-Fukiens. Er hatte eine besondere Gabe, die Schrift auszulegen; daran erinnerte man sich noch lange nach seinem Tod im Jahre 1890.

Als für den Heranwachsenden die Zeit zum Heiraten kam, wurde das für ihn die große Prüfung seines Glaubens. In Fukien glaubten noch sehr wenige Frauen an Christus, und die Sitte verbot, jemanden aus einem anderen Kanton zu heiraten. So mußte sich Watchmans Großvater entscheiden, sich entweder gegen die Tradition außerhalb seines Kantons umzusehen oder in bezug auf sein christliches Zeugnis einen Kompromiß zu schließen. Es spricht für ihn, daß bei ihm der Glaube über die Tradition siegte. Aus Kanton kam ein Kwangtung-Mädchen 450 Meilen mit dem Küstenschiff angereist, das er als von Gott für ihn bestimmt empfing und das ihm eine echte, wenn auch etwas scharfzüngige Lebensgefährtin wurde.

Sie wurden mit neun Jungen »gesegnet« (in chinesischen Augen). Watchmans Vater, Nga Ung-siu, war der vierte, der 1877 geboren wurde. Als Pastorensohn besuchte er die christliche Elementarschule und fuhr dann fort, die klassischen Schriften des Konfuzius für die Examina zu studieren. Futschou war ein literarisches Zentrum, in dem sich alle drei Jahre an zwei Terminen Tausende von Studenten für das erste Examen versammelten und zweimal in jedem fünften Jahr Studenten aus der ganzen Provinz für das zweite Examen. Zur festgesetzten Zeit betrat Ung-siu mit einer Menge Gefährten unter jahrhundertealtem Zeremoniell den weiten Prüfungsbezirk nordöstlich der Stadt durch einen Torbogen mit der Inschrift: »Für den Kaiser: Betet um gute Menschen.« Dort wurde er für drei Tage in einer Zelle eingeschlossen. Er schmückte seine Papierrolle mit Reihen wunderschöner Schriftzeichen und bewies seine klassische Bildung in einem Gedicht und zwei Essays über ein gestelltes Thema. Die

Arbeiten wurden völlig unparteiisch geprüft, und sein Erfolg bei der zweiten Prüfung verschaffte ihm, kurz vor seiner Heirat, den Posten eines staatlichen Zollbeamten.

Seine junge Frau Lin Huo-ping war bäuerlicher Abkunft, sie war 1880 geboren und die letzte einer großen Familie. Diese war sehr arm und im Aberglauben gefangen, Erwachsene und Kinder lebten in ständiger Angst vor Dämonen, Drachen und Zauberfüchsen. Damals herrschte eine Hungersnot in Fukien, und da so viele hungrige Mäuler gefüttert werden mußten, hatte Huo-ping keine große Überlebenschance. Selbst unter normalen Umständen konnte ein kleines Mädchen, nur weil einer zu viel war, von seinem Vater ausgesetzt oder ertränkt oder lebendig begraben werden. Einigen bot das katholische Waisenhaus außerhalb des Südtors ein Heim. Die Inschrift über dem Eingang lautete:

»Wenn dein Vater und deine Mutter dich verlassen, wird der Herr dich aufnehmen.«

Aber Huo-pings Vater verließ sie nicht so, wie andere Väter ihre überzähligen Mädchen verließen. Für drei oder vier Dollar, die er dringend brauchte, verkaufte er sie durch einen Vermittler an eine besser gestellte Familie in der Stadt, die sie als Sklavin aufziehen wollte. Sie war ein lebhaftes Kind, und bald wandte sich – wieder durch einen Mittelsmann – ein Kaufmann namens Lin, der in einer ausländischen Firma in Nantai arbeitete, an die Familie, in der Huo-ping lebte. Seine Konkubine war unfruchtbar und wünschte, sie als Tochter zu adoptieren. So kam Huo-ping wieder in andere Hände. Nach Gottes Vorsehung liebte auch der Kaufmann Kinder, und so fand sie hier ein Heim. Obwohl schon zwei Jungen und ein Mädchen in der Familie waren, schloß das Paar den temperamentvollen kleinen Neuankömmling ins Herz und zog ihn wie ein eigenes Kind auf.

Als Huo-ping sechs Jahre alt war, begann ihre Adoptivmutter der herrschenden Sitte gemäß ihre Füße einzubinden. Als Bauernmädchen wäre Huo-ping dieser Behandlung entgangen, denn die Landfrauen um Futschou hatten dieser Sitte widerstanden. Aber Huo-ping war jetzt das Kind eines Kaufmanns, das für ein besseres Geschick bestimmt war, und Lilienfüße waren ein Teil des Preises, den sie dafür bezahlen mußte.

In jenem Jahr wurde Herr Lin von einer geheimnisvollen Krankheit befallen, die der Kunst der Ärzte widerstand. Nun war ein Vorgesetzter von Lin mit Namen Chang Methodist geworden, und dieser Mann schlug vor, daß die Lins den Methodistenpastor kommen und für Lin beten ließen. Sie konnten diesen Vorschlag kaum abschlagen. Das Gebet wurde erhört, und die Lins waren von der dramatischen Genesung so beeindruckt, daß sie christliche Unterweisung suchten. Schließlich kamen sie zum Glauben an Jesus und warfen die häßlichen kleinen Götzenbilder aus dem Haus. Herr Lin und seine Frau wurden in der Methodistenkapelle in der Nähe seines Arbeitsplatzes getauft. Weil es für die Konkubine näher war, besuchte sie mit ihrem Kind die Anglikanische Kirche. Zu Huo-pings großer Freude hörte das Einbinden der Füße jetzt auf, und sie konnte wieder frei herumlaufen. Als sie die Kirchenlieder und biblischen Geschichten lernte, wurde ihr Herz warm und zu göttlichen Dingen hingezogen. Ihre neue Glückseligkeit erwies sich bald als ansteckend. Der Lehrer in der Schule fragte sie, warum sie immer singe, und sie erzählte ihm, was ihre Familie erlebt hatte. Das Ergebnis war, daß auch er sich schließlich mit Frau und Kindern der Kirche anschloß.

Nach dem Besuch einer Elementarschule – ein ausländischer Geschäftsmann hatte sie in ihrer Nachbarschaft mit christlichen Lehrern eröffnet – kam Huo-ping im Jahr 1891 auf die methodistische Missionsschule für Mädchen zu amerikanischen Lehrerinnen. Sie war inzwischen elf Jahre alt geworden, lernte gut und erlebte auch etwas von der Gnade und Vergebung Gottes. Doch ihre Religiosität blieb, wie sie später betonte, weitgehend auf Verdienste ausgerichtet, die sie durch gute Werke zu erlangen suchte.

Sie hatte die Schule schon fast durchlaufen, als eine junge chinesische Ärztin von ihrer Ausbildung in Philadelphia nach Futschou zurückkehrte. Es war Hu King-en, die zweite Chinesin, die die medizinischen Examen abgelegt hatte. Seit 1895 arbeitete sie in einem Missionshospital der Stadt und weckte in manchem Mädchen den Ehrgeiz, es ihr nachzutun. So bat auch die sechzehnjährige Huo-ping ihre Lehrerin, ihr bei der Vermittlung eines Studienplatzes in Amerika zu helfen. Da die vorläufige

Antwort günstig lautete, setzte sie bei ihrem Vater durch, daß er sie in Begleitung einer Schulfreundin in die Chinesisch-Westliche Mädchenschule nach Schanghai sandte, damit sie ihr Englisch vervollkommnete. In jenen Tagen hing dort an den Parktoren ein Schild: »Für Hunde und Chinesen verboten!«

Huo-ping plagte das Heimweh unter diesen in einem fremdartigen Stakkato sprechenden Chinesen; aber der Ehrgeiz hielt sie fest. Mit Eifer betrieb sie ihre Studien. Aber auch die große fremde Stadt mit ihren vielen Ausländern, ihrem höheren Lebensstandard übte eine wachsende Faszination auf sie aus. Bald verwendete sie den Betrag, der ihr für Musikstunden geschickt wurde, für Kleider. »Ich lernte dort«, schrieb sie, »den Hochmut des Lebens kennen.«

Eine Begegnung in Schanghai sollte für den Plan Gottes mit Huo-ping bedeutsam werden. Eine gewisse Dora Jü, nicht viel älter als sie selbst, besuchte eines Tages Huo-pings Schule, um zu den Schülerinnen zu sprechen. Jü Tzi-tu stammte aus einer kultivierten Familie und war wie viele andere dem Christentum begegnet, als sie eine westliche Schule besuchte. Sie hatte sich mit einem guten Abschlußzeugnis nach England auf den Weg gemacht, um Medizin zu studieren. Als ihr Schiff im Mittelmeer ankerte, begegnete ihr Gott, der sie nach China zurückrief, wo sie ihrem Volk Christus predigen sollte. Der Kapitän, dessen Obhut man sie anvertraut hatte, hielt sie für übergeschnappt. Da sie aber in ihrem Ersuchen fest blieb, stimmte er schließlich zu, sie auf ein von Marseille zurückkehrendes Schiff überzusetzen. In Schanghai war der Empfang durch ihre skeptische Familie kühl, aber Doras stilles Zeugnis war so überzeugend, daß am Ende auch sie erkannten: Gott hatte seine Hand auf Dora gelegt. Von jenem Tag an, begann sie standhaft Zeugnis von Jesus zu geben, indem sie predigte und Bibelstunden hielt, und das um so wirksamer, als sie kein Gehalt aus dem Ausland erhielt und darauf vertraute, daß Gott für ihre Bedürfnisse sorgen würde.

Huo-ping war sehr bewegt, als sie Doras Geschichte aus ihrem eigenen Mund vernahm. Sie besuchte sie in ihrem Zimmer, um ihr einen sorgsam gehüteten goldenen Ring anzubieten, ein Geschenk ihrer eigenen Mutter, und Doras offensichtliches

Zögern, eine solche Gabe von einem jungen Mädchen anzunehmen, überzeugte Huo-ping noch mehr von der Reinheit ihrer Motive: »Da wußte ich, daß sie Gott liebte und nicht das Geld«, sagte Huo-ping später.

Aber an sie selbst erging mit achtzehn Jahren kein Ruf Gottes, sondern sie geriet in eine Katastrophe. Ihre Mutter hatte sich nach ihr gesehnt und sich dem Studium in Amerika immer widersetzt. Als nun ein Abgesandter der Witwe von Pastor Nga U-cheng auftauchte, der eine Braut für ihren Sohn suchen sollte, ging sie sogleich auf das Angebot ein. Ohne daß Huo-ping davon wußte, wurde die Heirat mit Ung-siu beschlossen, und nun brachte ihr ein Brief, hinter dem die ganze elterliche Autorität stand, diese Nachricht. Damit war der Traum vom Medizinstudium zu Ende, denn kein Mädchen aus Fukien hatte sich je einer solchen elterlichen Abmachung widersetzt. Huo-ping bedeutet »Friede«, doch der Name »Aufruhr« würde ihr Wesen jetzt besser beschrieben haben. Sie war verzweifelt. Die Heimreise verbrachte sie in tiefer Depression. In ihrem Herzen nährte sie einen wachsenden Haß gegen die Mutter, der sie ihr Leben verdankte und die dieses Leben nun ruiniert zu haben schien.

Zu Hause wurde ihr formell die Fotografie Nga Ung-sius und das Verlobungsgeschenk überreicht, das den Vertrag besiegelte. Sie war nun unwiderruflich an einen Mann gebunden, den sie nie vorher gesehen hatte. Noch während der Hochzeitsvorbereitungen schmerzte ihr Herz. Nur unerwünschte Mädchen wurden als Bräute fortgegeben, sagte sie sich. Die anderen durften unabhängig sein und beruflich Karriere machen. Das Leben war für sie zu Ende. »Hochzeit – wie ich dies Wort haßte!«

Der Oktober kam und mit ihm die »Zeit des kalten Taus«. Am neunzehnten Tag feierte man die Vereinigung Nga Ung-sius – der als Regierungsbeamter beim Hafenzoll (in einem neuen Amt in Swatou) fortan in Mandarin Ni Weng-hsiu hieß –, des Sohnes des verstorbenen Kongregationalistenpastors, mit Lin Huo-ping, der Adoptivtochter des reichen und großzügigen christlichen Geschäftsmannes. Es wurde ein Tag der Freude und Hoffnung. Das junge Paar ging für vierzehn Tage in das Haus der Ngas, wo die alte Frau Nga über sieben Söhne und fünf Schwiegertöchter regierte. Die kurze Zeit, die Huo-ping dort in der schwierigen Rolle der Frau eines jüngeren Sohnes verbrachte, war mehr als genug, um die Zuneigung zu der eigenen liebenswürdigen Mutter wiederherzustellen. Sie beschloß, wenn sie Kinder hätte, sollten die Mädchen niemals so leiden, wie sie durch die Frauen dieses Hauses gelitten hatte, damals und später. Es war eine große Erleichterung, als die Zeit zur Abreise kam. Mit allem Hab und Gut ging es nach Swatou, dem 150 Meilen entfernten kleinen Vertragshafen an der felsigen Mündung des Han. Obgleich die Stadt winzig wirkte im Vergleich zu Futschou, hatte sie ein reiches Hinterland, und der lebhafte Handel würde Herrn Nga Ung-sin bei seiner Arbeit in der Zollbehörde voll beschäftigen. Hier richtete sich das junge Paar in der Dienstwohnung häuslich ein. Das war im Jahre 1899.

Ein Jahr später ermordeten die I-ho-t'uan, im Ausland unter dem Namen »Boxer« bekannt, in den nördlichen Provinzen chinesische Christen und hetzten gegen die Ausländer. Die Kaiserin Dowager hatte die ursprünglich gegen das Kaiserhaus gerichtete Bewegung ihren eigenen Zwecken nutzbar gemacht und eine Verordnung gegen Fremde in China erlassen. Glücklicherweise beschlossen die Vizekönige im Süden unter großem persönlichen Einsatz, zu den »ungleichen Verträgen« mit den fremden Regierungen zu stehen und das neue kaiserliche Edikt zu ignorieren. In Futschou fügte es sich, daß in der kritischen Zeit eine Überschwemmung die Brücke über den Min zerstörte und so die Mörder von ihren Opfern fernhielt. Auch in Swatou herrschte Ruhe.

In dieser Zeit wurde Kuei-chen geboren, die mit spontaner Freude als Gabe Gottes begrüßt wurde. Als jedoch ein Jahr später wieder ein Mädchen, Kuei-cheng, ankam, war die Freude nicht mehr so ungetrübt. So stark war der Einfluß der Tradition, daß ein Gefühl der Schuld die Eltern beschlich. Warum gab Gott ihnen wieder nur ein Mädchen? Sie waren schlichte Christen, und ihr Gottvertrauen wurde hart geprüft. Glücklicherweise brachte sie dieser Schmerz wieder zum Beten, so daß sie ihr Problem Gott brachten.

Und dann kam Huo-pings dritte Schwangerschaft und schließlich der beglückte Ruf des Vaters: »Es ist ein Junge!« Mit dem kleinen Nga Schu-jeo hatte Gott Huo-pings Herzenswunsch erfüllt, und obwohl sie kein Held im Glauben war, hielt sie doch ihr Versprechen. Wie Hanna gab sie dem Herrn ihren Schatz zurück. »Um diesen Knaben habe ich gebetet, und der Herr hat mir gegeben, worum ich bat. Nun gebe ich ihn dem Herrn zurück, sein Leben soll ihm gehören.«

Gott hatte sich selbst einen »Wächter« erwählt[2].

# Revolution

In den folgenden Jahren vermehrten sich die Nee (= Ni)-Kinder auf neun: fünf Jungen und vier Mädchen. Nach Kuei-chen, Kuei-cheng und Henry (Schu-tsu oder Watchman) kamen Georg (Huai-tsu) und der dritte Sohn Scheng-tsu, der als Student starb. Dann folgten nach einer Pause noch zwei Mädchen, Tek-ting und Teh-tsching, und zum Schluß noch einmal zwei Jungen: Paul (Hong-tsu) und John (Hsing-tsu).

Als junger Beamter bei der Hafenzollbehörde erhielt Nga Ung-sin ein Monatsgehalt von 35 Taels, was nicht viel war. Überdies ging fast die Hälfte davon an seine verwitwete Mutter. Um ihre Finanzen aufzubessern, gewann Lin Huo-ping die Hilfe ihres Vaters. Mit ihm baute sie in Swatou ein Exportgeschäft mit Hohlsaumarbeiten auf. Dies erwies sich bald als sehr gewinnbringend, da die Ware in Malaya, Großbritannien und den Vereinigten Staaten abgesetzt wurde.

Auch ihr Mann hatte Erfolg. Er wurde von seinen Vorgesetzten als sorgfältiger und genauer Beamter geschätzt und wegen seiner gewissenhaften Arbeit immer wieder befördert. So lebte die Familie einige Jahre in Wohlstand. Dann bereitete die Versetzung nach Sutschou, einer Stadt fünfzig Meilen westlich von Schanghai, dem lukrativen Handel ein jähes Ende. Nach zwölf Monaten wurde Nga Ung-sin von seiner Mutter gedrängt, sich um einen Posten in Futschou zu bewerben, und zu seiner Freude erhielt er ihn auch.

In Swatou hatten die Eltern sich selbst um die Erziehung ihrer Kinder gekümmert. In Futschou stellte Nga Ung-sin einen Lehrer für sie an, einen Hsiu taai, der das erste Examen bestanden hatte. Von ihm lernten die Kinder Schönschrift und die literarischen und ethischen Grundsätze der »Vier Bücher« und »Fünf klassischen Schriften«, die die Grundlage der chinesischen Kultur seit zwei Jahrtausenden gewesen waren. Obgleich das alte Prüfungssystem 1905 abgeschafft worden war und der Weg zu beruflichem Aufstieg auf neuen Schulen gesucht wurde, die westliche Bildung vermittelten, so galt doch niemand als gebildet, der diese konfuzianischen Schriften nicht studiert hatte. Der junge Watchman lernte schnell und stach seine älteren Schwestern gewöhnlich aus, wenn es darum ging, den Dollar zu gewinnen, den der Lehrer manchmal für gute Arbeit aussetzte.

Die Nees waren musikalisch, und ihr Lehrer unterrichtete sie auch in dem alten chinesischen System, den »Melodien«, während Huo-ping ihre Kinder christliche Lieder lehrte. Als ihr Mann es sich später leisten konnte, kaufte er ein Klavier und schrieb selbst Noten auf Blätter, damit die Kinder sie abspielen lernten.

Gewöhnlich regierte ein chinesischer Vater sehr streng, aber das lag Nga Ung-sin nicht. Er mochte nicht schelten, und obwohl er immer erreichbar war, blieb er doch meist im Hintergrund und verbrachte seine Zeit mit seinen beruflichen Pflichten und seinen Freunden. Im Haus herrschte Huo-ping. Sie übte strenge Zucht, weil das, wie sie meinte, zu einer angesehenen Familie gehörte, und zügelte ihre äußerst lebhaften Kinder durch die Furcht, die sie ihnen einflößte. Es war ein Familiengesetz, daß alle für Ordnung und Reinlichkeit im Hause mitverantwortlich waren. Wurde etwas nicht an seinem Platz gefunden, durfte sich niemand vor der Verantwortung drücken. Wer in der Nähe war, mußte es herbeischaffen. Watchman war kein Engel, und gewöhnlich hinterließ er eine Fährte von Abfällen und zerbrochenen Dingen, wofür er regelmäßig bestraft wurde. Seinen älteren Schwestern erschien dies manchmal zu hart, und so schützten sie ihn, indem sie sich zu einem Teil der Unordnung bekannten, die er angerichtet hatte.

Sie hatten das Glück, mit einer anderen Familie in Futschou befreundet zu sein, den Changs, die ganz in ihrer Nähe wohnten – am Strand von Nantai mit dem Blick über die Brücke. Chang Cheun-kuan war ein Christ und entfernter Verwandter von Vater Nee. Die Kinder paßten im Alter gut zusammen. Die beiden ältesten Chang-Mädchen waren gute Freundinnen der Nee-Töchter, während die kleine Charity ständig hinter Watchman herlief. Bei ihren Spielen war er der Anführer, und so wurde er für sie alle der »ältere Bruder«.

Vom Haus der Changs war es nur ein kurzer Weg zum Fischmarkt, von wo eine alte Steinbrücke mit ausgetretenen Platten zur Insel Tschung-Tschou führte. Von hier gelangte man auf der sehr viel längeren »Brücke der Zehntausend Zeitalter« zum Nordufer des Min und von da auf die belebte Straße zur Altstadt. Das war zu weit, als daß sich die Kinder allein hingewagt hätten; aber die alte Brücke am Fischmarkt hatte es ihnen angetan. Hier konnten sie stundenlang verweilen und ihre Umgebung beobachten. Da waren die Stände der Händler, die Wahrsager, vielleicht zog gerade ein Zahnarzt vor amüsierten Zuschauern einen Zahn, und vielleicht sahen sie auch ein Opfer der Mandschu-Justiz, es würde um den Hals ein schweres Eisen tragen und ein Schild, das über sein Vergehen Aufschluß gab. Oberhalb der Insel lagen dicht zusammengedrängt die Hausboote der Flußbewohner, auf denen immer viel los war, und unter dem niedrigen Brückenbogen ließen die Kormoranfischer von winzigen Flößen aus ihre Vögel arbeiten.

Vom Kai bei ihres Vaters Dienstgebäude am Südufer konnten die Kinder die Küstendschunken beobachten, die von Nantai heraufkamen. Auf ihren breiten Bug waren richtungsuchende Augen gemalt, ihre steifen braunen Segel hoben sich gegen die blauen Kuschan-Hügel ab. Es gab so viele verschiedene Formen, wie es Ursprungshäfen gab, und die Ladung der einzelnen Schiffe war noch mannigfaltiger. Reis, Gemüse, Tee und Holz kamen von den Hügeln, die Industrieprodukte beschränkten sich dagegen auf Seide, Lack und Haushaltsartikel wie Schirme aus Ölpapier und rote Wollkissen. Darin war Futschou noch hinter der Zeit zurück, denn überall in China hatte sich auf industriellem Gebiet ein Wandel vollzogen: Textilfabriken schossen in den Küstenstädten wie Pilze aus dem Boden, Eisenbahnen wurden in das Innere des Landes gelegt, und ausländische Ingenieure beuteten fleißig Chinas Bodenschätze aus.

Watchman war sechs Jahre alt, als die Familie nach Futschou zurückkehrte, und er war neun, als die Revolution ausbrach und die Dynastie hinwegfegte. Im Augenblick war der Vizekönig von Tschekiang und Fukien abhängig von den Mandschu-Oberlehnsherren, das waren für Futschou der Tatarengeneral und sein träger Fahnenjunker, die mit ihren ausgiebig bemalten Frauen ein besonderes Viertel innerhalb der Stadtmauern bewohnten. Aber das Regime hatte sein Ansehen verloren. Es war durch den Boxeraufstand vollständig in Mißkredit geraten und nun wuchs unter den gebildeten Chinesen die Unruhe. Die Unzufriedenheit richtete sich gegen die Fremdherrschaft und die habsüchtige Ausbeutung durch den Westen. Eine wachsende Zahl von Studenten war zum Studium ins westliche Ausland gegangen und kehrte mit aufrührerischen revolutionären Ideen zurück.

Ihr Held war Dr. Sun Yat-sen, der zwanzig Jahre lang für die Erneuerung Chinas gearbeitet hatte. Er war armer Leute Kind, protestantischer Christ und der erste Ideologe der Chinesischen Revolution. Obwohl das Fehlen aller Führereigenschaften sein Verderben war, ergriffen seine drei Grundprinzipien Nationalismus, Demokratie und Sozialismus Besitz von der Volksseele. Er war lange gezwungen gewesen, von seinem Exil aus zu agieren, denn das Mandschuregime wurde immer noch von den ausländischen Mächten aus selbstsüchtigen Motiven gestützt. Dann starb Kaiser Kuang Hsu im November 1908. Begabt, doch schwach, war er vollständig von Chinas bösem Geist, der abergläubischen alten Kaiserin Dowager, beherrscht worden. Sie starb am darauffolgenden Tag, und wenige trauerten um sie. Der Thronerbe war Kuang Hsus dreijähriger Neffe, der nun unter dem Namen Hsuan Tung zum Kaiser ausgerufen wurde.

Es folgten drei Jahre der Unsicherheit, in der unter der Bevölkerung die Überzeugung wuchs, daß die Dynastie ihr Himmelsmandat verwirkt habe. Am 10. Oktober 1911 löste die zufällige Explosion einer Bombe die Revolte in Wutschang aus, der Hauptstadt der Hupeh-Provinz. So begann die Kette der Ereignisse, die zur Abdankung des Kind-Kaisers und weiter zur Republik führte, zur nationalistischen Diktatur und schließlich zum Sieg der kommunistischen Partei.

Im Dezember kehrte Sun Yat-sen aus dem Exil zurück und wurde zum ersten provisorischen Präsidenten der Republik China gewählt. Er bekannte sich zur Demokratie, und um den Umsturz zu symbolisieren, schnitten seine Anhänger ihre Zöpfe ab, jenes Zeichen der Unterwerfung, das sich die Schuljungen in Futschou nun nicht länger auf den Veranden vor ihren Schlafräumen gegenseitig flechten mußten.

Nach zwei Jahrtausenden chinesischer Kultur war ihr Inbegriff, der Drachenthron, gestürzt, um einer demokratischen Republik Platz zu machen.

Aber Sun und andere Prominente der Revolution, die aus dem Süden stammten, kamen größtenteils aus dem Exil. Sie träumten von einem China, das nach westlichem Vorbild umgestaltet werden sollte, sahen aber nicht, daß für eine wirksame Demokratie alle Grundlagen fehlten. So fiel es einem Mann aus dem Norden, Yüan Schi-kai, einem kaiserlichen General mit persönlichen Absichten auf den Thron, nicht schwer, Sun als Präsidenten abzusetzen. Doch bevor Sun im August 1913 wieder ins Exil gehen mußte, organisierte er eine »zweite Revolution« in den Küstenstädten des Südens.

In all diese Geschehnisse war die Nee-Familie verwickelt. Suns nationale Bewegung fand in ihnen glühende Anhänger. Während aber Nga Ung-sin ein schüchterner Mann war, der in der Öffentlichkeit kein Wort herausbrachte, war seine Frau das Gegenteil: redegewandt, stark und bereit, hier ihre Emanzipation durchzusetzen. Trotz des Kämpfens und Blutvergießens um sie herum begab sie sich auf eine Vortragsreise, nachdem sie zunächst öffentlich ihre goldenen Armringe und anderen Schmuck der Bewegung geopfert und damit ein Beispiel gegeben hatte, dem viele folgten. Sie gründete eine patriotische Frauengesellschaft, die von prominenten Führern unterstützt wurde, und war selbst die Generalsekretärin. Als im Juli 1913 Sun Yat-sen persönlich nach Futschou kam, gab man Huo-ping eine offizielle Rolle beim Empfang des Präsidenten. Es stellte sich heraus, daß Suns Privatsekretärin Fräulein Song eine Schanghaier Klassenkameradin von ihr war, und mit ihr zusammen nahm sie an jedem Fest und jeder Aufgabe während des vier Tage währenden Besuches teil.

Watchman war jetzt zehn Jahre alt. Wißbegierig lauschte er den politischen Gesprächen. Die Revolution hatte dem Land neue Hoffnung gebracht, und der Aufschwung prowestlicher Gefühle verhieß eine schnelle Ausbreitung der christlichen Mission. Eines Tages würden sich auch die Türen für ein Studium im Ausland öffnen. Doch ein Jahr später brach der Krieg in Europa aus, und man erhoffte nichts mehr vom Westen. Daheim schien die Revolution zu einem Stillstand gekommen. Das Land war durch rivalisierende Kriegsherren zerstückelt, und die Japaner drangen ein unter dem Vorwand, Kriegshilfe zu geben. Am 8. Januar 1915 stellte Japan seine »Einundzwanzig Forderungen«, die mit dem Anspruch auf die Provinz Schantung begannen und am Ende aus China einen Marionettenstaat gemacht hätten. In jenem Jahr zerschlug Präsident Yüan all ihre Hoffnungen, indem er sich als Kaiser auf den Drachenthron setzte. Aber er sollte seine Tage in Schande beschließen.

Ab 1916 besuchte der dreizehnjährige Watchman die Mittelschule der Anglikaner in Futschou, wo er zum ersten Mal mit dem westlichen Schulsystem in Berührung kam. Dann würde er die höhere Schule von St. Marks besuchen, in der Englisch Unterrichtssprache war. Diese Schule gehörte zu einem Komplex der Anglikaner in Nantai, der mit fast vierhundert Schülern alle Arten von Schulen umfaßte. Das Ganze war in Futschou als Dreifaltigkeits-College bekannt, weil die meisten Lehrer Iren waren und vom Dreifaltigkeits-College in Dublin kamen.

Watchman war ein guter Schüler. Er holte gelegentliche Rückschläge infolge von Krankheit bald wieder auf – für seine Erkrankungen gaben die Freunde der Familie übrigens Huo-pings Mutter die Schuld, die ihn ständig verwöhnte. Trotzdem war er oft der Erste in der Klasse, wenn auch nicht der Bravste. Er wuchs jetzt schnell zu einem mageren, schlaksigen Burschen heran, der einen Kopf größer war als die meisten seiner Kameraden.

Er hatte sich bald den nördlichen Dialekt angeeignet, das »Mandarin«, das sich immer mehr zur Nationalsprache entwickelte und als pai-hua, die »reine Sprache« galt. In seiner Kindheit hatte er Bücher in klassischem Chinesisch gelesen, wie es literarisch gebildete Männer liebten und wie es noch immer von dem veralteten staatlichen Schulsystem verlangt wurde. Doch jetzt erlebte China eine riesige kulturelle Erneuerung. Auf allgemeines Verlangen wandten sich die Pioniere unter den Schriftstellern und Dichtern der Umgangssprache zu, die bisher der Trivialliteratur vorbehalten war. Die Folge war, daß Watchman und seine Kameraden unter dem Schutz ihrer Pulte heimlich billige Romane lasen. 1922 ordnete das Erziehungsministerium an, daß alle Schulbücher in die Umgangssprache umgeschrieben würden. Dieser Wandel sollte in der Zukunft einen gewaltigen Einfluß auf die Ausbreitung von Ideen haben und auch der freieren Verbreitung christlichen Denkens dienen.

Aber die Religion hatte gerade jetzt unter den Studenten jedes Ansehen verloren. Eine antireligiöse Bewegung war 1918 durch die Zeitschrift »Neue Jugend« gefördert worden. Der Herausgeber war Chen Tu-hsiu, Dekan der literarischen Fakultät und einflußreicher Führer unter den Gebildeten. Seine Bewegung gipfelte in der »Großen Föderation aller Anti-Religiösen« 1922 und in den folgenden emotional aufgeladenen Angriffen auf das Christentum. Chen selbst wurde später Generalsekretär der kommunistischen Partei in China.

Aber ein Ereignis von noch weitreichenderen Folgen muß uns hier beschäftigen: die »Bewegung vom 4. Mai«. Nach dem Ende des ersten Weltkrieges und dem Vertrag von Versailles erwartete China 1919, daß es die deutschen Konzessionen in Schantung erhalten würde. Statt dessen wurden sie von England und Frankreich an Japan gegeben. Die Entrüstung unter den jungen Chinesen über diesen Verrat ihrer eigenen unfähigen Regierung führte am 4. Mai 1919 zu jenem spontanen Protest der Pekinger Studenten, unter denen sich ein junger Mann von dreiundzwanzig Jahren mit Namen Tschu En-lai hervortat. Die Studenten waren es dann, die Streiks in Schanghai und Futschou anführten und marxistische Ideen verbreiteten. Durch das Angebot der Sowjetregierung, auf die russischen exterritorialen Rechte zu verzichten, erhielt der Marxismus Auftrieb, und am Ende erwies sich die »Bewegung vom 4. Mai« als höchst bedeutsame Wegbereitung für den chinesischen Kommunismus.

Watchman hatte inzwischen die Mittelschule beendet. Er befand sich in seinem sechzehnten Jahr und war natürlich empfänglich für den durch diese Ereignisse hervorgerufenen Aufruhr unter den Studenten. Aber der Anreiz, daß er nun nach St. Mark kommen würde, mag ihm über die sich überall bemerkbar machende politische Ernüchterung hinweggeholfen haben.

Auch zu Hause gab es viel, was einen heranwachsenden Jungen ernüchtern konnte. Die Tätigkeit seiner Mutter bei der Partei hatte allen Glanz verloren. Der Gouverneur von Fukien hatte sie in Anbetracht ihres politischen Einsatzes für eine Belohnung vorgeschlagen, und Peking hatte darauf reagiert, indem es ihr den Orden zweiter Klasse für Patriotismus verlieh. Nachdem sie diese Ehrung erhalten hatte, ließ ihr Eifer nach. An die Stelle der Vaterlandsliebe trat, so erzählt sie selbst, die Freude an der Karriere. Anstatt wie früher zur Kirche zu gehen, widmete sie sich jetzt gesellschaftlicher und kultureller Unterhaltung. »Durch den Umgang mit den ungläubigen Revolutionären wurde ich selbst beinahe ungläubig.« Täglich kamen die Damen der Gesellschaft in ihr Haus in Nantai, um Karten und Mah-Jongg zu spielen, und als der Pastor kam und um eine Spende für eine Reichgottesarbeit bat, meinte sie spottend: »Wenn ich gewinne, soll Gott etwas davon haben.«

Auch bei der Erziehung der Kinder wurde sie ungeduldig und ungerecht. Am Ende der Winterferien 1920 wurde ein wertvolles Ornament im Haus zerschlagen. Huo-ping hielt Watchman für den Schuldigen und verlangte ein Bekenntnis. Als er das ablehnte, verabreichte sie dem großen Jungen eine Tracht Prügel. Sie hatte zwar Gewissensbisse, als sie später entdeckte, daß er unschuldig war, doch tat sie nichts, um ihren Fehler wieder gutzumachen. So kehrte er verbittert ins Internat zurück.

Im gleichen Monat bekam Huo-ping eine unerwartete Nachricht. Dora Jü, die sie vor Jahren in Schanghai so sehr beeindruckt hatte, wollte zum chinesischen Neujahrsfest nach Futschou kommen, um vierzehn Tage Erweckungsversammlungen in der Methodistenkapelle zu halten. Fräulein Jü war als begabte Evangelistin bekannt geworden. Sie hatte Nordchina und Korea auf ausgedehnten Reisen besucht und auch eine eigene Bibelschule in Schanghai gegründet. Huo-ping hatte sie nicht mehr gesehen seit jenem Tag vor mehr als zwanzig Jahren, als sie ihr den Ring schenkte. Am Vorabend der Versammlungen in Futschou lud sie sie nun zu einem Abendessen ein, zu dem sie auch ihre Freundinnen vom Glücksspiel bat. Sie sprach mit Wärme über Fräulein Jü und kündigte am Schluß an:

»Morgen wird Fräulein Jü in der Halle des Ewigen Friedens sprechen. Bitte, seien Sie alle da!«

Jemand fragte: »Und Sie?«

»Natürlich werde ich hingehen.«

Am 15. Februar fand die erste Versammlung statt, und Huo-ping war pünktlich mit den anderen da. Die Füße der Predigerin, die man ihr als Kind eingebunden hatte, steckten in winzigen Brokatschuhen. Steif erhob sie sich, um ihren Text anzukündigen, Gottes Worte an Eva: »Du sollst ihn nicht einmal berühren, sonst wirst du sterben.« An diesem und am folgenden Tag predigte sie mit großer Kraft über den geistlichen Tod als Trennung von Gott. Aber das Thema langweilte Huo-ping. Das alles wußte sie von ihrer Kindheit an. So ließ sie es mit diesen zwei Versammlungen genug sein, und da sich auch ihre Freundinnen über die für das Glücksspiel verlorene Zeit ärgerten, klapperten am dritten und vierten Tag wieder die weißen Mah-Jongg-Steine auf der harten Tischplatte. Und doch – »ich saß da und spielte«, erinnert sich Huo-ping, »wie eine Tote. Ich wußte, Gottes heiliger Geist wirkte in mir«. Nach zwei Tagen hielt sie es nicht länger aus.

»Ich bin eine Christin«, sagte sie zu den anderen. »Fräulein Jü hat eine weite Reise gemacht, um hier zu predigen. Daß ich nicht hingehe, muß sie verletzen. Sagt, was ihr wollt, ich werde morgen nicht spielen.«

Am nächsten Tag kam ihr Dora Jü entgegen, um sie zu begrüßen.

»Wo sind Sie gewesen?« fragte sie unschuldig.

»Ich fühlte mich nicht wohl«, log Huo-ping.

Fräulein Jü sah sie freundlich an: »Möge Gott selbst Sie heilen«, erwiderte sie.

Diese Worte trafen Huo-ping. Wie wenig hatte Mah-Jongg mit Krankheit zu tun! Während der Ansprache rutschte sie auf ihrem Stuhl hin und her. Sprach Dora Jü von ihr? Sie war vierzig Jahre alt und genoß öffentliches Ansehen, da konnte sie sich nicht vorstellen, daß jemand sie so bloßstellte. Dies sollte ihre letzte Versammlung sein! Doch als Dora Jü sie fragte: »Werden Sie morgen wieder hier sein?« fand sie keine Ausrede, und am nächsten Tag sprach die Predigerin über das sühnende Leiden Jesu am Kreuz. »Jedes Wort war für mich bestimmt«, berichtet Huo-ping später. »Jeden Tag brachte mich eine Macht, die stärker war als ich, in die

Versammlung zurück.« Schließlich kam der Abend, an dem sie Gott ihre Not bekannte und ihm für Seine Gnade dankte. Seine Gnade hatte über sie triumphiert.

Ihr Mann, der ein paar der Versammlungen besucht hatte, war verblüfft.

»Du schläfst nicht und ißt nicht und vergießt den ganzen Tag Tränen«, protestierte er. »Andere sind glücklich, wenn sie sich bekehrt haben. Wenn das der einzige Erfolg ist, dann gib es auf und bleib weg!«

»Aber du weißt ja gar nicht, wie es in mir aussieht«, rief sie aus. »Ich habe dich belogen. Ich habe so viel Geld, das der Familie gehört, für Mah-Jongg vergeudet«, und fuhr fort aufzuzählen, was sie seit langem belastete. Dann war er an der Reihe, seine Fehler zu bekennen, und bald weinten sie beide. Friede – »Huoping« – hatte endlich Einzug in ihr gehalten. Nie wieder berührte sie die Karten oder die Mah-Jongg-Steine.

Es war den höheren Schülern freigestellt worden, die Versammlungen von Fräulein Jü zu besuchen, und einige machten davon Gebrauch. Watchman war bis jetzt nicht erschienen. Der Agnostizismus seiner Freunde hatte ihn schon ein wenig angesteckt, und überdies war er mehr denn je enttäuscht von dem Christentum in seinem Elternhaus. Huo-ping lud ihren Sohn ein, obwohl sie wußte, daß sie ihm etwas zu bekennen hatte. Aber ihr Stolz empörte sich gegen diesen Verlust an Gesicht. Lehrte nicht auch Konfuzius, daß Eltern immer recht haben?

Doch etwas anderes konnte sie in Ordnung bringen, und sie war entschlossen, das zu tun. Mit drei Dollar ging sie los, eine Bibel und ein Gesangbuch zu kaufen, um mit der Familienandacht wieder zu beginnen. Am nächsten Tag fing sie an zu spielen und das erste Lied zu singen – aber der Geist Gottes wehrte ihr. »Wie kann ich, eine Mutter, meinem Sohn einen Fehler eingestehen?« protestierte sie. »Es ist der einzige Weg«, kam die Antwort.

Ihr Mann und die Kinder waren verblüfft, als sie sich plötzlich Watchman zuwandte und ihn umarmte.

»Um Jesu willen«, weinte sie, »ich bekenne, daß ich dich ungerecht und im Zorn schlug.«

»Das tatest du, ehrwürdige Mutter, und ich haßte dich deswegen«, stellte der Sohn sachlich fest.

»Bitte, vergib mir!« bettelte sie. Aber er wandte sich ab, ohne ihr zu antworten.

Die Familienandacht wurde fortgesetzt.

An jenem Abend wurde Watchman von Gott angerührt. Huopings Bekenntnis! Niemals hatte er von chinesischen Eltern gehört, die einen solchen Gesichtsverlust hingenommen hätten. Wenn seine eigene Mutter so verwandelt war, dann mußte er hingehen und selbst hören. Am nächsten Morgen stand er früh auf.

»Ich bin jetzt bereit, Dora Jü anzuhören«, sagte er zu seiner Mutter. Er ging hin, und noch ehe die Versammlungen zu Ende waren, hatten ihre Predigten auch in ihm die Reue über seine Sünden geweckt, und er hatte in Jesus Christus einen lebenden Erlöser und Freund gefunden. In einem Akt jugendlicher Hingabe gelobte er sich selbst, Gott ganz und ausschließlich zu dienen, und er wich nie mehr zurück von dem einmal eingeschlagenen Weg. Gott antwortete ihm mit einer Wiedergeburt aus dem Geist, die sein ganzes Leben umkrempeln sollte. Er hatte vom Gebet der Mutter in jener Nacht vor vielen Jahren gehört und stand nun seinerseits zu dem Pakt.

In eben diesen Monaten verschlang ein Mann, der nur zehn Jahre älter als Watchman war, marxistische Schriften, die erst jetzt in chinesischer Sprache erschienen, und kam durch sie zu tiefen inneren Überzeugungen. Im Frühling 1920 besuchte Mao tse-tung Chen Tu-hsiu in Schanghai, und Chens Bekenntnis seines politischen Glaubens machte aus Mao einen überzeugten Kommunisten.

Aus so kleinen Anfängen sollte sich eine alles verschlingende Flut entwickeln. Doch der Weg, den Watchman Nee einschlug, war bereits gegen den Strom festgelegt.

# Hingabe

Als sich Watchman Nee in seinem achtzehnten Lebensjahr Jesus Christus zuwandte, tat er das wie die Jünger Jesu, von denen es heißt, daß sie »alles verließen und ihm nachfolgten«. Später erzählte er einem guten Freund, daß er in den wenigen Tagen, als Dora Jü in Futschou Versammlungen hielt, die Sache sorgfältig erwogen habe. Er wußte, es mußte alles sein oder nichts. Um gerettet zu werden, mußte man sich lebenslang im Gehorsam dem Einen unterwerfen, der totale Ansprüche stellte.

Und warum nicht? In einem Laden in der Altstadt arbeitete ein unbekannter Handwerker schon seit sechs Jahren an drei Holzflügeln eines viertürigen Wandschirms. Er schnitzte Blumenreliefs in das Holz, die sich weiß von der schwarz lackierten Oberfläche abhoben. Dafür erhielt er achtzig Cents am Tag, Reis und Gemüse und ein Holzbrett zum Schlafen, ganz gleich, ob »es regnete, die Sonne schien, Feiertag war oder eine Revolution ausbrach«, wie der Ladenbesitzer sich ausdrückte. Nachdem der Mann dieses Kunsthandwerk einmal erlernt hatte, konnte er möglicherweise nur zwei solcher Wandschirme herstellen, ehe ihm Augen und Nerven versagten und er mit den Bettlern hinausgetrieben wurde. Wenn eine schöpferische Begabung so für einen geizigen Arbeitgeber verschwendet werden konnte, überlegte Watchman, war da irgend etwas zu gut, um es Gott zurückzugeben, der »seines eigenen Sohnes nicht verschont« hatte?

Bald stieß Watchman auf die Worte des Apostels Paulus: »Bringt euch Gott dar als Menschen, die vom Tod zum Leben durchgedrungen sind, und eure Glieder als Werkzeuge der Gerechtigkeit.« – »Gott verlangte von mir deshalb«, so berichtet er später, »daß ich von da an alle meine Fähigkeiten als einem anderen gehörig betrachtete. Ich wagte nicht, auch nur ein wenig von meinem Geld oder eine Stunde meiner Zeit oder geistige oder körperliche Kraft zu verschwenden, denn sie gehörten nicht mir, sondern ihm. Es war etwas Großes, als ich diese Entdeckung machte. An jenem Abend begann für mich das christliche Leben.« Das bedeutete auch, daß Unrecht gutgemacht werden mußte. Watchman hatte z. B. einen Widerwillen gegen Bibelkunde, der ihm schlechte Zensuren einbrachte. Diese wiederum führten zu Gesichtsverlust, denn er war ja der Sohn einer christlichen Familie. Bei der Prüfung – Bibelkunde war Schulfach – hatte er sich damit geholfen, daß er wichtige Daten in seine Handflächen schrieb und diese in den weiten Ärmeln verbarg. Auf diese Weise konnte er 70 Prozent der gestellten Aufgaben lösen, und da dies seinen Leistungen in den anderen Fächern entsprach, erregte er keinen Verdacht.

Da er nun wiedergeboren war, hörte er mit dieser Mogelei auf. Trotzdem bekam er keine Beziehung zu diesem Fach, so sehr er sich auch mühte. Es wurde ihm klar, daß Gott ihm nicht helfen konnte, solange er nicht mit dem Direktor gesprochen hatte. Aber er hatte allen Grund, damit zu zögern. Der Direktor hatte sie gewarnt, ein beim Mogeln ertappter Schüler würde sofort von der Schule gewiesen, und damit wäre alle Hoffnung auf ein Universitätsstudium oder gar ein Studium im Ausland zunichte gewesen. Ganz leicht fiel es Watchman nicht, die Karriere aufs Spiel zu setzen und sich für Jesus Christus zu entscheiden. Doch er ging zum Direktor, und zu seiner Erleichterung wurde er nicht von der Schule gewiesen.

In dieser Zeit wurde das Leben in Fukien durch Militär gestört. Auf dem Land wurde gelegentlich gekämpft, und die Stadt geriet bald unter nördlichen, bald unter südlichen Einfluß. Um den 9. Mai herum, dem Gedenktag der Schande Chinas, an die »Einundzwanzig Forderungen« der Japaner von 1915, wurden die Jungen der höheren Schule in antijapanische Demonstrationen verwickelt. Die Unruhe pflanzte sich fort und wirkte sich auf alle Lebensgebiete bis hin zum Lehrplan der Schule aus.

Watchman sah dies, und weil er die Notwendigkeit spürte, sein Leben auf eine ganz neue Grundlage zu stellen, verschwand er eines Tages. Seine Klassenkameraden hatten keine Ahnung, wohin er gegangen war, und seine Familie bewahrte das Geheimnis, bis er viele Monate später zurückkam. Er hatte sich nach Schanghai eingeschifft, wo die philosophischen und pädagogischen Ideen von John Dewey, Bertrand Russell und Rabindranath Tagore die Gemüter der Studenten bewegten. Doch auf Watchman machten sie keinen Eindruck mehr! Er war nach Schanghai gegangen, um ein Jahr lang Dora Jüs Bibelschule zu besuchen und die Heilige Schrift kennenzulernen, deren Studium er bis dahin so mühselig gefunden hatte. Er war mit ganzem Herzen bei der Arbeit, und er hätte keine bessere Lehrerin finden können. Von ihr lernte er, in bezug auf das Lebensnotwendige allein auf Gott zu vertrauen, wie sie es ihr Leben lang getan hatte. Sie lehrte ihn, Gottes Wort mit dem Herzen zu erfassen und es nicht nur – so wichtig das auch ist – auswendig zu lernen.

Als er zurückkehrte, schickte ihn seine Mutter sofort wieder in seine alte Schule, und da der Unterricht durch die Unruhen sehr gelitten hatte, holte er schnell auf.

Aber er war ein anderer geworden. Er befaßte sich energisch mit dem Lernstoff, aber er machte sich auch eine Liste seiner Klassenkameraden und fing an, für jeden systematisch zu beten und bei jeder Gelegenheit das Zeugnis seines Glaubens abzulegen. Zuerst lachten sie über ihn, weil er ständig eine Bibel mit sich herumtrug, und nannten ihn ärgerlich »Zitatenschatz«. Man erzählt, daß er sich vornahm, das Neue Testament mehrmals im Monat durchzulesen. Er war bereit, mit jedem Kameraden ernsthaft über die Botschaft der Bibel zu reden, und durch den Wandel in seinem Leben und seine offensichtliche Aufrichtigkeit gewann er langsam ihr Interesse. Ein Schüler der Marineschule, Wilson Wang, hatte seine Ausbildung dort aufgegeben und war in Watchmans Klasse gekommen. Er war einer der ersten, die sich mit ihm zu zwangloser Gebetsgemeinschaft im Andachtsraum der Schule trafen. Langsam wurden mehrere Jungen überzeugt, und einer nach dem anderen entdeckte in Christus die neue Freude, unter ihnen Simon Meek aus dem Lien-Kiang-Distrikt in der Nähe der Küste, und Faithful Luke und K. H. Weigh, die beide aus dem flußaufwärts gelegenen Ku-tien stammten.

Einigen Schülern genügte die Schule als Missionsfeld nicht. Sie begannen in der Stadt zu arbeiten. Dazu benutzten sie die Sonn- und Festtage und die häufigen Studentenstreiks. Sie beschafften sich einen lauten volltönenden Gong, mit ihm zogen sie singend durch die Straßen und verkündeten allen, die anhielten und zuhörten, die gute Botschaft von dem lebendigen Erlöser. Es herrschte sowieso ein ständiger Lärm in der Stadt, eine Kakophonie von Trommelschlägen, knallenden Feuerwerkskörpern, quietschenden Schweinen, dem Geschrei von Straßenhändlern und Kulis und den Tumulten jener Gruppen, die zu einer Beerdigung gingen. Ein bißchen mehr Lärm machte nichts aus. Die Jungen verteilten Traktate und trugen Plakate mit sich, sie malten auch Schilder, auf denen in großen Buchstaben der Weg der Erlösung dargestellt war. Diese klebten sie an Hauswände zwischen grellrote Zigarettenreklame und Reklame für Petroleumlampen und die unheimlichen Wandmalereien des menschenfressenden blauen Tigers, der der Schrecken der Hügelbewohner in den Dschungeln von Futsing im Süden war. Die chinesische Schrift, die von oben nach unten geschrieben wird, brachte sie auf einen neuen Gedanken. Sie nähten sich weiße Baumwollhemden, auf denen in roten Buchstaben »Gott liebt die sündige Welt« und »Jesus Christus ist ein lebendiger Erlöser« zu lesen war. Die Christen in den Vororten zu beiden Seiten des Flusses erlebten ein geistliches Erwachen.

Als Watchman bei seiner Rückkehr von Schanghai am Anlegeplatz Pagoda das Schiff verließ, hatte er auf Dora Jüs Vorschlag Margaret E. Barber besucht, eine frühere anglikanische Missionarin, die jetzt unabhängig von ihrer Missionsgesellschaft arbeitete. Sie war von der C.M.S., ihrer Missionsgesellschaft, 1899 nach Fukien ausgesandt worden. Dort hatte sie, eine Persönlichkeit mit großer Ausstrahlung, sieben Jahre in der Mittelschule für Mädchen unterrichtet. Als sie 1909 ihren Heimaturlaub in England verbrachte, hatte sie sich zur Glaubenstaufe entschlossen, woraufhin ihr Bischof ihr verständlicherweise schrieb, daß sie nicht nach Fukien zurückkommen möge. Trotzdem kehrte sie im Alter von zweiundvierzig Jahren dorthin zurück im Vertrauen, daß Gott für ihre Bedürfnisse sorgen würde. Li Ai-ming, ein unabhängiger chinesischer Prediger, schloß sich ihr an, und um ihren früheren Kollegen in Nantai kein Ärgernis zu geben, mietete sie den Bungalow eines in den Ruhestand tretenden amerikanischen Missionars in Pei Ya Tan (Weißer Zahnfelsen) gegenüber dem Landeplatz bei der Lo-hsing Pagode. Von hier aus und gemeinsam mit der zwanzig Jahre jüngeren M. S. Ballord, die aus England zu ihr kam, begann sie mit ihrer Arbeit.

Zehn Jahre lang arbeiteten die beiden geduldig unter den Frauen der Umgebung und, wo es möglich war, auch unter den Männern. In gewissen Abständen besuchten sie Futschou, um Traktate auf den Märkten zu verteilen. Dabei spürten sie stark die Begrenzung, die ihnen als Frauen auferlegt war, und dies an der Schwelle einer weiten Provinz, die noch nichts von Christus wußte. In ihrem ersten Jahr hatte sich in Futschou der zweite Priester des nahegelegenen Tempels der »Kochenden Quelle« zur Taufe entschlossen. So etwas geschah jetzt nicht mehr. Das ländliche China für Christus zu gewinnen – dies schien ein ausgeträumter Traum, bis Gott selbst einheimische junge Männer und Frauen für diese Aufgabe berufen würde. Warum sollte er das nicht tun? Sie machten dies zu ihrem ständigen Gebetsanliegen.

Eines Tages zu Beginn des Jahres 1921 ankerte ein Kriegsschiff der Republik gegenüber der Pagode, und ein junger Marineoffizier kam an Land. Er spazierte hinter dem Zollgebäude umher und wurde von Melodien angelockt, die aus einem Missionshaus kamen. Er ging hinein und stellte sich vor. Es war Wang Tsai (Leland Wang), der ältere Bruder von Watchmans Klassenkamerad Wilson Wang aus Futschou. Nach dem Verlassen der Marineschule war er auf einem Schiff in Nanking stationiert, und dort hatte er sich auf wunderbare Weise zu Jesus Christus bekehrt. Er war jetzt dreiundzwanzig und hatte beschlossen, auf sein Offizierspatent zu verzichten und ein Prediger des Evangeliums zu werden. Nun erlebten die beiden Frauen, daß Gott ihr Gebet beantwortete.

Das Haus der Wangs lag in Tschien Schan, einer Vorstadt von Futschou auf derselben Seite des Flusses wie Nantai, am Hang des Hügels ein wenig höher als das Haus der Nees. So bekam Wang Tsai bald Kontakt zu Watchman und seinen Freunden. Nachdem sein Gesuch um Entlassung aus dem Dienst den Behördenweg durchlaufen hatte, kehrte er hierher zurück und machte sein Elternhaus zu seinem Hauptquartier als Evangelist. Für diesen Dienst brachte er eine wirkliche Begabung mit. Da er etwas älter und viel erfahrener als sie alle war, wurde er von der Schülergruppe warm willkommen geheißen und ihm so etwas wie eine Führerrolle zugestanden.

Das Haus der Nees wurde zu einem Aktionszentrum ganz anderer Art. Es brauchte eine Zeit, bis die Leute sich daran gewöhnten, daß aus der politischen Rednerin Huo-ping eine christliche Zeugin geworden war. Doch dann kamen die Einladungen, als methodistische Laienpredigerin in Versammlungen für Frauen und Mädchen in Nord-Fukien zu sprechen. Und da sie das Paihua beherrschte, führten sie diese Vortragsreisen auch noch weiter ins Land hinein. Sie lebte mit Gott und suchte seinen Willen in allen Dingen, und Gott segnete ihr Zeugnis sichtbar.

Obwohl sie nun wieder viel reiste, war sie sich doch der Bedürfnisse ihrer großen Familie bewußt. In einem heißen Sommer, nachdem sie vierzehn Tage lang auf einem Treffen des Futschouer Christlichen Vereins junger Frauen gesprochen und zu Hause eine Woche vorher die wunderbare Bewahrung vor einer Feuersbrunst erlebt hatte, die gerade drei Häuser vor dem ihren zum Stillstand gekommen war, trieb wieder ein heftiger Wind die Flammen vor sich her, die sich diesmal vom Fischmarkt nach Norden wälzten. Wieder weckte sie die Kinder, und während sie dann mit Packen und dem Hinausschaffen der wichtigsten Dinge begann, kam ihr plötzlich Abrahams Gebet für Sodom in den Sinn. Gott schien sie mit der Frage zu tadeln: »Warum betest du nicht?« So hörte sie mit ihrer Beschäftigung auf und kniete sich hin. »O Gott«, betete sie, »in diesem Teil von Futschou ist meine Familie die einzige, die an dich glaubt. Gib mir eine Antwort für die Ungläubigen, damit sie nicht sagen können: ›Wo ist nun dein Gott?‹« Doch die Flammen näherten sich schnell, und dann geschah das Unglaubliche: Die städtische Feuerwehr, die durch das Durcheinander am Brückenkopf am Löschen gehindert wurde, kam auf dem Wasserweg ausgerechnet zu ihrem Haus, um von hier aus die Löscharbeiten zu kontrollieren. Ihre geschickten Bemühungen, verbunden mit einem Drehen des Windes und etwas Regen, brachten den Brand zwei Häuser vor ihrem Heim zum Stillstand. Die beiden Feuersbrünste in einer Woche hatten eine Insel von fünf Häusern am Flußufer zurückgelassen, die wunderbarerweise unberührt in der Verwüstung stehengeblieben waren. Es ist sicher, daß diese gnädige Bewahrung den Glauben der Familie stärkte.

Etwas später, als Huo-ping gerade wieder von einer Predigtreise zurückkam, hörte sie, daß die beiden Engländerinnen vom Weißen Zahnfelsen sie hatten besuchen wollen. Huo-ping wußte, daß Watchman und seine Schulkameraden manchmal bis zum Anlegeplatz Pagoda fuhren, um an den Bibelstunden der beiden Damen teilzunehmen. Sie selbst hatte die Missionarinnen gemieden, seit Dora Jü auf ihrem Heimweg nach Schanghai dort abgestiegen und von den beiden Frauen im Fluß getauft worden war. Damit habe sie ihrer Arbeit selbst am meisten geschadet, meinte Huo-ping, und zögerte nicht, auch öffentlich dagegen Stellung zu nehmen. Doch jetzt kam Watchman einige Tage vor Ostern zu ihr:

»Ehrwürdige Mutter, ab morgen habe ich drei Tage schulfrei. Ich möchte zum Bibelstudium zu Ho Scheo-ngen (so nannten sie Margaret Barber) gehen. Würdest du wohl mitkommen?«

»Warte, bis ich den Herrn gefragt habe«, erwiderte sie und stieg die Treppe hinauf. Sie betete kniend. Als kleines Kind war sie mit ihrer Mutter zusammen getauft worden. Verlangte Gott nun von ihr, daß sie öffentlich tat, wogegen sie so heftig gesprochen hatte: als Erwachsene ihren Glauben in der Taufe erneut zu bestätigen? Ganz sicher war es Gott und kein anderer, der sie zu diesem Gehorsamsakt drängte. Sie erinnerte sich der Worte Gottes bei Jesu Taufe: »Du bist mein geliebter Sohn, an dir habe ich Wohlgefallen.« Nachdem sie noch ein wenig nachgedacht hatte, ging sie hinunter und rief Watchman. Sie hatte sich entschlossen, mit ihm zu Fräulein Ho zu gehen, »und überdies möchte ich getauft werden«.

»Ich auch!« sagte Watchman. »Zu diesem Zwecke gehe ich nämlich hin.«

Watchman war beim Lesen des Neuen Testaments aufgefallen, daß Paulus die Taufe zum Tod Christi in Beziehung setzt, und Petrus zur Herrschaft Christi. Er hatte erkannt, daß es zwei einander feindliche Welten gibt und daß man unmöglich ihren beiden Herren dienen kann, dem Fürsten dieser Welt und dem Fürsten des Lebens. Nun wollte er öffentlich mit dem einen brechen und seine Hingabe an den anderen bezeugen. »Ich ziehe aus diesem vom Satan regierten System aus«, sagte er. »Ich gehöre nicht mehr zu dieser Ordnung der Dinge. Ich richte mein Herz auf das, worauf Gottes Herz gerichtet ist. Mein Ziel ist sein ewiges Ziel in Christus, und ich gehe in jenes Reich und bin aus diesem entlassen.«

Als Watchmans Bruder Georg von ihrem Plan hörte, äußerte auch er den Wunsch, getauft zu werden, und so fuhren die drei am nächsten Morgen mit einem Flußboot zum Weißen Zahnfelsen.

Margaret Barber war entzückt, als sie Huo-ping begrüßte.

»Haben Sie Ihren Reis gegessen? Was für gute Nachricht bringen Sie uns?« Und sie war sehr erstaunt, als sie aus Huo-pings eigenem Munde hörte, daß Gott zu ihr von Taufe gesprochen habe. Seit sie von Dora Jü erfahren hatte, wie Gott Huo-ping nachgegangen war, hatte sie nicht aufgehört, für sie zu beten.

Am Ostersonntag gingen sie zu den Stromschnellen hinunter. Die Strömung war träge, und der Tag war trübe; es regnete leicht, so daß ihre Stimmung litt. An diesem Morgen hatte Huo-ping einen ihrer gelegentlichen Anfälle von Herzjagen. Aber als Margaret anbot, die Taufe zu verschieben, bestand Huo-ping darauf:

»Ich würde lieber bei der Erfüllung des göttlichen Willens sterben, als noch länger nach meinem eigenen Willen leben.«

Nach seiner Taufe sagte Watchman mit wenigen Worten, wo er stand: »Herr, ich lasse meine Welt hinter mir. Dein Kreuz trennt mich von ihr für immer. Ich bin in eine andere Welt eingetreten. Ich stehe da, wo du mich in Jesus Christus hingestellt hast.«

# Das Samenkorn entfaltet sich

Wang Tsai und Watchman Nee kamen sich jetzt sehr nahe, da sie ein gemeinsames Ziel hatten: die Ausbreitung des Evangeliums unter den jungen Männern und Mädchen der Stadt und in den Schulen und Colleges. Sie setzten ihre Straßenpredigten fort, besuchten die Nachbardörfer und bemühten sich, die zerstreut wohnenden neuen Gläubigen im geistlichen Wachstum anzuleiten. Dabei begann Watchmans fleißiges Schriftstudium Früchte zu tragen. Er entwickelte eine große Klarheit in der Bibelauslegung.

In Wang Tsais Haus war ein Raum groß genug für Versammlungen. Ein paar Menschen pflegten sich dort zu Gebet und Bibelstudium zu treffen. Eines Sonntagabends im Jahre 1922 feierte eine kleine Gruppe von vier Personen in diesem Raum das Abendmahl. Es waren Wang Tsai und seine Frau, Watchman und seine Mutter. Sie fanden so viel Freude und Erleichterung dabei, den Herrn ohne festen Ritus, ohne Priester oder Pastor anzubeten, daß sie dies von da an häufig taten. Nach einigen Wochen gesellten sich auch andere dazu, Simon Meek, Wilson Wang, Faithful Luke und ein zweiter aus dem Dienst ausgeschiedener Marineoffizier, John Wang, der aber nicht mit den anderen Wangs verwandt war.

Ende 1922 besuchte wieder eine Frau, eine ausgeprägte Persönlichkeit, Futschou, um eine Evangelisation zu halten. Ruth Lee (Li Yuen-ju) war klein von Wuchs, hatte aber ein feuriges Temperament. Sie stammte aus Tientsin und war jetzt als Lehrerin in einem Nankinger College angestellt. Früher war sie überzeugte Atheistin gewesen und hatte Chen Tu-hsius »Neue Jugend« verschlungen. Nach Nanking war sie als Leiterin einer Regierungsschule gegangen. Dort hatte sie sich bei ihrer Ankunft gebrüstet: »Obwohl sich die ganze Welt dem Christentum zuwendet, werde ich niemals glauben.« Als sie erfuhr, daß unter den Mädchen das religiöse Interesse schon geweckt war, verbrannte sie die Exemplare des Neuen Testaments, die sie finden konnte, öffentlich. Zwei Schülerinnen begannen deshalb mit der Teilzeitlehrerin Christiana Tsai um ihre Bekehrung zu beten. Dann wurde die Schule wegen einer Epidemie geschlossen, und Ruth mußte einige Schülerinnen auf dem Kanalboot in ihre Dörfer begleiten. Diese ruhige Fahrt durch den Frühling und die sprossenden Weizenfelder weckte in ihr den Gedanken an den Schöpfer all dieser Schönheit. Eine neue Sehnsucht erwachte in ihrem Herzen, heimlich las sie die Bibel, und endlich fand sie Jesus Christus als ihren Erlöser. Sie legte dann ihren Posten in der Regierungsschule nieder und fand Anstellung in der Mission. Christus sollte von nun an ihre ganze Zeit gehören.

Da Wang Tsai Ruth Lee zur Zeit seiner eigenen Bekehrung in Nanking kennengelernt hatte, lud er sie ein, noch etwas länger zu bleiben und vier Tage lang Versammlungen in seinem Haus zu halten. Es sollten bemerkenswerte Versammlungen werden. Der Raum war gepackt voll von Männern und Frauen, von alten und jungen Leuten, und es war eine Zeit großen Segens.

Für wenigstens einen Schüler, Faithful Luke, wurden sie zum Wendepunkt in seinem geistlichen Leben. Mit einem Herzen, das nach Gott hungerte, hatte er damals alle Versammlungen von Dora Jü besucht und in den folgenden zwei Jahren eifrig an der Tätigkeit der christlichen Schülergruppe teilgenommen. Die volle Heilsgewißheit erlangte er erst durch Ruth Lees Predigten. Zwei andere fanden zu dieser Zeit ihren Erlöser, und es wurde notwendig, die Versammlungen fortzusetzen, auch nachdem Ruth Lee abgereist war. Junge Männer gingen auf die Straßen hinaus und luden die Leute ein, und Wang Tsai, Watchman Nee und John Wang predigten abwechselnd vor einer wachsenden Zahl von Zuhörern.

Der folgende Winter war außergewöhnlich kalt, die Spitzen der Hügel waren mit Schnee bedeckt – was an der Fukien-Küste höchst selten ist –, und die Leute schlugen ihre Arme um die kleinen Körbe mit glühender Holzkohle, als müßten sie ihren eigenen Lebensfunken hüten. Simon Meek war dreißig Meilen flußabwärts gereist, um in seiner Heimatstadt Lien Kiang einen kurzen Urlaub zu machen. Er war kaum eine Woche fort, als eine Postkarte von Watchman eintraf: »Es ist sehr dringend! Gott tut hier große Dinge, und wir brauchen deine Hilfe. Bitte komm schnell zurück!«

Obwohl rivalisierende Armeen die Stadt und ihre Umgebung unsicher machten, begab sich Simon Meek sofort auf die gefährliche Rückreise. Was er vorfand, setzte ihn in Erstaunen. Gottes Geist war an der Arbeit, und die Schüler und Schülerinnen, zum Glauben an Jesus gekommen, waren völlig verwandelt. Ihre Freude, die demütige Danksagung bewegten Simon so tief, daß er sich erneut der Nachfolge des Herrn weihte. »Hier auf der Erde ist es schon wie im Himmel«, schrieb er in jenen Tagen.

Die Versammlungen wurden an jedem Abend und an den Wochenenden fortgesetzt, und als die Schule wieder anfing, kam man nach den Schulstunden zusammen. Gruppen junger Männer mit beschrifteten Hemden und Transparenten mit Sprüchen wie »Jesu Ankunft ist nahe« oder »Glaube an den Herrn Jesus Christus« zogen mit Musik durch die Straßen und luden die Leute in Wangs Haus ein, das sich schnell mit aufmerksamen Zuhörern füllte. Bald brauchte man mehr Raum. Die jungen Männer legten darum ihr Geld zusammen und mieteten ein Haus in Kien Schan. Rohe Bretter dienten als Sitzbänke. Simon und Watchman wohnten dort, damit sie, wenn sie nicht in der Schule waren, den Besuchern Rede und Antwort stehen konnten. An jedem Abend kam eine Gruppe Jungen von der Schule, wusch ihre Kleider, aß zu Abend und zog dann durch die Straßen, um zu predigen.

An öffentlichen Feiertagen wie zum Beispiel am Drachenboots-Fest wurden größere Ausflüge in die Dörfer unternommen. Dann war schulfrei, und eine Schar von sechzig bis achtzig jungen Männern marschierte auf einer der granitgepflasterten Straßen ins Land hinaus. Auf den Reis- und Zuckerrohrfeldern trafen sie die Bauern, die ihre Wasserräder traten oder im Schlamm hinter den von Büffeln gezogenen Pflügen herwateten. Jeder, der lesen konnte, erhielt nun ein Evangeliumstraktat. Männer aller Schichten, gelehrte Regierungsbeamte, Kulis, Soldaten ließen sich gern in ein Gespräch mit diesen jungen Leuten ein; Schüler waren »gebildet« und standen daher in hohem Ansehen. Wenn sie an ihrem Ziel, einem bestimmten Dorf, angekommen waren, ließen sie sich in einem Gemeindehaus nieder. Ein Raum wurde für das »unaufhörliche Gebet« bestimmt, wo sie abwechselnd Stunde um Stunde wachten. Abends, wenn die Feldarbeiter heimkehrten, zogen die jungen Leute in geordneten Gruppen durch die Straßen und luden die Dorfbewohner zu ihrer Predigt ein.

Nach Simon Meeks Berichten war es Watchman, der diese Unternehmen plante und anführte. Noch während er mit der Schar zog, leitete er die weniger Erfahrenen im Gespräch an. Er war um die Zukunft dieser jungen Zeugen besorgt, die so viel für die Ausbreitung des Gottesreiches bedeuteten, und so bestand er darauf, daß die Zeit außerhalb der Evangelisation für die Bibelunterweisung genützt würde. Gottes Ziele sollten sie erkennen und die hohen Ansprüche, die Jesus an seine Jünger stellt.

Um selbst im geistlichen Leben zu wachsen, fuhr er nun oft nach Pagoda, wo manchmal bis zu zwei Dutzend junger Männer und Mädchen die Bibelklasse der englischen Damen besuchten. Margaret Barber gab hauptsächlich den Unterricht. Watchman selbst schätzte ihren Rat und ihre Freundschaft mehr und mehr. Als sie ihn eines Tages einlud, mit ihr zu beten, entdeckte er, daß sie sich selbst in einem schmerzlichen Ringen mit Gott befand. Gott wollte etwas von ihr, und sie wußte es, und in ihrem Herzen wollte auch sie. Doch es kam sie teuer zu stehen. Sie konnte sich nicht zur Einwilligung durchringen. Er hörte, wie sie den Herrn trotzdem bat, seine Forderungen nicht herabzusetzen: »Herr, ich bekenne, ich mag es nicht, aber bitte gib mir nicht nach!« Alles, worum sie bat, war Zeit. »Warte nur, Herr, und ich will dir nachgeben.« Angesichts dieser Aufrichtigkeit vertraute er ihr nun auch seine eigenen zahlreichen Probleme an.

Die Beziehungen zwischen den jungen Christen waren nicht immer frei von Spannungen. Bei all seinem Eifer und seiner Ergebenheit Gott gegenüber konnte Watchman niemals irgendeine Ungerechtigkeit ertragen. »In jenen frühen Tagen«, erinnert er sich, »nahm ich mir vor, alles Schlechte zu meiden und das Gute zu tun, und ich schien dabei große Fortschritte zu machen. Damals hatte ich einen Mitarbeiter, der zwei Jahre älter als ich war, und wir beide stimmten niemals überein. Da es bei unserem Streit immer um öffentliche Dinge ging, waren auch unsere Auseinandersetzungen öffentlich. Ich sagte mir: Wenn er darauf besteht, die Dinge so anzupacken, muß ich protestieren, denn es ist nicht recht, was er tut. Aber er gab niemals nach. Ich hatte immer nur ein Argument: recht oder unrecht. Er hatte auch eine Art zu argumentieren: Er rechtfertigte sein Handeln immer damit, daß er zwei Jahre älter war, etwas, was ich nicht bestreiten konnte, und so siegte er immer. Ich bedauerte seine Unvernunft, und innerlich gab ich niemals nach; aber in der Praxis setzte er sich jedesmal durch.«

Eines Tages brachte er seinen Kummer zu Margaret Barber und bat sie um ihren Schiedsspruch. Hatte jener Bruder recht oder hatte er recht?

Sie kannte Gott und haßte Stolz und Eifersucht, deshalb fragte sie nicht nach Recht oder Unrecht, sondern antwortete ruhig:

»Sie tun besser, was er sagt.« Watchman war unbefriedigt.

»Wenn ich recht habe, warum erkennen Sie es nicht an? Oder wenn ich nicht recht habe, so sagen Sie es doch! Warum sagen Sie, ich soll tun, was er vorschlägt?«

»Weil der Jüngere sich dem Älteren im Herrn unterwerfen sollte.«

Watchman war immer noch Schüler und wußte noch wenig von Selbstdisziplin, so machte er seinem Ärger Luft:

»Im Herrn!« wiederholte er, »wenn der Jüngere recht hat und der Ältere unrecht, muß sich dann der Jüngere unterwerfen?«

Sie wiederholte nur: »Sie tun besser, was er sagt.«

Dies warf einen Schatten über die schönsten Tage jenes Frühlings 1923. Eine Gruppe der Wiedergeborenen hatte um die Taufe gebeten. Für die Brüderschar war dies von großer Bedeutung. »Jeder, der erlebt hat, wie sich in einem heidnischen Land Menschen zu Christus bekehren«, führt Watchman aus, »weiß, was für eine große Wirkung eine Taufe hat.« Aber die feierliche Erwartung, mit der sie diesem Ereignis entgegengingen, wurde irgendwie beeinträchtigt durch die Spannung zwischen den beiden jungen Männern. Drei von der Schar sollten die Verantwortung übernehmen, Watchman, sein zwei Jahre älterer Gegner und ein junger Mann, der sieben Jahre älter war. Watchman fragte sich, was geschehen würde, wenn sie über die Vorbereitungen diskutierten. Würde sich sein Gegner, der ihn als den zwei Jahre jüngeren immer herumkommandierte, nun dem um sieben Jahre Älteren beugen? Sie kamen zusammen, und der Unnachgiebige blieb unnachgiebig und lehnte jeden Vorschlag ab, der von dem Ältesten kam. Schließlich schickte er die beiden anderen mit der Bemerkung fort: »Ihr könnt alles mir überlassen, ich werde es schon richtig machen.« Was für eine Logik war das nun!

Der Tag selbst war ein Höhepunkt in ihrer Geschichte. Achtzehn junge Männer, hauptsächlich Schüler und Studenten, gaben dort im Fluß freudig Zeugnis von ihrem Einswerden mit Christus in Tod und Auferstehung. Der zuschauenden Volksmenge wurde das Evangelium gepredigt. Danach suchte Watchman Margaret Barber noch einmal mit seinem Problem auf:

»Was mich ärgert, ist, daß jener Bruder kein Empfinden für Recht und Unrecht hat.«

Da Margaret Barber immer streng mit sich selbst war, konnte sie auch aufrichtig mit anderen sein. Sie erhob sich und sah ihm offen in die Augen:

*Margaret E. Barber, Futschou, 1896.*

»Haben Sie bis zu diesem Augenblick nie begriffen, wie das Leben Jesu war? Kennen Sie die Bedeutung des Kreuzes nicht? In den letzten Monaten haben Sie ständig behauptet, daß Sie recht haben und Ihr Bruder unrecht. Aber denken Sie, daß es recht ist, so zu sprechen, wie Sie gesprochen haben? Denken Sie, daß es recht ist, daß Sie zu mir kommen und mir diese Dinge berichten? Ihr Urteil über Recht und Unrecht mag vollkommen in Ordnung sein, aber wie ist es mit Ihrem inneren Gefühl? Erhebt das neue Leben in Ihnen nicht Einspruch gegen Ihren Groll und Ärger?«

Indem sie ihm so auf seinem eigenen Grund begegnete, hatte sie ihn an seiner empfindlichsten Stelle getroffen. Sprachlos mußte er sich selbst eingestehen, daß er in Gottes Augen unrecht hatte, selbst wenn er nach menschlichen Maßstäben im Recht war.[2]

Margaret Barber schalt Watchman oft auf diese Weise, doch zu Faithful Luke bemerkte sie eines Tages: »Er wird einmal ein großer Prediger werden.«

In späteren Jahren erkannte er ihren Einfluß auf seinen Lebensweg wiederholt an:

»Ich hielt sie immer für eine erleuchtete Christin. Wenn ich nur ihr Zimmer betrat, fühlte ich mich sogleich in die Gegenwart Gottes versetzt. In jenen Tagen war ich noch sehr jung und hatte viele Pläne, viele Entwürfe, die der Herr billigen sollte, hundertundein Dinge, die ich mir herrlich vorstellte, wenn sie in die Tat umgesetzt würden. Mit all diesem kam ich zu ihr, um sie zu überreden, um ihr zu sagen, daß dies oder jenes das einzig Richtige sei. Aber ehe ich noch den Mund aufmachen konnte, sagte sie ein paar ganz alltägliche Worte – und die Erkenntnis dämmerte mir. Ich schämte mich einfach. Mein Planen war so natürlich, so menschlich, und hier war jemand, der nur für Gott lebte. Ich mußte Gott rufen: ›Herr, lehre mich, diesen Weg auch zu gehen‹«. Etwa um diese Zeit gab sie ihm die Biographie der französischen Mystikerin Jeanne de la Motte Guyon (1648-1717) zu lesen, die von Ludwig XIV. um ihres Glaubens willen in die Bastille gesperrt wurde. In Frau Guyons Schriften bewegte ihn der Ausdruck ruhiger Ergebung in Gottes Willen sehr und hatte einen starken Einfluß auf sein künftiges Denken. Dieses Buch vertiefte irgendwie sein Bewußtsein von den unsichtbaren, ewigen Dingen. Eine andere Frucht der Lektüre, die Watchman von Margaret Barber erhielt – Schriften von G. H. Pember, Robert Govett und D. M. Panton –, war der Sinn für das Endzeitliche. Die nahe bevorstehende Wiederkunft Jesu war etwas, worauf man sich mit großer Dringlichkeit vorbereiten mußte. Faithful Luke erinnert sich, wie Watchman in dieser Zeit das Buch Daniel und die Offenbarung mit großer Begeisterung und sehr wirkungsvoll auslegte. Er entzündete seine Zuhörer mit seiner Bereitschaft, jeden Preis zu zahlen, um den Weg für das Kommen des Menschensohnes freizumachen.

Aber nicht alles ging glatt. In dieser Zeit zeigte ihm Gott, daß er während der Ferien das Evangelium auf einer Insel predigen solle, die häufig von Piraten heimgesucht wurde. Es kostete einen Kampf, bis er diesen Ruf annahm. Was würde Gott alles tun, wenn er gehorchte! Nach viel Gebet besuchte er die Insel, die weit draußen in der Trichtermündung des Min lag. Zu seiner Freude stellte er fest, daß die Leute ihn willig aufnehmen würden. Nach einigen Schwierigkeiten mietete er ein Haus, ließ es ausbessern und machte alles für seinen Einzug bereit. Dieser Plan beschäftigte auch die Brüder, und um die hundert von ihnen beteten für ihn und hatten schon zu den Kosten beigesteuert. Während dieser ganzen Zeit erhoben seine Eltern keinen Einspruch. Doch fünf Tage, ehe er hinüberfahren wollte und als schon alles gepackt war, schritten sie ein und verboten ihm die Reise. Das Haus stand bereit, das Geld war ausgegeben, der Wille Gottes brannte in seinem Herzen. Was sollte er tun? Seine Eltern sagten Nein, und Gott hatte gesagt: Ehre Vater und Mutter! Tief bekümmert suchte er Licht von Gott. Ja, es war Gottes Wille, daß er ging. Andrerseits durfte er seinen Weg nicht erzwingen. So erkannte er Gottes Willen darin, daß er sich seinen Eltern unterwarf und wartete und es Gott überließ, seinen Willen auf andere Weise walten zu lassen.

Die Schwierigkeit bestand nun aber darin, daß Watchman den anderen nicht erklären konnte, warum sein Plan sich zerschlagen hatte. »Alle mißverstanden mich«, berichtet er, »und der, auf dessen gute Meinung ich den größten Wert legte, meinte: Es wird schwierig sein, dir in Zukunft noch zu trauen.«

Lang und bitter grübelte er über diesem Problem, bis er eines Tages im Matthäusevangelium auf Jesu Worte über die Tempelsteuer stieß: »Die Söhne sind frei. Doch, um ihnen keinen Anstoß zu geben, nimm es und gib es für mich und dich.« Sogleich fühlte er die Bedeutung, die auf dem kleinen Wort »doch« liegt, und begriff. Selbst Jesus paßte sich denen an, die an der Freiheit, die er besaß, Anstoß nehmen würden. Jahre später konnte er seine Erfahrung im Licht der Kreuzigung deuten. »Der Wille Gottes mag klar und unmißverständlich sein, doch manchmal führt er uns auf einem Umweg an sein Ziel. Unserem Selbstgefühl gefällt es sehr zu sagen: Ich tue den Willen Gottes! Und es führt uns dazu anzunehmen, daß uns nichts auf der Welt daran hindern dürfte. Dann erlaubt Gott eines Tages, daß sich uns ein Hindernis in den Weg stellt. Wie das Kreuz Christi durchkreuzt es nicht nur unseren Eigenwillen, sondern alles, unseren Eifer, unsere Liebe zum Herrn. Und das anzunehmen, ist äußerst schwer für uns.« Zu jener Zeit konnte er es noch nicht annehmen, er fühlte nur Groll gegen seine Eltern, und die Hauptschuld gab er seiner Mutter. Es dauerte eine Weile, bis er darüber hinwegkam.

Er fragte Margaret Barber, ob sie ihm nicht ein Buch zum Thema »Kreuz« leihen könne. Ja, sie hatte zwei Bücher, aber sie würde sie ihm jetzt noch nicht geben, sie wollte warten, bis er reif genug dafür wäre.

»Ich konnte diesen Grund nicht verstehen«, berichtet er. »Ich wollte diese beiden Bücher so brennend gern haben und verschaffte sie mir durch eine List. Ich erfragte von ihr die Titel und die Autoren, ohne daß sie merkte, warum, und schrieb dann an Frau Penn Lewis, die mir die Bücher als Geschenk sandte und auch noch einen netten Brief dazu schrieb. Das eine hieß »Das Wort vom Kreuz«, und das andere »Das Kreuz von Golgatha und seine Botschaft«. Ich las sie sehr aufmerksam, doch obwohl ich eine gewisse Hilfe erhielt, beantworteten sie zu meiner Enttäuschung meine Frage nicht. Es ist nicht Gottes Art, uns schnelle Antworten zu geben[3].«

Wegen eines Streiks wurde die Schule im letzten Monat des Sommersemesters geschlossen. Faithful Luke und vier andere benutzten diese Gelegenheit, um in der Taufe ihren Bruch mit der Welt und ihr Einswerden mit dem Herrn zu bezeugen.

Dabei machte Luke eine typische Erfahrung: Ein einflußreicher Onkel aus Ku-tien eilte herbei, der fürchtete, sein als Anglikaner erzogener Neffe habe sich damit den Weg zur St. Johns Universität selbst verbaut, und drängte ihn, seine Tat – die Taufe – zu bereuen. Doch Luke erwiderte: »Meine Reue gilt meinen Sünden. Ich bin in Frieden.«

Auch der Direktor der Schule dachte, daß Luke den Verstand verloren habe. Das Dreifaltigkeits-College war das Sprungbrett für den Staats- oder Missionsdienst, und die Schüler stiegen von dort oft zu einflußreichen Stellungen auf.

»Heißt das, daß du nicht weiterstudieren willst?« fragte er Luke.

»Nein, ich werde das Evangelium predigen«, lautete die heftige Antwort. Der Direktor, selbst Missionar, war aufrichtig bekümmert. Er fürchtete, daß Nee einen schlechten Einfluß auf die Schülergemeinschaft ausübte.

»Geh und bete«, sagte er zu Luke, »und komm nach drei Nächten wieder zu mir.« Doch als Luke wiederkam, hatte er seinen Sinn nicht geändert.

»Ich habe beschlossen, dem Herrn Jesus allein zu dienen«, verkündete er. Sein Leben lang stand er zu dieser Entscheidung.

Die beiden jungen Männer, die mit ihm das College verließen, erhielten eine Anstellung bei der Zollbehörde, während Luke selbst nach Pagoda ging. Für die englischen Damen war dies eine überschwengliche Antwort auf ihr langes, beharrliches Beten. Margaret Barber lud Luke ein, sich um die jungen Männer zu kümmern, die zu ihr in den Unterricht kamen, während ihre Gefährtin die Frauen betreute. Luke blieb sechs Jahre dort.

Watchman und Wilson waren noch ein Jahr auf dem Dreifaltigskeits-College. Der religiöse Eifer hielt an. Sie hatten täglich drei Gebetsstunden, eine am frühen Morgen und zwei am Abend. Auch in der Stadt machte die Verkündigung des Evangeliums Fortschritte, da Wang Tsai und John Wang Abend für Abend in dem kleinen gemieteten Saal predigten. Sonntags wurde dort jetzt regelmäßig das Abendmahl gefeiert.

Watchman widmete indessen alle Zeit, die er erübrigen konnte, dem geistlichen Wachstum der Bekehrten und jungen Mitarbeiter. Er gab die »Erweckung« heraus, ein vervielfältigtes Blatt, das Bibelstudien enthielt und das in einigen Nummern erschien. Im Februar fand dann die Neujahrskonferenz statt, und als im Frühling die Ferien begannen, zogen die jungen Männer wieder hinaus in die Dörfer. Das Sommersemester wurde durch schwere Überschwemmungen gestört, die mit ihrem starken Druck die niedrigen Bogen der alten Brücken gefährdeten und Cholera und andere Plagen in die Häuser am Fluß brachten. Doch die Jungen konnten ihr letztes College-Jahr beenden. Wilson war Primus und Watchman Nee mit geringem Abstand Zweiter.

Watchman war jetzt einundzwanzig Jahre alt. Im Examen trug er einen Zehn-Dollar-Talar, den ihm seine Großmutter väterlicherseits, die scharfzüngige Dame aus Kanton, gekauft hatte. Sie war mit ihrer Schwiegertochter wieder völlig ausgesöhnt.

Gott hatte in den letzten zwölf Monaten ganze Scharen bekehrt – in den Colleges, in der Stadt und ringsumher auf dem Land. Jetzt bei Semesterschluß versammelten sich die Studenten, um ihm dafür zu danken.

*Christliche Demonstranten mit »Evangeliumshemden«.*

# Die Glaubensprobe

Die Chang-Familie lebte jetzt in Tientsin, wo Chang Chuenkuan als Pastor bei der »Christian and Missionary Alliance« beschäftigt war. Von Zeit zu Zeit kehrten sie nach Futschou zurück. Sie blieben eng mit den Nees befreundet, und da sich die ehemals strengen Sitten lockerten, konnten die heranwachsenden Kinder innerhalb des Hauses frei miteinander verkehren. Diese Begegnungen hatten in Watchman ein Interesse für seine einstige Spielgefährtin Charity geweckt, die klug und außerordentlich hübsch war.

Doch Watchman, der seinen Erlöser gefunden und dessen Weltanschauung sich so vollkommen gewandelt hatte, wollte nach der Abschlußprüfung, wie Faithful Luke vor ihm, weder das St. Johns College besuchen, noch sonst irgendwie seine Ausbildung fortsetzen – von jetzt an sollte sein Leben der Predigt von Jesus Christus gehören. Es scheint, daß er diese weitreichende Entscheidung allein und aus persönlicher Überzeugung traf.

Damals wurde ihm klar, wie sehr Charity Chang seine Gedanken beschäftigten. Von Heirat war noch nicht gesprochen worden, aber er dachte manchmal daran. Da brachte ihm ihre nächste Begegnung Klarheit. Charitys weltliche Neigungen, ihre Leidenschaft für elegante Kleider, sagten ihm genug. Sie teilte in keiner Weise seine Liebe zum Herrn, und dieser Liebe durfte nichts vorgezogen werden. Charity verfolgte eigene Ziele, sie strebte nach weltlicher Ehre und nach Erfolg, die ihm nichts mehr bedeuteten. Es war klar, daß sie beide in verschiedene Richtungen lebten.

Eine Weile schob er das Problem auf, bis er eines Tages Psalm 73, 25 las: »Es gibt nichts auf der Erde, das ich begehre, außer dir.« Und der Geist Gottes ließ ihn innehalten: »Du hast ein verzehrendes Verlangen auf Erden. Du solltest deine Neigung zu Charity Chang aufgeben. Welche Befähigung hat sie denn, die Frau eines Predigers zu sein?«

Seine Antwort bestand in dem Versuch zu einem Handel. »Herr, ich will alles für dich tun. Wenn du willst, daß ich das

Evangelium zu den entferntesten Stämmen bringe, so will ich das tun. Nur dies kann ich nicht.«

Wie konnte er, der gerade einundzwanzig geworden war, sein Herz von einem Mädchen losreißen, mit dem er sich so viel beschäftigt hatte?

Er stürzte sich in die Evangelisationsarbeit. Viele Türen standen ihm offen, und nachdem er an der Neujahrskonferenz in Futschou teilgenommen hatte, widmete er sich der Arbeit in den Dörfern und wieder besonders dem Unterricht der neu Bekehrten.

Dabei mußte er eine neue Lektion lernen. »In dem Jahr nach meiner Bekehrung«, berichtet er, »hatte ich große Lust zu predigen. Es war mir unmöglich zu schweigen. Es war, als würde ich vorwärtsgetrieben, und ich mußte einfach gehen. Das Predigen war mein Leben geworden.« Er hatte eine gute Schulbildung und war in der Schrift beschlagen und hielt sich für äußerst befähigt, die Landleute zu unterweisen, deren Frauen meistens Analphabeten waren. Aber nachdem er eine Gruppe mehrmals besucht hatte, erhielt sein Selbstgefühl einen empfindlichen Dämpfer. Er entdeckte, daß diese Frauen, obwohl sie nicht richtig lesen konnten, zu einem vertrauten Umgang mit dem Herrn gelangt waren. »Ich kannte das Buch, aus dem sie stockend vorlasen, sie aber kannten den Einen, von dem das Buch sprach.« Das war eine erste Erfahrung mit dem göttlichen Gesetz des Fruchtbringens: »Ohne mich könnt ihr nichts tun[1].«

In dieser Zeit erlebte er auch, was es heißt, in allen materiellen Bedürfnissen allein auf Gott zu vertrauen. Seine Studiengelder hatten aufgehört, und er hatte keine bezahlte Tätigkeit in Aussicht. Unter all den Büchern, die er von den englischen Damen geliehen, hatten ihn am meisten die Berichte über Georg Müller in Bristol und Hudson Taylor von der China-Inland-Mission beeinflußt. Diese Männer hatten ihr Vertrauen auf den Unsichtbaren gesetzt und bewiesen, daß Gott hinlänglich für die Bedürfnisse in der Reichsgottesarbeit sorgt.

In seiner näheren Umgebung war ihm Margaret Barber ein lebendiges Beispiel dafür. Sie war aus England aufgebrochen nur mit der Versicherung eines jüdischen Christen: »Wenn Gott euch sendet, muß er auch die Verantwortung tragen.« Watchman wußte, wie oft sie nur noch einen einzigen Dollar besaß; aber Gott hatte sie nie verlassen. 1923 hatte sie den Brüdern erzählt, daß sie um ein Haus mit zehn Zimmer bete, um ihre Arbeit in Pagoda auszuweiten. Dabei hatte sie keine Ahnung, woher sie die Mittel dazu nehmen sollte. Watchman war erstaunt, als wenig später eine benachbarte Gewerbeschule schloß und Gott ihr zwanzig Zimmer für eine ganz geringe Miete verschaffte.

Solcher Glaube war ansteckend. Als er einmal ein Wochenende bei Margaret Barber verbrachte, war auch ein Freund von ihm anwesend, der zwei Dollar in der Tasche hatte und bis zum Montagmorgen dringend deren 150 brauchte. Samstags und sonntags fuhr das Postboot nicht. Nachdem er diese Angelegenheit vor Gott gebracht hatte, ging dieser Mann hinaus zum Predigen und traf dabei einen Mann, dem er einen Dollar schuldete. Er bezahlte seine Schuld, und der Dollar, der in seiner Tasche blieb, erhielt nun einen neuen Wert für ihn. Als er einen Bettler traf, wollte er den Dollar erst in Kupfermünzen umwechseln, ehe er ihm etwas gab. Doch Gott hemmte ihn, und er gab dem Bettler das ganze Geldstück. Als auch dieser Dollar weggegeben war, zog Gott bei ihm ein. Er ging nach Hause und schlief friedlich, und am Montag morgen erhielt er telegrafisch eine ganz unerwartete Gabe von 150 Dollar.

Für Watchman wurde dieser göttliche Grundsatz: »Gib, und dir wird gegeben« zur Lebensregel. Wenn wir uns einzig um die Bedürfnisse der anderen kümmerten, dann würde Gott, so glaubte er, unsere Anliegen zu den Seinen machen. Aber er ging noch weiter: Wir sollten niemals anderen unsere finanzielle Not offenbaren, selbst wenn solche Geheimhaltung unsere Freunde annehmen ließe, wir hätten alles reichlich. Überdies sollten wir, abgesehen von dem Genuß kurzer Gastfreundschaft, für Reichsgottesarbeit nichts von den Heiden annehmen, damit Gott den Sündern keinen Dank schulde[2].

Watchman sollte diese Grundsätze bald erproben müssen. Ein Klassenkamerad von ihm, K. H. Weigh, hatte das Dreifaltigkeits-College schon früher verlassen, um nach Nanking auf die Universität zu gehen. jetzt befand er sich zu Hause in Kienning, wo sein Vater Arzt am Krankenhaus war. Kienning (oder Chien-O) liegt 150 Meilen flußaufwärts von Futschou in den

Bergen, wo mehrere Flüsse zusammenströmen, und ist ein Zentrum der Papierindustrie und ein Umschlagplatz für den Binnenhandel.

Von der dortigen Mission erhielt Watchman eine Einladung, Evangelisationsversammlungen zu halten. Seine Auslagen, so nahm er als sicher an, würden ihm ersetzt werden, und nachdem er darüber gebetet hatte, telegrafierte er zurück, daß er am Freitag abreisen würde.

Das Problem war nur, wie er nach Kienning gelangen sollte. Er besaß nur etwa dreißig Dollar, und das Fahrgeld für das Motorschiff würden wenigstens achtzig Dollar kosten. Und was noch schlimmer war: Er bekam heraus, daß in Futschou ein geistlicher Bruder finanziell mindestens ebenso bedürftig war wie er selbst. Als Gott ihn am Donnerstag daran erinnerte, wußte er, daß er handeln mußte. Mit innerem Beben sandte er dem Bruder deshalb eine Gabe von zwanzig Dollar, die er durch Wang Tsai überbringen ließ.

Am nächsten Morgen erhielt Watchman von niemandem etwas, bevor er aufbrach, und als er zum Hafen übersetzte, mit nur zehn Dollar in der Tasche, betete er verzweifelt: »Herr, ich bitte dich nicht um Geld, nur darum, daß ich irgendwie nach Chien-O komme.«

Als er am Landungsplatz ankam, wurde er von dem Besitzer eines kleinen Dampfers angesprochen: »Wollen Sie nach Jenping oder nach Chien-O?«

»Nach Chien-O!«

»Dann kommen Sie doch mit mir!« »Und was kostet das?« »Sieben Dollar.«

Erstaunt erkundigte er sich, wie das möglich sei. Als er sein Gepäck an Bord brachte, erfuhr er, daß das Schiff von der Verwaltung gechartert sei, doch stand es dem Besitzer frei, sich noch ein wenig Geld dazu zu verdienen, indem er einen Passagier mitnahm. So machte Watchman die lange Reise unbelästigt von Banditen und ohne die endlosen Verzögerungen durch die an Bord kommenden Zollbeamten.

Es war eine landschaftlich schöne Reise durch fruchtbares Hügelland. Hier wuchsen die besten Apfelsinen der Welt, wie

Watchman behauptete.[3] Weiter flußaufwärts rückten die Berge näher heran, sie waren nun mit Nadelwäldern bedeckt, zuweilen zerschnitt sie der Fluß, so daß das Boot an zerklüfteten Felsen vorbei seinen Weg suchte.

In Chien-O predigte Watchman zwei Wochen lang mit großem Freimut und 1,20 Dollar in der Tasche. Seine Botschaft kam gut an, sein Freund K. H. Weigh wurde besonders gesegnet und weihte sich Gott erneut. Zum Schluß gab es ein Abschiedsmahl, bei dem der Erzdiakon Hugh Phillips den jungen Prediger beiseite nahm. Er war ein Mann reicher Erfahrung und hatte unglaubliche Härten um des Evangeliums willen überstanden.

»Ihre Predigten haben uns sehr geholfen«, begann er, »bitte, darf ich mich an Ihren Ausgaben beteiligen?«

Ungestüm erwiderte Watchman:

»Das ist nicht nötig. Es ist für alles gesorgt.« In Wahrheit bereitete es ihm ein unbehagliches Gefühl, Hilfe von einer Mission anzunehmen. Er war sicher, daß Gott auf seine Weise helfen würde.

Aber am nächsten Tag, als ihn viele neugewonnene Freunde zum Boot begleiteten, betete er: »Herr, du kannst mich nicht einfach hierherführen und mich dann nicht wieder nach Hause bringen.« Auf halbem Weg überholte sie ein Bote mit einer Nachricht von Hugh Phillips: »Obwohl Sie jemanden haben, der die Fahrt für Sie bezahlt, lassen Sie Ihren alten Bruder auch einen kleinen Anteil daran haben, indem Sie das Einliegende annehmen.«

Da er Gottes Hand darin erkannte, nahm er dies Unterpfand der Freundschaft an. Es war weit mehr, als er brauchte, denn dasselbe Charterboot war wieder da und im Begriff, die Rückreise anzutreten, mit demselben freien Platz und demselben niedrigen Fahrpreis.

Die Rückfahrt die Stromschnellen des Min hinunter war ein Vergnügen. Sein Herz war in Frieden. Als er wieder in Futschou war, entdeckte er, daß seine eigene Gabe vor seiner Abreise in einem wirklich verzweifelten Notfall geholfen hatte.

Das war eine Erfahrung, die er nie vergessen sollte. Wie er es später ausdrückte: »Gottes Art ist es nicht zu sagen: Spare, und du wirst reich werden! sondern: Gib, und es wird dir gegeben werden, ein gutes, gerütteltes, überfließendes Maß.«

Doch in Nantai hatte sich Watchmans Beziehung zu seinen Mitarbeitern gewandelt. Es ist im einzelnen nicht klar, was zu dem Beschluß der älteren Brüder (Wang Tsai und John Wang, von einigen anderen unterstützt) geführt hatte, Watchman aus ihrer Gemeinschaft auszuschließen. Gewiß, er hatte sie enttäuscht, als er nicht auf die Pirateninsel ging. Doch nicht dies, sondern eine einzige grundsätzliche Streitfrage wurde damals von den Beteiligten angeführt, und es ist überraschend, daß sie bei diesen jungen Menschen auftauchen konnte.

In seiner Suche nach einem neuen Durchbruch in der Arbeit für das Evangelium hatte Watchman versucht, auf die Grundlagen zurückzugreifen. Gott selbst, so sah er, ist der Urheber jeder Arbeit, die wirklich als die Seine bezeichnet werden kann, und Gott muß auch ihr Ziel sein. Was aber lag zwischen Ursprung und Ziel? Handelte Gott nicht auch da in einem gewissen Sinne, mußte er nicht die Kraft dazu geben?

Hier, meinte Watchman, war ein Punkt, den die Christen im allgemeinen übersahen. Er drückte es so aus: »Wenn wir einen begabten, redegewandten und tatkräftigen Menschen sehen, der auch für die Verwaltung Geschick hat, dann meinen wir: ›Was für ein Gewinn würde dieser Mensch für die Sache Christi sein!‹ Aber damit würden wir behaupten, daß, während Gott Anfang und Ende ist, der mittlere Teil Menschenkraft überlassen wäre.« Trotz seines eigenen evangelistischen Eifers wurde er von den Worten Jesu beunruhigt: »Der Sohn kann nichts aus sich selbst tun, sondern er tut, was er den Vater tun sieht«, und durch seine Worte an Paulus: »Meine Kraft kommt in der Schwachheit zur Vollendung.« Dies schien ihm die Haupttriebfeder alles wahren Wirkens für Gott.

Während der Neujahrskonferenz hatte Watchman versucht, diese Gedanken weiterzugehen. Er hatte über das Alte Testament, und zwar »Das Zeugnis Gottes durch die Bundeslade«, gesprochen – ein Thema, das uns seine gelegentlichen Ausflüge in die Allegorie veranschaulichen kann:

In Jericho, so sagte er, hatte die Gegenwart der Bundeslade den Fall der Stadt bewirkt. Später, als das Volk besiegt war, während der priesterliche Dienst in Silo noch hinsiechte, war es dieselbe Bundeslade, zu der Gott sich in der Verbannung bekannte, sehr zum Mißvergnügen derer, die sie geraubt hatten. Die Frage, die Watchman stellte, lautete: Wie kann Gott heute noch eine Arbeit oder Arbeiter finden, denen er sich so anvertrauen könnte?

Als Antwort deutete er auf den Inhalt der Bundeslade: die Gesetzestafeln, das verborgene Manna und Aarons Stab, der Knospen trieb. Dieser Stab war dort zur Erinnerung an eine dunkle Nacht und einen Auferstehungsmorgen aufbewahrt. Dies deutete, so glaubte er, auf den einen sicheren Weg für jeden Diener Gottes, Frucht zu bringen. Wir wirken nicht für Gott, wenn wir bloß den offenen Türen und den großen Gelegenheiten nachjagen. Sehr oft muß man auch um eines neuen Lebens willen, das kein Mensch aus sich hervorbringen kann (veranschaulicht durch den knospenden Zweig), eine dunkle Nacht mit Geduld ertragen. Dies Auferstehungsleben in seiner vollen Bedeutung war in Sicht, als Jesus das Kreuz bestieg, und der Diener ist nicht größer als sein Herr.

Diese Bibelauslegung war in der Zeitschrift abgedruckt, die er in unregelmäßiger Folge herausgab. Eine Nummer war mit der Gabe des Erzdiakons Phillips in Chien-O bezahlt worden. Watchman glich damals noch nicht durch sorgfältige redaktionelle Arbeit die Übertreibungen aus, mit denen der Prediger seinen Aussagen Nachdruck zu verleihen sucht, und es mag die allzu quietistische Auffassung vom christlichen Dienst gewesen sein, die das Mißfallen der Brüder erregte. Dazu kam ein Druck von außen. Die antichristliche Bewegung hatte in den Städten einen Höhepunkt erreicht, und so hätte man es in manchen Missionskreisen vorgezogen, wenn das Zeugnis der Studenten weniger kompromittierende Formen angenommen hätte.

Wenige konnten das Format von Wang Tsai und John Wang leugnen, beide schlagartig bekehrte Marineoffiziere, hoffnungsvolle Männer, die man vielleicht in das Establishment einordnen konnte. Wang Tsai war kürzlich in Schanghai von Missionaren formell ordiniert worden.

Watchman dagegen war weniger anpassungsfähig. Er war eine mögliche Quelle der Spaltung und dies zu einer Zeit, da man sich vor jeder Verwirrung unter den Gläubigen hüten mußte. Einige Missionare verboten den Studenten, Watchmans Erweckungsversammlungen zu besuchen, und ein Missionar bezeichnete ihn als »Teufel und Betrüger«.

So kam es, daß ihn seine engsten Freunde, die Wangs, aufforderten, nicht mehr an den Gottesdiensten der Gruppe teilzunehmen. Diesen Schritt bereuten bald viele, und von den meisten wurde diese Entscheidung später zurückgenommen. »Wir taten etwas sehr Törichtes. Aber vielleicht wurden wir auch von der Eifersucht geleitet, denn Bruder Nee war so sehr viel begabter als wir anderen.« Doch für eine Weile blieben diese Beschränkungen in Kraft, und zu Watchmans großem Kummer heilte der Bruch mit einigen der Brüder niemals vollständig aus.

Watchman ging nach Ma-shien, einem Dorf in der Nähe von Pagoda, und mietete dort eine winzige Hütte, deren Fenster auf den Hafen hinausgingen. Diese neue Bleibe machte er nun zum Ausgangspunkt für seine Predigtreisen, und hier begann er auch ernsthafter an seiner Zeitschrift zu arbeiten. Ein oder zwei junge Brüder blieben bei ihm, und Faithful Luke war am anderen Ufer des Min auch nicht so weit entfernt.

Um diese Zeit erhielt Watchman den Besuch einer Ärztin des C.M.S.-Missionskrankenhauses stromabwärts. Fräulein Li hatte einen Jungen adoptiert und aufgezogen, aber er war nicht gut geraten. Als er sechzehn war, wurde er von der Schule gewiesen, und nun brachte sie ihn verzweifelt nach Ma-shien und bat Watchman um Hilfe. Dieser nahm den Burschen – Kuo-ching hieß er – auf und gab ihm Bibelunterricht, und es dauerte nicht lange, bis der Junge eine echte Bekehrung erlebte. Zum Entzücken seiner Mutter und der ganzen Familie zeugte auch sein Betragen von diesem Wandel.

Als man sich im Januar 1925 auf das Neujahrsfest (nach dem Monatskalender) und mit ihm auf die übliche Konferenz in Futschou vorbereitete, die die Gläubigen aus der Stadt und dem Umkreis vereinigte, ließ Wang Tsai Watchman wissen, daß sein Besuch in Futschou nicht erwünscht sei. Die Kritik an ihrer

Arbeit richtete sich hauptsächlich gegen ihn, Watchman, und sie würden es leichter ohne ihn haben.

Dieses Ansinnen, so gibt Watchman zu, nahm ihm den Frieden in Christus und allen Mut. In seiner höchsten Not bestieg er die Fähre zum Weißen Zahnfelsen, um seine Freundin und Ratgeberin aufzusuchen. »Dahin ist es nun gekommen!« rief er und erklärte ihr, was geschehen war. Sie entgegnete nur sehr wenig, aber durch ihr Schweigen zeigte sie ihm, wie sehr sie mit ihm fühlte.

Dann suchte er Faithful Luke auf, der, obwohl er den älteren Brüdern in Futschou die Treue hielt, tief bekümmert über ihren Bruch mit seinem Freund war. Zusammen suchten sie Gott im Gebet. Watchman war nüchtern genug, um Kritik anzunehmen, und er stellte seine Frage demütig: Hatte er trotz der vielen echten Bekehrungen, die sie in diesem Jahr erlebt hatten, Gott auf irgendeine Weise mißfallen? Hatte er den Brüdern einen Grund für ihre Haltung gegeben?

Während sie beteten, erhielten sie die klare Antwort: »Überlaßt mir euer Problem! Geht und predigt das Evangelium!«

Faithful Lukes Mutter arbeitete damals als Hebamme in dem Dorf Mei-hwa am südlichen Arm der Trichtermündung des Min. Hier herrschte noch finsteres Heidentum, die Leute wußten nichts vom Evangelium. Faithful und Watchman beschlossen deshalb mit vier anderen, die Festtage dort zu verbringen und Christus zu predigen. In letzter Minute schloß sich ihnen der eben bekehrte Li Kuo-ching an, so daß sie sieben waren. Sie meldeten sich im voraus bei einem früheren Schüler des Dreifaltigkeits-Colleges an, der jetzt dort Schulleiter war; doch als sie nach Einbruch der Nacht in Mei-hwa an Land gingen, verweigerte er ihnen die Benutzung des leeren Schulgebäudes. Schließlich fanden sie auf dem Dachboden eines freundlichen Kräuterhändlers Bretter und Stroh für die Nacht.

In den ersten Tagen waren die Fischer und Bauern mit den üblichen Feierlichkeiten beschäftigt: mit zeremoniellen Besuchen, vegetarischen Mahlzeiten, Ahnenkult, Glücksspielen, Entzünden von Feuerwerkskörpern, Spenden für mildtätige Zwecke. Am vierten Tag unterhielten sie ihre verschiedenen

Hausgötter mit Opfergaben. Kein Wunder, daß sie nicht zuhören wollten. Aber als selbst am neunten Tag noch kein Echo auf die Predigt der sieben Aufrechten kam, wurde der junge Li Kuo-ching ungeduldig.

»Was stimmt nicht? Warum glaubt ihr nicht?« fragte er die Leute.

Man erzählte ihm von ihrem zuverlässigen Gott Ta-Wang (Großer König), dessen Festtag, durch Weissagung bekanntgegeben, dieses Jahr auf den elften Januar festgelegt war. Während der letzten 286 Jahre hatte er ihnen, versicherten sie, immer Sonnenschein für den erwählten Tag verschafft.

»Dann verspreche ich euch«, rief der halsstarrige Li, »daß unser Gott, der der wahre Gott ist, es am 11. regnen lassen wird.« Sogleich gingen die Zuhörer auf diese Herausforderung ein.

»Sag nichts mehr! Wenn es am 11. regnet, dann ist euer Jesus in der Tat Gott, und wir werden bereit sein, von ihm zu hören.« Watchman hatte an einer anderen Stelle des Dorfes gepredigt, und als ihn die Nachricht, die sich wie ein Steppenbrand ausbreitete, erreichte, war er entsetzt. Die Ehre des Herrn schien dem Zufall überlassen, denn sie hatten ihn leichtfertig auf etwas festgelegt, was er vielleicht gar nicht unterstützen wollte. Er wußte, daß sie alle sieben – und nicht nur Li allein – die Verantwortung dafür tragen mußten. Doch wenn Gott nicht darauf einging, welche Zukunft hatte das Evangelium dann auf diesen Inseln? Hatten sie gesündigt? wiederholte er die Frage, die er Gott erst vor einigen Tagen gestellt hatte. Sollten sie jetzt aufgeben und diesen »Großen König« Ta-Wang unumschränkt regieren lassen? Als sie wieder in ihrem Quartier waren, suchten sie Gottes Antlitz in großer Demut, bereit, eine Zurückweisung zu erhalten.

Dann empfing Watchman das Wort: »Wo ist der Gott des Elias?« und dies war die Zusicherung, daß es am 11. regnen würde. Es war so eindeutig, daß sie hinausgingen und diese Herausforderung laut verkündeten.

An diesem Abend beunruhigte ihr Gastgeber sie, indem er die Aussage der Dorfbewohner bestätigte. Der Gott Ta-Wang war der Hüter von Frieden und Ordnung, er beschützte seine Anhänger vor Krankheit, ihre Felder vor Unwettern, ihre Frauen bei der Entbindung. An seinem Festtag konnte man damit rechnen, daß er ihren Eifer mit einem wolkenlosen Himmel belohnte. Darüber hinaus erinnerte sie der Mann daran, daß die Hälfte der Dorfbewohner Fischer waren, die Monate auf der See zubrachten und wenigstens für einige Tage das Wetter zuverlässig voraussagen konnten[4].

Als die Brüder das hörten, beteten sie wieder um Regen, und wieder empfingen sie das Wort des Propheten: »Wo ist der Gott des Elias?«

Am nächsten Tag setzten sie auf eine nahegelegene Insel über – die Pirateninsel, auf die Watchman früher hatte gehen wollen. Dort bekehrten sich sogleich drei Familien zu Christus, bekannten sich zu ihm und verbrannten öffentlich ihre Götzen. Spät kehrten die Brüder zurück, müde, aber glücklich.

Am nächsten Morgen – es war der 11. – schliefen sie lange. Watchman erzählt, wie er von den Sonnenstrahlen erwachte, die durch das einzige Dachfenster auf ihn fielen. Es regnete nicht! Und es war schon nach sieben Uhr. So erhob er sich, kniete nieder und betete: »Herr, bitte schicke uns Regen!« Da klangen ihm sogleich wieder die Worte in den Ohren: »Wo ist der Gott des Elias? «

Schließlich saßen sie alle beim Frühstück, die sieben Brüder und ihr Gastgeber, alle sehr still. Es war keine Wolke am Himmel, und doch wußten sie, Gott hatte sich verpflichtet. Als sie den Kopf senkten, um vor dem Essen zu beten, meinte Watchman: »Ich denke, die Zeit ist da. Der Regen muß jetzt kommen. Wir können den Herrn daran erinnern.« Still taten sie das, und noch ehe sie Amen sagten, hörten sie die ersten Tropfen auf das Dach fallen. Als sie ihren Reis aßen, ging ein Schauer nieder, und als sie ihre Schalen zum zweiten Mal füllten, rief Watchman: »Laßt uns Dank sagen!« Draußen schüttete es wie mit Eimern, als sie ihre zweite Reisportion zu essen begannen. Als sie fertig waren, stand die Straße schon unter Wasser, es floß über die drei Stufen, die zur Haustür des Kräuterhändlers führten.

Schon als die ersten Tropfen fielen, hatten ein paar der jüngeren Dorfbewohner offen gesagt: »Das ist Gottes Hand, Ta-Wang ist nicht mehr! Der Regen hat ihn zu Hause festgehalten.«

Aber seine Anhänger gaben nicht auf. Sie trugen den Gott in einer Sänfte hinaus, denn gewiß würde er dem Schauer ein Ende bereiten. Aber dann stolperten die Träger der Sänfte im strömenden Wasser, und mit ihnen glitt auch Ta-Wang zu Boden. Der Gott brach sich den Kiefer und den linken Arm. Seine Anhänger besserten ihn eilig aus und setzten ihn wieder in die Sänfte. Sie zogen oder trugen ihn durch die Straßen von Mai-hwa, bis die niederstürzende Flut sie endgültig vertrieb. Einige der älteren Dorfbewohner, Männer zwischen sechzig und achtzig Jahren, barhäuptig und im Glauben an Ta-Wangs gutes Wetter ohne Schirm, hatten sich im Fallen verletzt.

Der Götze wurde in ein Haus getragen, und das Orakel erneut befragt. »Heute war der falsche Tag«, kam die Antwort. »Das Fest muß am 14. stattfinden mit einer Prozession um sechs Uhr am Abend.«

Als diese Nachricht sie erreichte, kamen die Brüder sogleich wieder zum Gebet zusammen. Am Nachmittag klärte sich der Himmel auf, und jetzt hatten sie aufmerksame Zuhörer für das Evangelium. Gott schenkte ihnen mehr als dreißig echte Bekehrungen in Mai-hwa und auf den Nachbarinseln während dieser drei kurzen Tage.

Der 14. Januar brach an, ein strahlender Tag, und wieder hatten sie eine große Zuhörerschar. Als der Abend nahte, trafen sie sich und brachten zu der festgesetzten Stunde – »um sechs Uhr am Abend« – die Angelegenheit vor Gott. Seine Antwort kam nicht eine Minute zu spät. Wolkenbruchartige Regenfälle und Fluten brachen wie beim ersten Mal herein. Satans Macht, die sich in diesen Götzen manifestiert hatte, war gebrochen, und Ta-Wang würde nie mehr ein angesehener Gott sein.

Am nächsten Tag war ihre Zeit abgelaufen, denn die Brüder, die eine Arbeit hatten, mußten abreisen. Die Mission, zu deren Arbeitsfeld die Inseln gehörten, nahm sich der Bekehrten an. Als Watchman später auf diese Ereignisse zurückblickte, erkannte er in ihnen eine Lektion von bleibendem Wert[5]. Das Zusammentreffen der Ereignisse war für ihn und seine Gefährten eine große Beruhigung. Wenn sie nur demütig weitermachten und sich nahe zu Gott hielten, konnte man ihm die Sorge für alle Folgen gewiß überlassen.

# Dienst im Ausland

Von seiner kleinen Hütte aus über dem Hafen sah Watchman das Kommen und Gehen von Flußbooten und Ozeanschiffen. Flußaufwärts lagen Schiffswerft und Marineschule, flußabwärts auf der Lo-sching-Insel stand die etwa dreißig Meter hohe Pagode, die dem Hafen ihren Namen gab – Pagoda. Hier, wo die beiden Arme des Min, die acht Meilen lang die Nantai-Insel umgaben, sich vereinigten, war das Flußbett tief genug, daß große Frachter in der Mitte des Flusses liegen konnten. Darüber erhoben sich die Hügel, einige waren bis fast zum Gipfel in Terrassen angelegt, andere waren so steil, daß sich nur verkümmerte Fichten auf ihnen halten konnten.

Zwischen den dahingleitenden Hausbooten und Leichtern ertönte der Schrei der Möwen und das rhythmische »Wu-hu, wuhuwuhu« der Kulis.

Hier führte Watchman von seinem zweiundzwanzigsten bis zu seinem vierundzwanzigsten Jahr ein sehr einfaches Leben. Es wurde für ihn eine Zeit des Übergangs und starker geistlicher Entwicklung.

Er sehnte sich nach festen Zielen. Vor Jahren, als er radfahren lernte, hatte er geglaubt, er müsse seine Augen nur fest auf die Lenkstange richten; wenn sie fest stände, dann würde er davon geradeaus fahren. Doch er fuhr in den engen Straßen ständig gegen Hauswände und verletzte sich die Knöchel. Dann zeigte ihm ein Freund, wo der Fehler lag: »Sieh auf die Straße! Richte die Augen fest auf den vor dir liegenden Weg!«

Er versuchte nun, dieses Prinzip auf seine Arbeit für Gott anzuwenden. Er sah die Notwendigkeit einer guten Vorbereitung ein und legte ein anstrengendes Studienprogramm für sich fest, ahnte aber schon, daß für Gott der Prediger mindestens so viel bedeutet wie das, was er predigt. Gott wollte zuerst in ihm ausarbeiten, was er dann als Botschaft weitertragen sollte.

Zeitweise ließ Watchmans Gesundheit zu wünschen übrig, er wurde oft vom Husten geplagt, und in solchen Zeiten widmete er sich dem Studium, der Meditation des Wortes und einer ausgedehnten Lektüre, die die Kommentare von Alford und Westcott und die Biographien von Luther und Knox, Jonathan Edwards, George Whitefield und David Brainerd einschloß. Wenn es ihm besser ging, teilte er seine Zeit zwischen Predigtreisen und der Herausgabe der Zeitschrift »Erweckung«. Dieses kleine Erbauungsblatt gab er seit 1923 heraus. Er brachte fast ausschließlich seine eigenen Bibelauslegungen, wie er sie mündlich vorgetragen hatte, ergänzt durch Auszüge aus den Artikeln einiger westlicher Erbauungsschriftsteller. »Erweckung« erschien weiterhin in unregelmäßigen Abständen, wie Gott ihm das Geld dafür in kleinen Gaben von ein paar Dollar oder Cent sandte. Das Blatt wurde frei an alle verteilt, die darum baten, und da es über den Bezirk von Fukien hinausgelangte, führte dies zu weiteren Einladungen an Watchman zu persönlichem Zeugnis und Predigt.

Später im Jahr führten ihn Familienangelegenheiten nach Schanghai, und dort hörte er das Neueste von Charity in Tientsin. Es war nun einige Zeit her, seit sie sich gesehen hatten, aber er hatte sie nicht aus seinen Gedanken verbannen können. Er hörte, daß sie eine glänzende Schülerin in Keans College war und an die Yenching Universität nach Peking gehen wollte. Was er von ihren gesellschaftlichen Ambitionen hörte, vertiefte in ihm die Überzeugung, daß er den Gedanken an sie aufgeben mußte, wenn er dem Herrn nachfolgen wollte. Bekümmert beschloß er deshalb, nicht mehr an sie zu denken. Er ging in sein Zimmer, kniete sich hin, übergab entschlossen und endgültig Gott die Angelegenheit und schrieb dann ein Gedicht »Grenzenlose Liebe«[1].

In Schanghai stieß Watchman bei seiner Bibellektüre auf die Worte Jesu: »Ich muß die frohe Botschaft vom Gottesreich auch in anderen Städten predigen, denn dazu bin ich gesandt[2].« Kurz danach kam ein Telegramm von seiner Mutter: »Ich bin eingeladen, in Malaya zu evangelisieren. Bist du frei, um mich zu begleiten?«

Etwa einen Monat vorher hatte Huo-ping auf der Geburtstagsfeier einer Freundin einen Mann namens Cheng aus Malaya getroffen, der sehr verwirrt und geistlich in Not war. Er hatte von der wunderbaren Bekehrung der Nees gehört, und als Huo-ping nun darüber sprach, übergab er voller Eifer Gott sein Leben. Nun schrieb er ihr wegen seiner Heimatgemeinde in Sitiawan, in der nur wenige die Erlösung durch Christus kannten, die er erfahren hatte. Würde sie kommen und ihnen predigen? Huo-ping brachte die Angelegenheit vor den Herrn, und er gab ihr Bestätigung durch die Worte des Lukasevangeliums: »Ich muß die frohe Botschaft vom Gottesreich auch in anderen Städten predigen.« Daraufhin hatte sie Watchman telegrafiert, der nun von Schanghai aus zu ihr stieß.

Sie reisten auf Kosten des Herrn Cheng über Singapur und Ipoh und wurden in Sitiawan im Haus der Lings, seiner Schwester und seines Schwagers, herzlich willkommen geheißen, in der Methodistenkirche dagegen sehr viel kühler. »Vor einem Monat«, bemerkte der Pastor, »hielten zwei Amerikaner hier Erweckungsversammlungen, die wir eifrig vorbereitet hatten. Am ersten Tag kamen über dreihundert Menschen, am zweiten sechzig und am dritten nur zwölf. Jetzt paßt es noch sehr viel schlechter, weil wir alle draußen sind, um die Gummibäume anzuzapfen, und nur sonntags freie Zeit haben.«

Als sie am nächsten Abend zur Kirche gingen, fanden sie den Pastor damit beschäftigt, den Tagesertrag an Gummibaumsaft zu berechnen. Er hatte die Versammlung ganz vergessen. Sie nahmen den Schlüssel und reinigten den Saal, während ein indisches Gemeindeglied draußen stand und die Leute einlud.

Die Besucherzahl war enttäuschend klein. Aber als Watchman in seinem persönlichen Zeugnis auf die Worte im Lukasevangelium anspielte, die ihn zu der Reise bewogen hatten, erkannte Huo-ping, daß Gott dieselbe Schriftstelle benutzt hatte, sie beide hierher zu rufen. Nun verkündete sie das Wort mit großem Freimut. Viele bekannten ihre Sünden und bereuten unter Tränen; viel Unrecht wurde wieder gutgemacht, und die Besucherzahl stieg, bis noch ganze Scharen draußen vor den Fenstern standen, die keinen Platz mehr gefunden hatten. Aber der Pastor blieb mißtrauisch, und nach sechzehn Tagen beendete er die Versammlungen. Auf die Einladung der Lings hin hielten die Nees noch eine Weile Bibelstunden in den Häusern und unterwiesen die neuen Gläubigen im Wort.

Während dieser Wochen hatte sich Frau Nee im Heim der Lings sehr wohl gefühlt. Sie war besonders von der ältesten Tochter Ai-king, einer vielversprechenden jungen Christin, eingenommen. In ihr sah sie die vollkommene Gefährtin für ihren Sohn. Sie sprach mit den Eltern des Mädchens darüber, nahm deswegen auch Verbindung mit ihrem fügsamen Mann auf, doch Watchman wurde weiter nicht gefragt. Da sie auch von anderen Orten zum Predigen eingeladen wurden, blieben sie länger in Malaya, und so trafen sich die Familien wieder. Huo-ping vergaß ihre eigene bittere Erfahrung in der Jugend und trieb die Angelegenheit ungestüm voran. Der Gehorsam verlangte, daß Watchman seine Zweifel unterdrückte. Durch formellen Austausch von Karten und ein kleines Fest wurde die Verlobung verkündet, die sofort eine Quelle großer Unruhe für Watchman wurde. In einer Angelegenheit, die so tief mit Gottes Ziel für sein Leben verknüpft war, wollte er auf keinen Fall einen falschen Schritt tun. Er verbrachte einige schwere Tage im Gebet, prüfte vor Gott, was er tun sollte, und schließlich, als sie Schanghai erreichten, sagte er es seiner Mutter: Gott hatte ihm keine innere Freiheit zu einer Ehe mit Ai-king gegeben. Außerdem hatte ihm ein Bekannter der Familie Ling Negatives über Ai-king hinterbracht. Er setzte durch, daß Huo-ping die Verlobungsgeschenke zurückschickte, und er selbst schrieb an die Lings so höflich, wie er konnte, und erklärte ihnen seine Lage. Seine Mutter konnte sich nur schwer damit abfinden, denn sie liebte Ai-king bereits wie eine Tochter. So herrschte eine gewisse Spannung zwischen ihnen, als sie das Wort im Bethel-Krankenhaus auf Einladung von Dr. Mary Stone verkündeten. Aber als Huo-ping dann eingeladen wurde, in der Mädchenschule zu sprechen, erinnerte sie das an ihre eigene Verlobung, während sie dort Schülerin war, und sie begann die Dinge mit Watchmans Augen zu sehen. Auf dem Dampfer nach Futschou war sie bereit zuzugeben, daß sie sich vielleicht geirrt habe.

Der Vorzug von Watchmans Predigten lag vor allem darin, daß er den Weg zu Gott so klar aufzuzeigen wußte. Viele Christen mühten sich um eine Erlösung, die auf ihren eigenen guten Werken gründete, und unterschieden sich darin wenig von den

Buddhisten. Man hatte ihnen gesagt, es sei vermessen zu behaupten, daß sie gerettet seien. Die Lehre vom neuen Leben als Gottes Gnadengeschenk bestürzte sie darum durch ihre Neuheit. Watchman blieb aber nicht bei dem Evangelium von der Rechtfertigung durch den Glauben stehen. Er hatte die Schriften von Andrew Murray und F. B. Meyer über ein geheiligtes Leben gelesen und alles, was er von Charles E. Finney, Evan Roberts und über die Erweckungsbewegung in Wales 1904-05 bekommen konnte. Er forschte auch bei Otto Stockmayer und Jessie Penn-Lewis, was sie über Seele und Geist und den Triumph über satanische Mächte zu sagen hatten. Sein eigenes Studium des Neuen Testamentes unterstützte ihn in der Ansicht, daß hier wichtige Fragen lagen, die den Gläubigen irgendwie in einfachen Worten nahegebracht werden mußten.

Zweifellos war vieles, was er verkündigte, nur die Frucht seines fleißigen Studiums und mußte erst noch durch eigene Erfahrung geklärt werden. Trotzdem beschäftigte er sich mit dem Gedanken, ein Buch über das geistliche Leben zu schreiben. So vieles, was er voller Freude entdeckt hatte, fand keine Erwähnung in den Missionskirchen ringsum. Wenn er in einer Versammlung sagte, der auferstandene Erlöser müsse das wahre Leben des Menschen werden, nur so könne er hoffen, wirklich nach Gottes Willen zu leben, dann waren das ganz neue Gedanken für Leute, die das Evangelium nur als eine Garantie für die ewige Seligkeit verstanden. »Nimm den Erlöser an, und dann vergiß ihn und wende dich einer menschlichen Lebensphilosophie zu«, das war die verbreitete Ansicht, und deshalb hatten die Lehren des Konfuzius und Meng-tse in vielen sogenannten christlichen Häusern das gleiche Gewicht wie die Bibel.

Wie weit war dies entfernt von den Früchten eines neuen Lebens! Wie wenig Raum gab es dem innewohnenden Geist Gottes! Auf ihn als den Lehrer der Unwissenden stützte sich Watchman mehr und mehr. Vor Monaten hatte er einen bescheidenen Schneider namens Chen entdeckt, der die lose letzte Seite eines Markusevangeliums aufgehoben und gelesen hatte. Dieser Mann kannte keinen Christen, der ihn beraten oder vor der zweifelhaften Anwendung dieser Verse gewarnt hätte. Er hatte sich aus

Vers 18 des letzten Kapitels das, wie er meinte, geringste Zeichen ausgewählt, nämlich die Gabe zu heilen, und war ins Dorf hinuntergegangen, um sie zu erproben. Er war durch die dramatische Genesung eines Nachbarn überzeugt worden und ging dann einfach in seine Schneiderwerkstatt zurück, um dort für Christus Zeugnis abzulegen.

Solche Erlebnisse halfen Watchman eine Schwierigkeit zu überwinden, die ihm zu schaffen gemacht hatte. Er berichtet, daß er nach seiner Bekehrung große Angst hatte, einem Atheisten oder Modernisten zu begegnen, weil dieser ihm beweisen könnte, daß die Bibel unglaubwürdig sei und er dann seinen Glauben verlieren würde. Aber als er in seinem Leben dem lebendigen Christus begegnete und dies auch bei anderen erlebte, wußte er die Antwort: Auf alle Beweisgründe konnte er mit Sicherheit antworten: »Ja, es ist viel Vernünftiges in dem, was Sie sagen. Aber ich kenne meinen Gott! Das genügt.«

In einem anderen Dorf hatte ein neubekehrter Bauer eine andere Prüfung erlebt. Sein Reisfeld lag dicht über einem Bewässerungsgraben auf einem in Terrassen angelegten Hügelhang. Immer wieder wurde er durch seinen Nachbarn betrogen, der nachts das in mühevoller Arbeit hinaufgepumpte Wasser auf sein eigenes Feld leitete, indem er den Wall durchstach, der das Wasser auf dem oberen Feld zurückhielt.

In seiner Verzweiflung ging dieser Bauer zu den anderen Gläubigen. »Das ist nicht recht!« rief er aus. »Aber was soll ich tun? Sagt mir, wie ich mich in dieser Situation verhalten soll.« Sie beteten mit ihm, und dann schlug einer vor, er solle versuchen, die zweite Meile zu gehen. »Wenn wir nur tun, was recht ist«, meinten sie, »sind wir unnütze Knechte. Wir sollten über das Rechte noch hinausgehen.« So trug er am nächsten Tag wieder seinen Holztrog hinaus und begann auf seiner Tretmühle zu arbeiten und das Wasser hochzupumpen. Am Morgen pumpte er Wasser auf die beiden nassen Streifen des Nachbarn unter ihm, und am Nachmittag pumpte er genug für sein eigenes Feld.

Der Nachbar war sprachlos. Nachdem er die Sache bedacht hatte, ging er zu dem christlichen Bauern und bat ihn ganz aufrichtig um eine Erklärung. Bald wurde auch er Christ[3].

Dies waren Menschen, die die Bibel ernst nahmen. Sie lebten in einer rechten Gemeinschaft von Neugeborenen. Hier begann Watchman das Wesen der Kirche Jesu Christi auf Erden und das Zeugnis seines Geistes für das Heidentum zu sehen. Jedes geringste Kind Gottes sollte ein Zeuge von der umwandelnden Macht des Evangeliums sein.

# Die alten Weinschläuche

Die Entfernung zwischen der Kapelle des Dreifaltigkeits-Colleges und Watchmans grasgedeckter Hütte am Fluß betrug nur zehn Meilen. Doch innerlich war er einen weiten Weg gegangen. Hier wie in Nantai drängten sich ihm die Gegensätze zwischen Ost und West auf. Der Hang hinter der Hütte war mit komfortablen ausländischen Bungalows bedeckt; im Hafen lagen die Küstenlinienschiffe und Frachter aus Europa und Amerika vor Anker, sie kamen mit der Flut und glitten mit der Flut hinaus. Aber zwischen ihnen schlingerten die winzigen Hausboote der Einheimischen, die die Göttin Ma-zu anbeteten. Hier unten am Strand, wo sich der Lärm und die Gerüche des Bazars bemerkbar machten, drängten sich ihre einfachen Behausungen rings um seine Hütte. Es war eine durcheinandergewürfelte Welt. Er fragte sich ständig, wie sein Christentum dahinein passen sollte.

In Futschou war es die Anglikanische »Steinkirche« (oder ihr aus roten Ziegelsteinen erbautes amerikanisches Gegenstück), die das Christentum symbolisierte. Dort kam, wie ein Zyniker feststellte, einmal wöchentlich die »Gemeinschaft« von ausländischen Konsuln, Hafenbeamten und Kaufleuten zusammen und vereinte sich mit den Missionaren zu einer kurzen Stunde religiöser Übung, die vom Kaplan der Marine mit einem sicheren Gefühl für religiöse Formen geleitet wurde. Wenn sie das vollbracht hatten, machten sich die Vertreter von Jardine Matheson oder Gillman & Sassoon an ihre traditionelle Aufgabe nach dem Kirchgang: Sie setzten den Teepreis für die Woche fest. Die übrigen begaben sich in den Britischen Klub oder zu ihren Sonntagsvergnügungen.

Natürlich fanden sich in den kleineren Gemeinden der Stadt und in der Umgebung, die mit so viel Eifer in jahrelanger Aufbauarbeit entstanden waren, mehr Chinesen ein. Auch ihre Geistlichen waren meistens Chinesen. Und doch spürte man das westliche Vorbild überall: Die Laien verhielten sich weitgehend passiv. Sie waren abhängig von einer schwerfälligen kirchlichen Organisation, an deren Spitze ein ausländischer Bischof stand. So herrschte ständig Mangel an ordinierten Geistlichen, und Pastoren, die die Sakramente austeilen durften, mußten oft sieben Gemeinden und mehr »bedienen«. So war es auch unvermeidlich, daß sich die einheimischen Sekten ausbreiteten. In Watchmans Jugendjahren zog besonders die »Wahre Kirche Jesu« (Chen Yehsu Chiao) in Fukien viele Pastoren und Gemeindeglieder an.

Watchman spähte ständig nach einer Bewegung des Geistes im Gottesvolk aus, und er glaubte, daß sie nicht in der Enge einer Sekte zum Durchbruch kommen könne. So sagte er etwas später in einer Versammlung: »Wenn wir uns heute um den Tisch des Herrn versammeln und unser Horizont auf unsere eigene kleine Gemeinschaft begrenzt ist, sind wir nicht berechtigt, das Brot zu brechen. Christi Leben in uns hat uns zur ganzen Kirche in Beziehung gebracht, nicht nur zu einem kleinen Teil von ihr. Wir brauchen ein weites Herz, das alle Kinder Gottes einschließt, sonst werden wir dies Brot unwürdig essen. Wir verkünden hier, daß alle Kinder Gottes Brüder und Schwestern sind, deshalb dürfen wir nichts für uns behalten. Wir wollen daran denken, daß derselbe Heilige Geist, der über uns gekommen ist, auch über sie ausgegossen wurde.«

Hier versuchte er für das Problem der Trennung in viele Denominationen eine Antwort zu finden: Es war ein »importiertes« Problem und für einen Neubekehrten in China nicht annehmbar.

Unter den jungen Christen jener Zeit war Watchman nicht der einzige, der sich fragte, ob eine Rückkehr zu der Einfachheit des Neuen Testaments nicht jene Einheit der Gläubigen wiederherstellen könne, um die Jesus gebetet und für die er sein Leben hingegeben hatte.

Er wußte wohl, daß jede Bewegung, die sich von den bestehenden Kirchen fortbewegt, in der Gefahr steht, nationalistisch und antimissionarisch zu werden und schließlich alle anderen christlichen Gemeinschaften abzulehnen. Aber unter den westlichen Schriftstellern, die er jetzt mit Freuden las, waren Govett, Panton und der viel ältere J. N. Darby, die ihr Amt in der Anglikanischen Kirche niedergelegt hatten und auf deren Suche nach einer schlichteren Form des Gottesdienstes Gott sichtbar geantwortet hatte. Solcher Gehorsam der Schrift gegenüber würde genügen, und so setzte sich Watchman für Qualität im geistlichen Leben ein. »In der Reichsgottesarbeit hängt alles von der Art des ausgesendeten Arbeiters und der Art der Neubekehrten ab.« Wenn er Qualität zu seinem Ziel erhob, brauchte er keinen Kreuzzug gegen die ausländischen Missionen zu führen. Er durfte seine eigene geistliche Pilgerschaft nicht mit der nationalistischen Strömung vermischen.

In dieser Zeit von 1925-28 erlebte das Nationalgefühl einen mächtigen Auftrieb unter den Studenten. Ihre Lehrer hatten ihnen gesagt, sie seien die Hoffnung der Nation – nun wollten sie ihre Retter sein. Mit dem Untergang des alten Systems stand ihnen der Eintritt in die Regierungsämter nicht mehr offen, ihre beruflichen Aussichten waren gering. Aber sie waren jung und Idealisten, ungeduldig gegenüber dem Alten und eifrig dem Neuen zugetan und bereit, jede aussichtsreiche Massenbewegung anzuführen.

Die Nee-Eltern kamen auf tragische Weise mit dieser Entwicklung in Berührung. Ihr dritter Sohn, Scheng-tsu, der unter dem Einfluß seiner weltlich gesinnten und nachsichtigen Großmutter herangewachsen war, hatte sich schon früh zur Politik hingezogen gefühlt. Er war für die Eltern eine Quelle ständiger Sorge, da er fast immer in Schwierigkeiten steckte. Angeblich um »die Nation zu retten«, aber in Wirklichkeit, um sich vor dem Studium zu drücken, hatte er sich nacheinander zwei radikalen revolutionären Bewegungen angeschlossen und war dann bei einer Demonstration umgekommen.

Die Demonstrationen richteten sich auch gegen die Missionen. Schon im Jahre 1925 während Watchman und seine Freunde auf den Inseln in der Min-Mündung missionierten, waren in Futschou die katholischen Schwestern und einige Missionarinnen der Anglikanischen Mission C. M. S. angegriffen worden und mit knapper Not mit dem Leben davongekommen. Am 12. März dieses Jahres starb in Peking Dr. Sun Yat-sen, und am 30. Mai schossen weiße Polizisten des Ausländerviertels in Schanghai auf demonstrierende Studenten. Das löste eine Welle antibritischer Gefühle aus, die zu weiteren Gewalttaten in den Städten des Südens führte. Die

»antichristliche Allianz« leistete so gründliche Arbeit, daß zwei Jahre später, im Frühjahr 1927, alle ausländischen Missionare vorübergehend an die Küste evakuiert wurden. Im Sommer 1927 brannte im Dreifaltigkeits-College die Elementarschule nieder, und im Januar 1928 das neue Internat. Die Flitterwochen der protestantischen Mission schienen zu Ende zu sein.

Zu Beginn des Jahres 1926 nahm Watchman, der den Kontakt mit den an den lebendigen Christus glaubenden Missionaren aufrecht erhielt, eine Einladung nach Amoy in Süd-Fukien an. Er sollte zu den Studenten des Talmage College und des Seminars der amerikanischen Presbyterianermission sprechen. Hier fielen ihm zwei eifrige christliche Studenten auf, Daniel Tan und James Chen, ein Pastorensohn, die in späteren Jahren seine Mitarbeiter werden sollten.

Dieser Dienst in Amoy führte zu einer herzlichen Einladung nach Nanking. Dort gab der Verlag »Geistliches Licht« eine gleichnamige Zeitschrift heraus, zu deren Redaktion seine alte Freundin Ruth Lee gehörte. Sie bat ihn um Mitarbeit, und da Watchmans Gesundheit zu wünschen übrig ließ und ein Klimawechsel sich vielleicht günstig auswirken würde, und da der Herr ihm zu sagen schien: »Geh und gewinne etwas Erfahrung im Verlagswesen!« kam er zu dem Schluß, daß Gott diese Reise wünsche.

Der Zwischenaufenthalt in Schanghai war in mehr als einer Beziehung wertvoll für ihn. Er frischte alte Freundschaften auf und gewann neue Bekannte. Viele Leser seiner Zeitschrift »Der Christ«, die die »Erweckung« abgelöst hatte, lebten in Schanghai und in den nördlichen Städten, den Jangtesekiang hinauf, und er erkannte erneut, wie günstig Schanghai als Operationsbasis für das ganze Land lag. Die Stadt war ein brodelnder Kessel und mit ihrer scharfen Konkurrenz und ihren politischen Intrigen ein ungemein anregendes, wenn auch gefährliches Pflaster. Die Moral dieser Stadt wurde oft mit der Bemerkung umrissen: »Wenn Gott Schanghai verschont, muß er sich bei Sodom und Gomorra entschuldigen.« Hier war das wirtschaftliche, industrielle und finanzielle Zentrum Chinas. Welche Möglichkeiten! dachte Watchman. Sollte er sich eines Tages hier niederlassen?

In Nanking mit seinen ausgedehnten Missionsniederlassungen genoß er erst einmal die Gemeinschaft mit anderen Christen. Hier eignete er sich nützliche Kenntnisse auf redaktionellem und publizistischem Gebiet an. Am wertvollsten war für ihn die Gemeinschaft mit Ruth Lee. Sie war zehn Jahre älter als er und hatte schon größere geistliche Erfahrung; er fühlte, daß er eine »ältere Schwester« brauchte. Mit ihr sprach er über das, was ihn innerlich bewegte: China für das Wort des Lebens zu erobern. Er fand in ihr einen verwandten Geist und eine weise Ratgeberin. Beide glaubten, daß die gegenwärtige Unruhe einen neuen geistlichen Hunger in den jungen Chinesen wecken würde, die sich Christus zuwenden und dann von dem Christentum, das sie vorfanden, enttäuscht sein würden. Konnte er in dieser Not nicht helfen? Ruth bestätigte auch Watchmans Ansicht, daß Schanghai der strategisch richtige Platz für diese Arbeit sei, und war bereit, ihren Posten in Nanking aufzugeben und nach Schanghai zu kommen, besonders auch, um ihm in seiner schriftstellerischen Tätigkeit zu helfen.

Watchmans Arbeit in Nanking dauerte nur einige Monate. Er wurde krank, und außerdem hatte er das Gefühl, daß Gott ihn nicht an den Schreibtisch binden wollte. So fuhr er im Frühherbst 1926 heim, geistlich erfrischt, doch im übrigen schwach. Wieder quälte ihn ein Husten, der nicht weichen wollte. Abends fror er, nachts schwitzte er. Unterwegs in Schanghai suchte er einen Arzt auf. Das Röntgenbild zeigte, daß die eine Lunge ganz, die andere zum Teil mit Tuberkulose befallen war. Während der Arzt die noch feuchte Aufnahme betrachtete, hörte Watchman, wie er auf englisch zur Schwester sagte:

»Der arme Kerl! Sehen Sie sich das nur an! Unser letzter Fall mit einem solchen Befund war nach sechs Monaten tot.«

Auf dem Schiff, das ihn nach Hause brachte, begann er sich einer strengen Selbstprüfung zu unterziehen. Er untersuchte sein Handeln, seine Motive, seinen Ehrgeiz. Ein Wunsch war nun übermächtig in ihm: Er wollte rein sein vor Gott. Er bekannte seine Sünden. Der Gedanke an das Mädchen Ai-king in Sitiawan bedrückte ihn. Seine Entscheidung damals war mitbestimmt worden von einer Information über Ai-king, die, das hatte er inzwischen festgestellt, völlig aus der Luft gegriffen war. Hatte er Gottes Führung in der ganzen Angelegenheit mißverstanden? Er war nun willig, um seiner Arbeit willen unverheiratet zu bleiben. Dies schien das einzige zu sein, womit er wieder gutmachen konnte.

Der Küstendampfer fuhr mit der Flut den Min hinauf und setzte Watchman in Pagoda ab. Seine Hütte in Mai-hsien schien ihm ein öder und freudloser Platz zu sein. Sein ganzes Leben kam ihm plötzlich nutzlos vor.

Er machte sich an die Arbeit. Einer Kiste in der Hütte entnahm er den Aufriß eines Buches, das er früher hatte schreiben wollen. Vor drei Jahren hatte er einen ersten Entwurf von zweieinhalb Kapiteln zu Papier gebracht, sein Thema lautete: Der Mensch Gottes – nach Geist, Seele, Leib. Er hatte die Arbeit wieder weggelegt, weil sie ihm zu theoretisch vorkam, an vielen Punkten fehlte ihm noch die praktische Erfahrung. Aber in der Zwischenzeit war viel geschehen. In seinem eigenen Leben hatte er ein neues Gefühl für die Wirklichkeit bekommen, und er hatte auch erlebt, wie andere von der Macht der Finsternis befreit wurden. Wenn Gott ihn bald zu sich nehmen würde, wollte er vorher noch die kostbaren Erkenntnisse, die er empfangen hatte, niederschreiben. Er setzte sich ans Fenster, blickte über den Fluß und nahm Pinsel und Tinte zur Hand.

Aber auch jetzt quälte ihn das Fieber. Er konnte nicht schreiben, er konnte nicht einmal seine Gedanken sammeln. Er erkannte, daß er nicht allein durchkommen würde. So nahm er die Bibel und sein Manuskript und verschloß die Tür der Hütte wieder. An der Anlegestelle ließ er sich übersetzen zum Weißen Zahnfelsen. Im Gästehaus hieß ihn Faithful Luke willkommen. Er gab ihm ein Zimmer in der Männerabteilung, dort legte sich Watchman auf das kleine Feldbett und ließ sich in die Hände Gottes fallen.

Die beiden englischen Damen versorgten Watchman nun mit Milch, guter Nahrung und Medizin, soweit sie erhältlich war, und die Brüder pflegten ihn. Die dunklen Tage dehnten sich zu Wochen, während er immer mehr abnahm und seine Kräfte schwinden fühlte. »Er war so bescheiden«, sagte Luke, »und sehnte sich so sehr nach Heilung! Jeden Tag bat er mich, ihn im Namen des Herrn mit Öl zu salben und über ihm zu beten.« Wenn er zu erschöpft war, um zu lesen, kamen ihm aus dem Gedächtnis Schriftworte zu Hilfe, so auch der: »Demütigt euch unter die gewaltige Hand Gottes ...« Watchman wagte nicht, diesen Satz zu Ende zu sprechen: »... so wird er dich erhöhen ...« – »Zwei Monate lang befand ich mich täglich in den Klauen Satans«, bemerkt er später[1].

Margaret Barber besuchte ihn regelmäßig mit den Worten »Christus ist Sieger«. Doch Watchman glaubte, er habe sich irgend etwas zu Schulden kommen lassen und Satan dadurch Macht über sich gegeben. Sie brachte ihm Schriften, die ihn eines Tages wieder von der allumfassenden Wirksamkeit der Erlösung überzeugten, so daß er endlich im Glauben zustimmen konnte: »Christus ist Sieger.«

Als Watchman ein wenig kräftiger geworden war, verlangte er nach Papier und Tinte. Nun wollte er, solange Gott es erlaubte, seine ganze Kraft für die von ihm als dringend empfundene Aufgabe einsetzen.

Nach Monaten war der erste Teil fertig. Er führte in erschöpfenden Einzelheiten aus, wie sich die Erlösung auf Geist, Seele und Leib des Gläubigen auswirkt. Im Vorwort nennt er es eine Arbeit über »Biblische Psychologie«, aber er warnt seine Leser:

Wenn sie sie nur als Mittel der Selbstanalyse benutzten, würde sie das daran hindern, sich an Christus zu verlieren. Er hatte durch sein Leiden reiche Einsichten gewonnen.

Im Mai fuhr er, obwohl noch sehr schwach, mit dem Manuskript nach Schanghai. Ruth Lee war schon dahin übergesiedelt, nachdem in Nanking bei kommunistischen Aufständen einige Missionare getötet worden waren. Sie hatte angeboten, Watchmans Entwurf zu ordnen und mit ihrem ausgezeichneten Mandarin druckreif zu machen.

Nanking wurde damals das Hauptquartier der neuen Regierung von Tschiang Kai-schek. Seine Armeen bewegten sich nördlich durch Hunan, nahmen Tschangscha und Hankau ein und wandten sich dann östlich nach Schanghai. Hier ging Tschiang erbarmungslos gegen die kommunistische Bewegung unter den

Arbeitern vor. Nur mit knapper Not entging ein gewisser Tschu En-lai dem Blutbad. Inzwischen war wieder Ruhe in der Stadt.

In Schanghai hatte Watchman, während er letzte Hand an seine Arbeit legte, ein Erlebnis, das seine künftige Bibelauslegung entscheidend beeinflussen sollte.

Hören wir ihn selbst:

»Nach meiner Bekehrung war ich gelehrt worden, daß man nun der Sünde gestorben sei und nur noch Gott lebe. Dies glaubte ich von 1920 bis 1927, und je mehr ich mich in dieser Richtung bemühte, desto mehr war die Sünde in mir lebendig. So bat ich Gott, mir zu zeigen, was das Wort bedeutete: ›Ich bin mit Christus gekreuzigt.‹ Ich stellte fest, daß Gott nirgends sagt: ›Du mußt dich kreuzigen lassen‹, sondern: ›Du bist gekreuzigt.‹ Das konnte ich nicht sagen, ohne zu heucheln, und so kam ich allmählich zu der Überzeugung, daß nur Heuchler eine solche Feststellung machen konnten. Doch immer, wenn ich Hilfe bei anderen suchte, wurde ich auf dieses Wort im Römerbrief[2] hingewiesen. Ich bejahte es, aber ich konnte mir nicht erklären, warum es nichts in mir bewirkte. Niemand hatte mich darauf aufmerksam gemacht, daß das ›wissen, (daß Christus nicht mehr stirbt) dem ›darauf vertrauen‹ (daß wir auch mit ihm leben werden) vorausgehen muß. Monatelang war ich beunruhigt und betete ernstlich, ich las die Schrift und suchte Licht. Ich sagte zum Herrn: ›Wenn ich diese grundlegende Erkenntnis nicht begreifen kann, will ich nicht mehr predigen. Zuerst will ich hier klar sehen.‹

Als ich eines Morgens wieder an die Stelle kam, betete ich: ›Herr, öffne meine Augen!‹ Und dann wurde ich plötzlich wie durch einen Blitzstrahl erleuchtet. Ich schlug den ersten Korintherbrief auf: ›Durch ihn (Gott) seid ihr in Gemeinschaft mit Christus Jesus.‹ Es war erstaunlich! Wenn Christus starb, und das ist Tatsache, und wenn ich durch Gott in Gemeinschaft mit Jesus bin, dann muß ich auch gestorben sein. Ich erkannte plötzlich mein Einssein mit Christus: Ich war in ihm, und, wenn er starb, war auch ich gestorben. Mein der Sünde Gestorbensein gehörte der Vergangenheit an und nicht der Zukunft. Voller Freude sprang ich vom Stuhl und lief die Treppe hinunter zu dem jungen Bruder, der in der Küche arbeitete.

›Bruder‹, rief ich und faßte ihn bei den Händen, ›weißt du, daß ich gestorben bin?‹ Ich muß zugeben, daß er recht verwirrt aussah.

›Was meinst du?‹ fragte er.

›Weißt du, daß Christus gestorben ist? Weißt du, daß ich mit ihm gestorben bin? Weißt du, daß mein Tod nicht weniger Tatsache ist als der seine?‹

Ich hätte meine Entdeckung am liebsten in den Straßen von Schanghai ausposaunt. Von jenem Tag an habe ich nie wieder die Endgültigkeit des Wortes bezweifelt: ›Ich bin mit Christus gekreuzigt: ich lebe, doch nicht ich, Christus lebt in mir.‹«

*Straßenbahnen und Rikschas in Schanghai 1932.*

# Irdene Gefäße

Watchman fühlte sich jetzt kräftig genug, um in Schanghai zu bleiben und an den weiteren Teilen seines Buches zu arbeiten, von dem er annahm, Gott wünsche seine Vollendung. Unter Ruth Lees erfahrener Anleitung fanden die Erkenntnisse, die er durch Leiden und Niederlagen gewonnen hatte, langsam ihren schriftlichen Ausdruck.

Hier kam er auch zum ersten Mal in engere Beziehung zu der interkonfessionellen China-Inland-Mission, die, von Hudson Taylor gegründet, seit über sechzig Jahren das Evangelium in das Innere des Landes trug. Er befreundete sich mit Charles Judd, der in der Verwaltung der Missionsgesellschaft arbeitete und ein Missionar mit großer Erfahrung war. Watchman besuchte ihn oft. Sie vertieften sich gemeinsam in die Bibel, und Watchman erzählte seinem Freund von seiner großen Hoffnung, China für das Evangelium zu gewinnen. Wenn seine Kräfte es erlaubten, gingen sie zusammen mit einigen jungen Männern in die Stadt und predigten.

An einem Sonntag gegen Ende des Jahres 1927 trafen sich Watchman, Charles Judd und Ruth Lee bei Peace Wang, einer früheren Schülerin von Ruth, zum ersten Mal zu einem Abendmahlsgottesdienst. Das setzten sie einige Wochen fort, bis Watchman meinte, er solle einen Glaubensschritt tun und eine geeignete Unterkunft für Bibelstunden und Predigt mieten. Ein chinesisches Sprichwort sagt: »Beginne mit kleinen Dingen.« Schließlich fand er ein kleines Haus in Wen Teh Li. Einige andere hatten sich bereits zu ihnen gesellt. An jedem Sonntag früh radelte Judd nun quer durch die Stadt, um mit ihnen gemeinsam das Brot zu brechen, ehe er zu seinen Pflichten im Hauptquartier der China-Inland-Mission zurückkehrte. Ein knappes Jahr später wurde er nach Kanada zurückgerufen. Im Licht der folgenden Entwicklung mag man bedauern, daß diese wertvolle Verbindung zwischen Watchman und Charles unterbrochen wurde.

Im Juni 1928, während Tschiang Kai-scheks Truppen Peking besetzten, wurden die restlichen sechs Teile von Watchmans

Buch »Der geistliche Mensch« druckfertig[1]. Er hatte das Buch unter demselben inneren Zwang vollendet, mit dem er es begonnen hatte. Es blieb das einzige Buch, das er selbst schrieb; seine übrigen Schriften setzten sich aus mitgeschriebenen Predigten und Bibelstunden zusammen.

Doch obwohl alles, was er geschrieben hatte, Teil seiner eigenen Erfahrung war, gelangte Watchman bald zu einer ganz anderen Beurteilung seines Buches. In späteren Jahren stellte er oft fest, »Der geistliche Mensch« sei zu »vollkommen«, das Buch täusche vor, alle Antworten zu wissen. 1941 lehnte er darum eine Neuauflage ab: »Nicht, daß der Inhalt falsch ist! Wenn ich es jetzt lese, heiße ich alles gut. Es ist eine sehr vollständige Darlegung der Wahrheit. Aber gerade darin liegt die Schwäche des Buches! Es läßt keine Fragen offen. Gott handelt nicht auf diese Weise und viel weniger erlaubt er uns, so zu handeln. Die Gefahr einer Systematisierung göttlicher Aussagen besteht darin, daß sie auch ohne den Heiligen Geist verstanden werden können. Nur der unreife Christ verlangt nach intellektuell befriedigenden Schlüssen. Gottes Wort selbst spricht immer zu Geist und Leben.« Darum ist »Der geistliche Mensch« heute nur noch als Einblick in eine Entwicklungsstufe des Autors von Interesse, er war kaum fünfundzwanzig Jahre alt, als er es schrieb.

Der Versammlungsraum in Wen Teh Li konnte nur hundert Menschen fassen. 1928 fand hier die kleine, aber bedeutsame erste Schanghai-Konferenz statt, die Gläubige aus verschiedenen Vereinigungen in der Stadt zu einer Zeit des Bibelstudiums zusammenführte. Der Redner war Watchman, und seine Botschaft fand warmen Anklang. Aber diese Anstrengung, verbunden mit den vielen Gesprächen mit Ratsuchenden, erschöpfte ihn. Mit dem Einbruch des Winters kehrte sein Husten zurück, und er nahm wieder ab. Eine Familienangelegenheit erforderte seine Anwesenheit zu Hause, so ergriff er Anfang 1929 die Gelegenheit und schiffte sich nach dem Süden ein. In Futschou sollte er auch seine letzte Begegnung mit Margaret Barber haben.

Nur zögernd hatte sie ihm früher einige Schriften von C. A. Coates und J. N. Darby geliehen. Sie waren ganz nach Watchmans Geschmack, und er hatte sich in London weitere Bücher dieser Autoren bestellt. Dadurch war er mit den englischen »Brüdern« bekannt geworden. An jedem Sonntag versammelten sie sich um den Tisch des Herrn, und jeder Bruder hatte das Recht, Gott Anbetung oder Dank darzubringen, ehe sie Brot und Wein zu sich nahmen. Andere Merkmale waren die Gläubigentaufe, die Auslegung des Wortes, ihre Sorge füreinander und für die Reichsgottesarbeit und ihr ständiges öffentliches Zeugnis von der Erlösung in Christus. Das alles entsprach ganz Watchmans Ansichten, und so führte er wie diese »Brüder« in England auch das Redeverbot für Frauen in der Versammlung und eine Kopfbedeckung für sie ein. Nun kannten die chinesischen Frauen weder Schleier noch Hut, so mußte eigens eine Kopfbedeckung entworfen werden. Sie bestand in einer schwarzen Häkelmütze[2].

Die chinesischen Schwestern unterwarfen sich bereitwillig diesen Beschränkungen, und Ruth Lee und Peace Wang verzichteten ab jetzt außer in Frauenversammlungen auf die Fortsetzung ihrer Predigttätigkeit. Als Watchman nun Margaret Barber traf, stellte er sie zur Rede, daß sie Bibelklassen für junge Männer hielt. Margaret hörte höflich zu, sagte jedoch nicht viel. Sie machte ihn nur mit den Schriften eines anderen englischen Predigers bekannt, T. Austin-Sparks, dessen Botschaft vom Kreuz ihr im vergangenen Jahr zum Segen geworden war.

Watchman konnte nicht bleiben. Er nahm das Flußboot nach Nantai, doch auf der zweistündigen Fahrt kam das Fieber wieder, und erneut die Versuchung: Du hattest eine glänzende Zukunft vor dir und gabst alles auf, um Gott zu dienen. Wofür? Was hast du gewonnen?

Er ging zum Haus seiner Eltern am Flußufer, um ihnen seine Achtung zu erweisen und die Angelegenheit zu regeln, die ihn hergeführt hatte. In seinem Herzen war er bereit, alles zu tun, was Gott verlangte, wenn er nur seine Gesundheit zurückerhielt.

Am nächsten Tag bummelte er in die Stadt und vermied dabei sorgfältig die beiden Versammlungsstätten der ehemaligen Bruderschaft. Unter der Brücke waren die Kormoranfischer an der Arbeit, und wie einst als Kind stand er still, um sie zu beobachten. Langsam ging er, auf einen Stock gestützt, weiter und stand plötzlich vor einem früheren Lehrer vom Dreifaltigkeits-College.

Der Mann musterte Watchman von oben bis unten, und nach ein paar scharfen Fragen rief er:

»Was muß ich da hören? Wir hielten viel von Ihnen in der Schule und hofften, daß Sie Großes leisten würden. Wollen Sie sagen, daß Sie immer noch nicht weiter gekommen sind?«

Watchman verehrte diesen Mann, um so mehr traf ihn dessen Frage, die nichts als eine Feststellung war. Es stimmte: seine Gesundheit war gebrochen, seine Pläne durchkreuzt. Was hatte er aufzuweisen? Nichts? In diesem Augenblick war Watchman, obwohl er erwachsen war, den Tränen nahe. »Doch im nächsten Augenblick wußte ich«, so berichtet er, »was es heißt, daß der Geist der Herrlichkeit auf uns ruht. Ich konnte aufblicken und beten: ›Herr, ich preise dich, daß ich den besten Weg gewählt habe.‹ Meinem Professor schien es eine vollkommene Vergeudung aller Gaben, Jesus, dem Herrn, zu dienen; aber das ist das Ziel des Evangeliums: alles für Gott.«

Eine Zeitlang blieb er zu Hause und war froh über die wieder angeknüpfte Verbindung zu seinen Eltern und über die Nachrichten von den Geschwistern, von denen die meisten jetzt verheiratet waren. Huo-ping steckte immer noch voller Energie und folgte jedem auswärtigen Ruf. Sie hatte die Freude, ihren bejahrten Vater noch zum Herrn zu führen, und schließlich auch die wenig interessierte Mutter.

Damals fürchtete Huo-ping, Watchman würde nicht mehr lange leben. Sie machte sich Sorgen um ihn. Gleichzeitig hielt sie vieles, was er tat, für falsch, und er ärgerte sich über ihre Predigtdienste und sprach das auch aus. Doch ruhte er viel und betete wieder und wieder um Kraft für die Arbeit, zu der er sich berufen fühlte. Schließlich schien Gott ihm zu sagen: »Dies ist meine Angelegenheit. Deine ist es, mir zu vertrauen. Beschäftige dich nicht mehr damit!« Aber er war so verbissen in seine Pläne, daß er sich nicht entspannen und die Sache Gott überlassen konnte. Immer noch betete er wie besessen um seine Genesung.

Eines Tages ging er am Ufer spazieren und grübelte über sein Elend nach. Plötzlich stand er still, stieß seinen Stock tief in den Sand und rief: »Herr, ich vertraue dir. Ich überlasse dir alles.« Aber kaum war er ein paar Schritte weitergegangen, als ihn die alten Ängste wieder überwältigten und ihm der kalte Schweiß ausbrach. Unwillkürlich fing er wieder an zu beten, er stritt mit Gott, daß seine Heilung eine absolute Notwendigkeit sei. Doch dann hielt er inne. Das war eine Versuchung des Teufels. Er machte kehrt und ging zurück zu dem Platz, wo er den Stock in den Sand gebohrt hatte. Auf diesen Zeugen deutend, erklärte er: »Herr, ich ließ meine Sorgen hier fallen, und ich nehme sie nicht wieder auf.«

Nachdem er seine Geschäfte abgewickelt hatte, reiste er nach Schanghai zurück. Wieder predigte er in Wen Teh Li jeden Sonntag das Evangelium und beschwor seine Zuhörer, sich von der Welt zu trennen und sich Christus ganz hinzugeben. An den Sonntagabenden versammelte er sich mit den Gläubigen um den Tisch des Herrn.

Die Zeitschrift »Der Christ« gewann jetzt schnell Leser und spielte eine wichtige Rolle in der Ausbreitung der Arbeit. Auch die vielen Hefte und Traktate, die Watchmans evangelistische Ansprachen wiedergaben, trugen dazu bei. In schlichten, klaren Worten schilderten sie den Heilsweg, so daß der Mann auf der Straße sie leicht lesen und verstehen konnte. Um einem anderen, immer dringender empfundenen Bedürfnis zu begegnen, übersetzte Watchman geistliche Lieder, die sie im Gottesdienst brauchten. Einige stammten von Margaret Barber, andere entnahm er einem Gesangbuch der »Brüder«, das er aus England bekommen hatte. Er verfaßte auch selbst einige Lieder[3].

Seine Gesundheit besserte sich. Die Ärzte bestätigten diese Wendung zum Guten und rieten ihm, eine Ruhepause in dem gesünderen Klima des Kuling einzulegen, eines sechshundert Meilen Jangtseaufwärts liegenden Hochtals. Hier verbrachten die Angestellten der großen Geschäftshäuser in Schanghai und Hankau den heißen Sommer und erholten sich müde Missionarsfamilien. Ein hölzerner Zaun begrenzte das den Europäern abgetretene Gebiet. Weiter unten, außerhalb des Zauns, lag der chinesische Marktflecken mit dem Namen »Die Schlucht«, immer noch über 1000 Meter hoch.

Watchman konnte sich für zehn Taels am Tag eine Behandlung in dem gut eingerichteten Missionssanatorium der Europäer leisten. Schlafen durfte er in einem leerstehenden Haus unten im Ort, das einer Dame aus Nanking gehörte, und Nachbarn luden ihn zu den Mahlzeiten ein. Selbst, hier auf dem Kuling suchten ihn morgens ratsuchende Freunde auf, doch er ließ sie wissen, daß er an den Nachmittagen »anderweitig beschäftigt« sei – das hieß: er machte Liegekur.

Watchman befreundete sich allmählich mit seinen Gastgebern, bei denen er aß. Doch über seinen Glauben sprach er zwei Wochen lang kein Wort. Erst als sie ihn danach fragten, erzählte er, was Jesus für ihn getan hatte. Da waren ihre Herzen aufnahmewillig, und in schlichtem Glauben fanden sie den Erlöser; neues Licht und Freude kamen in ihr Leben.

Viele Wochen erholte Watchman sich in Kuling. Wieder überdachte er sein Leben als Christ und entdeckte, wo sein wirklicher Schwerpunkt lag. »Als ich zum Herrn kam, hatte ich meine eigene Vorstellung, wie ein Christ zu sein hätte. Ich glaubte, ein wahrer Christ müsse von morgens bis abends lächeln, und er dürfe unter keinen Umständen auch nur das leiseste Zeichen von Furcht zeigen, und ich tat mein Äußerstes, um diesem Ideal nachzukommen.« Aber sein wiederholtes Lesen des Neuen Testamentes brachte ihm auch immer wieder zum zweiten Korintherbrief, in dem Paulus tiefe Einblicke in sein Leben und Leiden gibt. Ein Geheimnis begann ihm aufzugehen, das in den Worten zusammengefaßt ist: »Wir tragen diesen Schatz in irdenen Gefäßen, um damit zu zeigen, daß die alles übersteigende Kraft Gottes ist und nicht unser.« So lernte Watchman stündlich und täglich Gott zu vertrauen, und er fand zu einer neuen Ruhe und Gelöstheit[4].

Der Sommer ging vorüber, und der Tag kam, an dem Watchman sich von seinen neuen Freunden verabschieden und nach Schanghai zurückkehren mußte. Einige Monate später besuchte ihn sein Gastgeber in Wen Teh Li. Er war in Geschäften in Schanghai, und so erfuhr Watchman, wie Gott an diesen Neubekehrten weiterwirkte. Der Mann hatte Schwierigkeiten mit dem Wein bekommen, den er besonders in den kalten Wintermonaten und oft im Übermaß trank, und was er Watchman jetzt erzählte war eine Geschichte der Befreiung.

Im Mai 1930 erhielt Watchman die Nachricht vom Tode Margaret Barbers. »Der Herr hat sie wunderbar hindurchgetragen« hieß es in dem Telegramm. Sie war vierundsechzig Jahre alt geworden. Von den sieben Brüdern, die sich um sie geschart hatten, war nur John Wang bei ihrem Ende zugegen gewesen. Zur Zeit ihres Todes besaß sie kaum noch einen Pfennig.

Als Watchman an ihr Leben zurückdachte, konnte er Gott nur danken. Es hatte ihn oft beunruhigt, daß sie so isoliert am Weißen Zahn lebte und so mit ihrer Kenntnis der Schrift nicht weiteren Kreisen dienen konnte und nicht mehr bekannt war. Doch die folgenden Jahre bewiesen, daß viele junge Männer und Frauen die Großes in der Evangelisationsarbeit leisteten, unter ihrem Einfluß herangereift waren. Besonders Wang Tsai, der jetzt in Hongkong lebte, reiste als Evangelist weit umher und gründete schließlich in Indonesien die China-Übersee-Missionsgesellschaft.

Margaret hatte ihre zerlesene Bibel Watchman vermacht. Darin fand er das Gebet:

»O Gott, gewähre mir eine vollkommene und schrankenlose Selbsterkenntnis! «

Und auf das Vorsatzblatt hatte sie vor langer Zeit die Worte geschrieben, die Watchman sich nun zu eigen machte:

»Ich begehre nichts für mich selbst, ich begehre alles für den Herrn.«

*Watchman Nee (in dunkler Amtstracht) mit Amtsbrüdern in Schanghai 1930. John Chang ist der dritte von links.*

# Ernüchterung

Im Dezember 1930 genossen Watchman Nee und John Chang die brüderliche Gemeinschaft mit einem Engländer. Charles R. Barlow gehörte zu einer besonderen Gruppe der Londoner »Brüder« und war für eine britische Maschinenbaufirma nach Schanghai gereist. In seinen Briefen nach Hause berichtete er: »Einige dieser lieben Brüder sind sehr aufrichtig und dürsten nach der Wahrheit. Watchman Nee ist ohne Zweifel der hervorragendste unter ihnen. Er steht weit über den anderen. Er ist erst achtundzwanzig, aber er hat eine gute Bildung und ausgezeichnete Fähigkeiten. Er ist ein unermüdlicher Arbeiter und liest viel. Er hat auch J. N. Darby eifrig gelesen und hat augenscheinlich viel Hilfe durch seine Schriften empfangen.«

Für Watchman kam dieses Zusammentreffen einem stark empfundenen Verlangen entgegen, das er seit der Abreise C. H. Judds spürte: dem Bedürfnis, mit einem reifen und klugen Europäer Austausch zu haben. Und Barlow war kein Missionar, sondern nur ein »geliebter Bruder in Christo«, dem er sich wie einem Freund anvertrauen konnte.

Barlow wurde eingeladen, bei der täglichen Versammlung um vier Uhr nachmittags zu etwa vierzig Gläubigen zu sprechen, unter denen sich auch einige Studenten befanden. Am Sonntagnachmittag kamen achtzig bis neunzig Menschen zusammen, um ihn zu hören. Was ihn am meisten beeindruckte, war Watchmans Bibelkenntnis. Ganz nebenbei hatte er ihn sagen hören: »Ich schätze, daß ich das Neue Testament einmal im Monat durchlese.« Wie oft er das Alte Testament las, wissen wir nicht, doch Faithful Luke bekam durch eine ähnliche gelegentliche Äußerung den Eindruck, daß es auch sehr oft gewesen sein muß.

Gegen Ende des Jahres wurde in dem vergrößerten Wen Teh Li-Haus die zweite Schanghai-Konferenz abgehalten. Ein Beobachter der China-Inland-Mission berichtet, daß diese Konferenz zwölf Tage dauerte und sie bis zu vier Stunden täglich im Gebet zubrachten. Watchmans Mutter, die zu einem kurzen Besuch bei ihm weilte, schreibt über diese Zeit: »Was mein Sohn predigte, war zu tief, als daß ich es verstehen konnte, doch ich war zu stolz, um zu fragen, und hatte darum nicht viel davon. Aber als ich sah, wie sie lebten, konnte ich mich nur tief verneigen.«

Für diese Gelegenheit wurden die Lieder, die bisher nur auf losen Blättern erschienen waren, gesammelt und unter dem Titel »Hsiao Chun Shih-ko« (Die Lieder der kleinen Herde) veröffentlicht. Viele der 134 übersetzten oder selbstgedichteten Lieder, die oft mißtönend, aber immer mit Begeisterung gesungen wurden, fanden Eingang in Häusern und Gemeinden, selbst an entfernten Orten. Ihre Veröffentlichung sollte eine unvorhergesehene Nebenwirkung haben[1].

Watchman verabscheute die konfessionellen Bezeichnungen wie »Anglikaner«, »Lutheraner«, »Baptisten« mit dem nationalen oder persönlichen Beiklang, den sie hatten. Er selbst beschränkte sich deshalb auf die einfachsten biblischen Ausdrücke. Er sprach vom christlichen Leben als dem »Weg«, von den Gläubigen als von »Christen«, dem Platz, an dem man zusammen kam, als der »Versammlung«, seine Zeitschrift hieß »Der Christ« seine Druckerei das »Evangeliums-Verlagshaus«. Die Lieder hatte er meist aus dem Gesangbuch der »Brüder« übersetzt, das sich »Lieder für die kleine Herde« nannte[2]. Auch der Titel hatte ihm gefallen, er war biblisch, einprägsam, nicht anmaßend und auch im Chinesischen klangvoll. Doch schlug dieser Name nur zu gut ein, und innerhalb eines Jahres wurde die Versammlung in Wen Teh Li in Missionskreisen »die kleine Herde« genannt. Obwohl Watchman den Titel des Gesangbuches sofort in »Lieder« änderte, war das Unheil geschehen, die Bezeichnung für seine Gemeinde blieb. Als sich sein Werk über China ausbreitete, wurden allerorts die ihm angeschlossenen Gruppen die »Kleine Herde-Gemeinden« genannt, ein Name, den die Mitglieder bedauerten und niemals selbst benutzten.

Kaum war die Schanghai-Konferenz zu Ende, als Unruhe in der Stadt ausbrach. Die japanische Besetzung der Mandschurei hatte den chinesischen Zorn entfacht, der in einem Boykott japanischer Waren seinen Ausdruck fand. Die Japaner verlangten in Schanghai, daß die Behörden Gegenmaßnahmen ergriffen, dann landeten japanische Truppen, die viel Schaden anrichteten. Die

*Watchman Nee mit Dr. Thornton Stearns vor der Chefoo-Universität, Tsinan 1931.*

Feindseligkeiten hörten im Mai auf, aber die Unruhen waren nur ein kurzer Vorgeschmack des Kommenden.

Wunderbarerweise besserte sich Watchmans Gesundheit weiter. Er konnte jetzt nicht nur das Wort verkünden, er konnte auch größere Reisen unternehmen. Das Jahr 1931 brachte verheerende Überschwemmungen, und viele Menschen kamen im Jangtse-Becken ums Leben; doch in den kleinen Städten am Fluß wuchs das Werk ebenso wie in Nanking und Hankau weiter flußaufwärts; alle diese Orte besuchte er auf seinen Reisen.

Bei einer anderen Gelegenheit besuchte er Peking und kam dort zum ersten Mal mit dem mutigen Fundamentalistenpastor Wang Ming-tao in Berührung.

In Tsingtau lernte er die sogenannte »Geistesgaben-Bewegung« (Ling En) kennen, die in der Provinz Schantung sehr aktiv war. Watchman fühlte sich durch ihre unkontrollierten Gefühlsausbrüche und extravaganten Methoden gewarnt und brachte im Sommer 1932 in seiner Zeitschrift, die nun wieder »Erweckung« hieß, eine Artikelserie, wo er zwischen der von Gott geschenkten Geistestaufe und den äußeren Begleiterscheinungen unterschied, auf die manche ihrer Vertreter so großen Wert legten. Dabei zitierte er Margaret Barbers Beobachtung: »Wir brauchen die Kraft, die aus dem Heiligen Geist kommt, nicht zu fühlen. Dazu wurde sie nicht gegeben. Unsere einzige Pflicht ist es, Gott zu gehorchen[3].«

Hier traf er auch zum ersten Mal Witness Lee. Er war Kind buddhistischer Eltern und hatte sich 1925 mit zwanzig Jahren bekehrt. Seit 1927 hatte er Watchmans Blatt bezogen, und nun entwickelte sich bei ihm die Gabe der Verkündigung und der Bibelauslegung. An einem Ferienabend taufte Watchman ihn im Gelben Meer.

Watchman kam nun auf seinen Reisen mit Menschen in Verbindung, die ihn als Herausgeber seiner kleinen, viel gelesenen Zeitschrift kannten. Während die Versammlungen in Wen Teh Li von manchen als sektiererisch angesehen wurden, entdeckten andere Watchmans auffallende Gaben für die Verbreitung des Evangeliums.

In Tsinan am Gelben Fluß luden einige Hochschullehrer alljährlich einen Evangelisten oder Bibellehrer zu einem besonderen Treffen ein. Die Chefoo-Universität wurde von Studenten aus vielen Provinzen besucht und war für ihr fortschrittliches Denken und ihre liberale Theologie bekannt. Doch einige Jahre lang hatte sich eine kleine Gruppe von evangelikal Gesinnten wöchentlich im Haus von Dr. Thronton Stearns und seiner Frau Carol getroffen und um eine Erweckung gebetet. Während der Ferien nahmen sie eine Gruppe von Studenten zu einer Freizeit in den Bergen mit und luden dazu die besten chinesischen Glaubensboten und Evangelisten ein. Dr. Stearns von der Presbyterianischen Mission, Professor der Orthopädie an der Medizinischen Fakultät, ein sehr bescheidener Mann, nahm alle Vorbereitungen in die Hand.

Im Dezember 1931 kam Dr. John Sung auf einer Predigtreise durch Tsinan, und nachdem er auf einer Versammlung im Haus der Stearns gesprochen hatte, fanden binnen weniger Tage vierzig oder fünfzig Studenten zu Christus. Gottes Geist begann unter der Studentenschaft zu wirken. Sie kamen ratsuchend zu den Stearns, und diese suchten nun nach einem entsprechenden Referenten für die bevorstehende Freizeit im Frühjahr. Einmütig wurde Wang Tsai gewählt, doch da er in Java Verpflichtungen hatte, schlug ein Student aus Futschou Watchman Nee vor. Dieser wenig bekannte Prediger in Schanghai führte keinen Terminkalender, und er stand in dem Ruf, daß man ihn nur schwer festlegen könne. Nachdem Dr. Stearns darüber gebetet hatte, lud er Watchman ein, und dieser gab seine Zusage.

Er kam, und Gott war mit ihm. Als er an einem Wochenende im Hörsaal der Medizinischen Fakultät sprach und den Weg des Lebens vor einer dicht gedrängten Zuhörerschaft verkündete, breitete sich die lang ersehnte Erweckung aus. Immer mehr Studenten fanden Christus. Diese Tage sollten für viele zu einer Legende werden, denn der Himmel selbst schien offen zu stehen. Danach sammelte sich eine Gruppe von mehr als hundert Studenten an einem schönen Fleckchen Erde in den Tai-Shan-Bergen über der Stadt Tsian, dicht beim Grab des Konfuzius. Sie lasen die Bibel und beteten, und zum Schluß des Treffens wurden viele von ihnen in dem kalten Wasser eines Bergbachs getauft und bekannten damit Jesus öffentlich als ihren Herrn.

Inzwischen war Charles Barlows Begeisterung über Watchmans Arbeit auf die »Brüder«-Gemeinden in der englisch sprechenden Welt übergesprungen. Man sah, daß in China der Geist Gottes am Werk war, und die Gemeinschaft, die daraus entstanden war, stellte Grundsätze auf, wie sie sie selbst in ihren Anfängen vor hundert Jahren gefunden hatten. So beschlossen sie denn, eine Abordnung nach Schanghai zu den chinesischen Brüdern zu senden.

Mit diesem Plan riefen sie bei den Chinesen ein warmes Echo hervor. Vorbereitungen wurden getroffen, um die ausländischen Gäste zu empfangen. Es waren acht – sechs Männer und die Ehefrauen von zweien –, die am 23. Oktober in Schanghai eintrafen und in einem passenden Hotel untergebracht wurden. Diese Vertreter aus England, den Vereinigten Staaten und Australien waren bewegt von der herzlichen Gastfreundschaft der Chinesen, die sie mit aufrichtiger Zuneigung erwiderten. Watchman fühlte sich bei ihrer Ankunft nicht wohl, doch bald konnte er an den freundschaftlichen Gesprächen teilnehmen, die sich über zwei Wochen hinzogen[4].

Am ersten Sonntag entschuldigten sich die Besucher. Sie konnten nämlich nicht am Brotbrechen der chinesischen Brüder teil-

*Chinesische Gemeindeleiter mit Delegierten der Brüdergemeinde. Von links nach rechts: John Chang, Dr. C. H. Yu, Watchman Nee, W. J. House, Faithful Luke, Phillips, A. Mayo und (sitzend) Charles R. Barlow. Schanghai 1932.*

nehmen. Sie beteten und debattierten über alles, was sie sahen und hörten, ob vielleicht doch etwas verkehrt daran wäre. Würde die Gemeinschaft mit den Brüdern zu Hause nicht gefährdet, wenn sie hier an etwas teilnähmen, das Gott möglicherweise nicht billigte? Aber es gab wiederum so viel, das sie beruhigte, die anbetende Haltung, der Gehorsam gegenüber der Schrift, das Gebet dieser Leute, die offensichtliche Autorität der Brüder und die Unterwürfigkeit und das Schweigen der Frauen, sowie ihre Kopfbedeckung!

Es war geplant, daß am 6. November eine einwöchige Konferenz folgen sollte, zu der vierzig Brüder von außerhalb erwartet wurden. Auch sollten einige öffentliche Versammlungen stattfinden. Die Gäste aus Übersee waren jetzt sicher, daß nichts sie von ihren chinesischen Brüdern trennte, und so nahmen sie am

6. November am Brotbrechen teil. Es war eine Zeit unaussprechlicher Freude.

Die Konferenz begann unter wechselseitigen Beglückwünschungen. Die Hauptsprecher waren Charles Barlow und W. J. House. Nee diente als Dolmetscher. Faithful Luke war mit anderen aus dem Süden angereist, und eine Anzahl Brüder war vom Oberlauf des Jangtse und von noch weiter nördlich gekommen. Auch Watchmans Mutter war da.

Nach der Konferenz luden einige Brüder aus Kiangsi die ausländischen Gäste ein, ihre Gemeinden zu besuchen, aber dies nördliche Gebiet hatte vor kurzem Unruhen erlebt, und das Risiko, daß ihre Gäste von Banditen gefangen wurden, war zu groß. W. J. House und Charles Barlow hatten jedoch den Wunsch geäußert, den Schauplatz zu besuchen, in dem das Werk begonnen hatte, und so reiste Faithful Luke voraus, um John Wang zu treffen und mit ihm den Empfang in Futschou vorzubereiten. Dort wehte ein schwerer Monsumsturm, als die Gäste eintrafen. Huo-ping und ihr Mann empfingen sie in ihrem Haus am Flußufer. Die Versammlungen waren gut besucht, etwa 250 Menschen kamen, und sie kehrten ermutigt und bereichert nach Schanghai zurück.

Der Bericht, den die Brüder zu Hause gaben, war so günstig, daß Watchman im Frühling 1933 eine Einladung nach England und Amerika erhielt. Er sollte Dr. Yu oder Faithful Luke mitbringen. Yu war zu dieser Zeit an Tuberkulose erkrankt und Luke weit fort, und Watchman erwähnte keinem gegenüber, daß er mit eingeladen war. Hatte er ein Vorgefühl der Probleme, die vor ihm lagen, und hielt er sich für den berufenen Wächter seines Volkes? Auf jeden Fall beschloß er, nachdem er mit den Brüdern darüber gebetet hatte, allein zu reisen.

Die Fahrt nach Europa machte eine Unterbrechung in Singapur möglich. Er fuhr nach Sitiawan und zeigte den Eltern Ling seine Ehrerbietung, eine Geste, die den Frieden besiegelte, den Gott ihm vor kurzem geschenkt hatte.

Die lange Seereise war der Ruhe und dem Studium günstig. Ende Juni kam er gestärkt in England an, wo ihn Charles Barlow abholte und zu sich in sein Haus in Peterborough nahm.

*Watchman Nee mit James Taylor sen., Southhampton 1933.*

Von dort aus besuchte Watchman weit verstreute Versammlungsorte bis nach Schottland, Islington, Croydon und Ventnor. Überall wurde ihm eine überwältigende Gastfreundschaft entgegengebracht, war sein Kommen doch etwas völlig Neues in dieser engsten Gruppe der »Brüder«, die selbst keine Missionstätigkeit ausübten[5].

Man lud ihn ein, über seine Arbeit zu sprechen, er durfte natürlich auch am Abendmahl teilnehmen und gelegentlich mit dem Wort dienen, wobei ihn sein Englisch etwas behinderte. Er führte lange Gespräche mit den älteren Brüdern und fand heraus, daß seine Gastgeber die chinesischen Gläubigen für ausgesprochen unreife Christen hielten, die eine Menge Belehrung nötig hatten. Watchman selbst sah trotz seiner dreißig Jahre noch wie ein Student aus, und nun nahm er mit seinem anerzogenen Respekt vor Weisheit und Alter ihre Ratschläge entgegen. Er überraschte die englischen Brüder jedoch durch die praktischen Probleme, mit denen er und die Brüder in Schanghai sich auseinandersetzen mußten. Wie würden sie entscheiden, wenn ein Neubekehrter käme und fragte: »Ich möchte getauft werden, aber ich habe zwei Frauen. Was soll ich tun?«

Mit den jüngeren Menschen plauderte er etwa über die einfache chinesische Regel für Versammlungen: »Keine Bibel, kein Frühstück!« Oder er erfreute sie durch Geschichten von den

»Scherendämonen« in Fukien, die Löcher in die Schirme aus Ölpapier schnitten, damit der Regen durchkam.

Doch meistens, wenn er nicht gerade in Diskussionen verwickelt war, lauschte und beobachtete er schweigend. Er achtete den Reichtum geistlicher Erkenntnis in dieser Gruppe, doch störte ihn ihre Selbstgefälligkeit. Sie waren überzeugt – und sagten es auch –, daß es auf dem Gebiet geistlicher Offenbarung kaum etwas geben könne, was die »Brüder« nicht hätten, und hielten es für Zeitverschwendung zu lesen, was andere Christen geschrieben haben. »Was haben sie, was wir nicht haben?«

Bei einer Konferenz in Islington wurde er eingeladen, auch einen Beitrag zu einer langen Diskussion über die Lehre zu geben. Er erhob sich zu seiner ganzen Länge, streckte die Arme aus und machte seiner wachsenden Ungeduld Luft:

»Meine lieben Brüder, euer Verständnis der Wahrheit ist groß, doch in meinem Land würde sie euch so viel nützen« – er drückte Daumen und Zeigefinger zusammen –, »denn wenn es notwendig würde, könntet ihr nicht einmal einen Dämon austreiben ...«[6].

Später schämte er sich über seinen Ausbruch, doch als er England verließ, meinte er voller Sorge zu seinem Freund Charles Barlow: »Ihr habt wundervolle Erkenntnisse, doch so wenig Glauben!«

Auf seinen Reisen durch England wurde Watchman immer von Charles Barlow oder einem anderen Bruder begleitet. Doch einmal entschuldigte er sich für eine Woche, um geschäftehalber nach London zu fahren. In dieser Zeit brach er, ohne seinen Gastgebern etwas davon zu verraten, aus dem engen Kreis aus, in dem er sich bewegte. Am Sonntag besuchte er das Christian Fellowship-Zentrum in der Honor Oak Straße, um am Gottesdienst dieser unabhängigen Gruppe teilzunehmen, die sich um T. Austin-Sparks, einen früheren Baptistenprediger, geschart hatte. Dieser Mann, den er zu treffen gehofft hatte, war zur Zeit im Norden, doch George Paterson und andere hießen ihn herzlich willkommen. Er genoß die Gemeinschaft und den Dienst am Wort und empfing voller Freude mit ihnen Brot und Wein.

*Watchman Nee mit T. Austin-Sparks, London 1938.*

Zwei Wochen später war sein Aufenthalt in England zu Ende. Mit dieser einzigen Ausnahme war er ausschließlich in dem sehr engen Kreis einer einzigen christlichen Splittergruppe geblieben und hatte keinerlei Verbindung zu anderen evangelikalen Kreisen aufnehmen können.

Ein älterer Mann aus Brooklyn, N. Y., dessen Wort bei diesen Brüdern großes Gewicht hatte, war einige Wochen in England gewesen und wollte Watchman nun auf seiner Rückreise über den Atlantik begleiten. Es war jener James Taylor, der neben einer Kette von Herrenkonfektionsgeschäften seit 1930 die Versammlungen der »Ravenschen« Brüder leitete. Er prüfte Watchman auf Herz und Nieren und war entzückt, als dieser so offen und frei über seine Arbeit in China und ihre besonderen Bedingungen sprach und ihn häufig um Rat fragte. Als es aber um Lehrfragen ging und besonders um die Prophetie, entdeckte er, daß Nee sich Vorstellungen über die Wiederkunft Christi machte, die er nur als Irrlehre betrachten konnte. Sie erreichten New York, wo Nee mit der größten Herzlichkeit empfangen wurde.

Er sprach in einer Versammlung in Westfield über das Thema »Erlösung«. Die meisten waren begeistert, nur Taylor hielt seine Ausführungen für »mangelhaft in bezug auf die Lehre[7]«.

Zur selben Zeit etwa saß ein älterer Herr im Zug nach Glasgow einem Teenager gegenüber. Das Mädchen las eifrig in der Bibel.

Die Unterhaltung brachte zutage, daß es sich zur Versammlung in der Honor-Oak-Straße hielt. Er forschte weiter und erfuhr, daß ein netter Chinese am Wochenende dagewesen sei. Hatte jemand versäumt, auf Watchman aufzupassen?

An jenem Abend wurde George Paterson von einem Fremden angerufen: »Kennen Sie einen Chinesen namens Nee?« – »Hat er Gemeinschaft mit Ihnen gehabt?« – »Hat er mit Ihnen das Brot gebrochen?« Auf jede Frage antwortete Paterson mit einem »ja«, und dann wurde auf der anderen Seite eingehängt.

Ein Telegramm an Taylor nach Brooklyn kam zu spät, Watchman befand sich schon in New Haven. Er hatte den Atlantik hauptsächlich überquert, um einige Tage bei Thornton und Carol Stearns zu verleben, die auf Heimaturlaub waren. Am Sonntag brach er entgegen dem vorsorglich ausgesprochenen Rat Taylors mit den Stearns und anderen das Brot in ihrem Haus. »Er gab nicht zu, daß er Grundsätze verletzt hatte«, schrieb Taylor sorgenvoll. Gedrängt, Stellung zu beziehen, lehnte Watchman es ab, sich mündlich oder schriftlich zu äußern, bis er sich mit seinen Mitarbeitern in Schanghai beraten hätte.

Taylor berichtete nach Vancouver, wo Watchman in Versammlungen sprechen sollte, was geschehen war und wie er die Dinge sah. Die Gemeinden, in deren Mitte sich Taylor bewegte, grenzten sich hermetisch von allen anderen christlichen Gemeinden ab. Jeder »draußen« war von der Gemeinschaft mit denen »drinnen« ausgeschlossen, außer er stimmte zu, von jetzt an nur Versammlungen »innerhalb des Zauns« zu besuchen. Diese Regel galt auch für die gesellschaftlichen Beziehungen und wurde später von James Taylor jr. noch verschärft, bis sich die Bewegung in den frühen sechziger Jahren hoffnungslos über dieser Streitfrage aufspaltete.

In Vancouver wurde Watchman trotz Taylors Warnungen herzlich willkommen geheißen und eingeladen, auf den geplanten Veranstaltungen zu sprechen. Es scheint, daß er wirkliche Freiheit genossen hat, denn wenigstens ein junger Kanadier fand den Herrn, und man erinnert sich Watchmans dort noch immer mit großer Zuneigung. Hier erneuerte er auch die Freundschaft mit C. H. Judd von der China-Inland-Mission und besuchte Lena

Clark, die dreiundzwanzig Jahre für die China-Inland-Mission gearbeitet hatte.

Auf der langen, stillen Heimreise über den Pazifik schenkte Gott Watchman eine neue Erkenntnis: »Als ich ein junger Christ war, lobten mich viele Leute, ich lebte Christus gemäß. Einige Jahre später entdeckte ich zu meiner Bestürzung, daß mein Temperament oft mit mir durchging, daß ich meine Gereiztheit und meine Launen nicht beherrschen konnte. Selbst wenn ich mich äußerlich zusammennahm, schwelten sie doch innerlich. Schlimmer wurde das Ganze noch dadurch, daß mich dieselben freundlichen Christen nicht gerade sanft auf diesen Unterschied hinwiesen. Ich wäre so demütig und geduldig gewesen, so sanft und liebevoll, doch jetzt ...! Ich hätte ihre Kritik noch übertreffen können, wenn ich selbst ausgepackt hätte. Aber wie war es dazu gekommen? Was war die Ursache ...?«

Für ihn war, wie er sagt, Christus der Inbegriff aller preiswürdigen Tugenden wie Sanftmut, Geduld, Liebe, Weisheit, Heiligkeit gewesen, deren Mangel er selbst so schmerzlich empfand. »Zwei Jahre lang tappte ich in dieser Finsternis herum und suchte diese Tugenden, die das christliche Leben ausmachen, als persönlichen Besitz anzuhäufen, genauso wie ich vor meiner Bekehrung weltliche Dinge angehäuft hatte. Doch ich hatte keinen Erfolg. Ich hatte geistliche Güter zu sammeln versucht, und Gott hatte eingegriffen und mich von ihnen befreit, um damit dem Leben seines Sohnes Bahn zu schaffen.

Und dann eines Tages im Jahre 1933 wurde ich erleuchtet. Wieder las ich 1. Korinther 1,30 und erkannte plötzlich, daß Christus von Gott dazu bestimmt ist, mir in seiner ganzen Fülle zu gehören. Was für ein Unterschied! O die Leere der Dinge!

Wenn sie nicht zu ihm in Beziehung stehen, sind sie tot, denn Gott sucht nicht eine Zurschaustellung unserer Gerechtigkeit, sondern eine Offenbarung seines Christus. Damit begann ein neues Leben für mich. Er selbst ist die Antwort auf alle Forderungen Gottes, und das nicht für die Zukunft, sondern als eine gegenwärtige Tatsache. Mein tägliches Leben als Christ stand von da an unter dem Motto ›Empfangen‹[8].«

# Neue Horizonte

In China erwarteten Watchman ungeheure Aufgaben. Die Korrespondenz zwischen den Brüdern in Schanghai und ihren ehemaligen Freunden im Westen schleppte sich zwei qualvolle Jahre hin bis zu ihrem traurigen Ende. Dies durfte Watchman jedoch nicht davon abhalten, das Evangelium zu verkünden und die gläubigen Mitarbeiter weiter zu schulen. Die Stärke seiner Arbeit lag darin, daß jeder Gläubige ein unbezahlter Evangelist war. Jeder, der aus geschäftlichen Gründen oder im Regierungsdienst in eine andere Stadt zog, konnte sein Heim zu einem Ort des Gebets und der Verkündigung machen. Durch Straßen- und Eisenbahnbau wurde China schnell erschlossen, auch die rasche Entwicklung des Flugverkehrs machte es immer leichter, das Land zu bereisen. Zu den Brüdern, denen sich diese neuen Arbeitsfelder öffneten, sprach er an Neujahr über Gemeindebildung. Er hatte im Westen viel Ungesundes gesehen. So prüfte er das Neue Testament erneut, wo er sich in seiner Ansicht bestätigt fand: daß eine Stadt oder ein Dorf nur eine einzige Kirche haben sollten und nicht deren mehrere.

Aber er war ruhelos. Schon seit einiger Zeit hatte er den Wunsch, die entfernten südwestlichen Provinzen von Kweitschou und Jünnan zu besuchen. Im Frühling 1934 bot sich nun eine Gelegenheit dazu.

Ein Mann namens Ma hatte kürzlich zum Glauben gefunden und bei seiner Taufe den Namen »Hirt« angenommen (Ma Muh). Er hatte ein gutgehendes Geschäft im Jangtsehafen Jo-tschou in Hunan, und seine geschäftlichen Interessen erstreckten sich bis in die Provinz Kweitschou hinein. Er war ein redlicher Bruder, besaß einen Ford und einen wagemutigen Geist, dazu kam nun sein Eifer für das Evangelium. Er und Watchman planten eine Reise bis zum Ende der neuen südwestlichen Autostraße. Watchman fuhr ihm per Schiff nach Futschou entgegen. Dort beluden sie den Wagen mit Benzinkanistern und Evangelien und umfuhren das große Reisanbaugebiet von Hunan. Zuerst ging es in südlicher Richtung zur Provinzhauptstadt Tschangscha und dann nordwestlich nach Tschangtu. Sie ließen sich Zeit. Hirt Ma fuhr den Wagen, und bei jedem Anlegeplatz einer Fähre, oder wenn sich ein paar Vorübergehende versammelten, stand Watchman auf und predigte.

Der schiffbare Jüan war immer der Handelsweg nach dem Südwesten gewesen, und ihr Weg führte sie nun in seinem breiten Tal hinauf nach Jüanling. Nicht weit von dieser Stadt, in Sangschi, lag die kommunistische zweite Armee Ho Lungs. Doch als die beiden zur Grenze von Hunan hinauffuhren, war alles ruhig. Hier gab es manche Außenposten europäischer Missionen, doch der größte Teil der Bevölkerung hatte noch nichts vom Evangelium gehört.

Die Provinz Kweitschou war in einem raschen Wandel begriffen. Stadtstraßen, die bisher an den Stadttoren endeten, wurden ins Land hinaus verlängert, und feste Straßen ersetzten die Fußwege, die sich um die Hügel wanden. Es mußten noch im Bau befindliche Wegstrecken bewältigt werden, und selbst da, wo die Straßen fertig waren, konnten sie so holperig sein, daß man äußerst vorsichtig fahren mußte. Hirt war kurzsichtig, er trug eine dicke Brille, so daß er in den nicht markierten Haarnadelkurven, wo eine falsche Bewegung den Sturz in die Tiefe zur Folge haben mußte, unsicher war. Dann mußte sich Watchman, weniger geübt im Fahren, aber mit stärkeren Nerven ausgerüstet, ans Steuer setzen.

In der Provinzhauptstadt Kweijang trafen sie eine Gruppe von Gläubigen, die eine Hausgemeinde bildete. Hier erlebten sie einen frohen Empfang, so daß sie einige Tage blieben. Hier wurde ihnen aber auch klar, wie ungewiß ihr weiterer Weg war. Sie hörten, daß weite Abschnitte der Straße nach Kunming in der Provinz Jünnan nur auf den Karten der Planer standen. Aber da die beiden Reisenden nun so weit gekommen waren, vermummten sie sich gegen die Kälte und fuhren entschlossen weiter, immer tiefer in die Berge hinein. Noch lag Schnee auf den Gipfeln, als sie zwischen Azaleen und Rhododendron immer höhere Pässe erklommen. Bergab stellten sie den Motor ab, um das knappe Benzin zu sparen.

Hirt Ma berichtet, wie der Rhythmus des Motors die kurzen Belehrungen und Predigten Watchmans in sein Bewußtsein tuckerte und daß in größerer Höhe Watchman häufig sein Herz zu schaffen machte; seine frühere lange Erkrankung forderte ihren Tribut. Aus dem Regen von Kweitschou kamen sie in den heftigen Wind von Jünnan, und schließlich gelangten sie an einen Punkt, an dem amüsierte Stammesleute sie über die Baustellen schieben mußten. Ein Ingenieur versicherte ihnen, daß sie tatsächlich die ersten Reisenden seien, die durchgekommen waren. Sie waren froh und erleichtert, als sie nun die lange Talfahrt in die Kü-tseng-Ebene antraten. Zwischen Bauernhöfen und frühlingsgrünen Reisfeldern zog sich dieses letzte Stück der Straße, die hier in gutem Zustand war, hin.

Als sie endlich in Kunming angekommen waren und versuchten Zeugnis abzulegen, interessierten sich ihre Zuhörer nur für das Auto. Als sie erfuhren, welche Strecke der Ford hinter sich gebracht hatte, wurde er schnell berühmt.

Nördlich von Kunming jenseits des Goldsand-Flusses lagen die ersten Tibeter-Siedlungen. In Schanghai waren einige Brüder, die Gott dazu rief, die Tibeter zu missionieren, und Watchman wollte sich ein Urteil über die Lage bilden. Ein mehrtägiger Ausflug brachte sie zu einem Marktflecken in den Bergen, zu dem die Tibeter ihre Waren brachten. Während Hirt Ma ihre außerordentliche Gastfreundlichkeit genoß, verschaffte sich Watchman mit Hilfe eines Dolmetschers ein Bild von ihrer geistlichen Finsternis und Erlösungsbedürftigkeit.

Diese Fahrt in den Südwesten zur rechten Zeit war offensichtlich Führung. Das zeigten die beiden folgenden Jahre des Bürgerkrieges, die solche Reisen ganz unmöglich machten. Im Herbst 1934 wurden die Kommunisten unter Mao Tse-tung durch Tschiang Kai-scheks Einkreisung gezwungen, aus Süd-Kiangsi auszubrechen. Von dort aus begannen sie ihren historischen Sechstausend-Meilen-Treck, der in die Geschichte als der »Lange Marsch« einging und dicht an Kunming vorbeiführte. Doch lange vor diesen Ereignissen war Watchman zurück. Er hielt eine Zeitlang in der großen Handelsstadt Hankau Bibelstunden und kehrte anschließend nach Schanghai zurück. Hier hatte K. S. Lee, ein Führer unter den Christen, ein Treffen zwischen ihm, John Sung und Wang Tsai zustandegebracht, um diese drei so verschiedenen Männer zu einem Team zusammenzuschweißen. Doch diese Bemühung war umsonst. Wang Tsai lehnte Watchmans Überzeugung ab, daß die Prediger nicht besoldet werden sollten, und Watchman verstand nicht, warum er von den Missionen abhängig bleiben wollte, die, wie Watchman fürchtete, der christlichen Sache nur Schaden durch Spaltungen zufügen würden. Erst im Lichte späterer Ereignisse kamen Worte der Anerkennung über Wang Tsais Lippen, als er sah, wie Watchman für seine Überzeugungen einstand.

John Sung und Nee vertrugen sich unglücklicherweise niemals, obwohl der eine erntete, wo der andere gesät hatte. Sung, der nur noch zehn Jahre leben sollte, war ein großer Evangelist, der sich allerdings fast ausschließlich an das Gefühl wandte. Ein Freund beschreibt ihn als einen Menschen, bei dem jede Meinung eine Überzeugung war. Obgleich Nee der begabtere Evangelist war, benutzte Gott doch Sung, um dem Himmelreich die großen Massen zuzuführen, und die Erweckung, die durch seine Predigten entstand, verbreitete sich wie ein Präriefeuer. Ein Beobachter bemerkt: »Wenn Sung predigte, wachten die Schafe auf und wurden hungrig, und weil niemand ihnen Nahrung geben konnte, kam Watchmans Belehrung zur rechten Zeit, um den Hunger zu stillen.« Doch Sung

*Von links nach rechts: John Sung, Leland Wang und Watchman Nee, Schanghai 1934.*

war Nee gegenüber ausgesprochen kritisch, und Vertrauten gegenüber äußerte sich Nee verächtlich über Sungs theologische Unreife und die Unbeständigkeit in seiner Arbeit. Ob Watchman ein unbestimmbares Verlangen nach einer Salbung durch Gott spürte, die er bei Sung wahrnahm, die ihm selbst aber fehlte?

Es folgte die dritte Schanghai-Konferenz, auf der er über die zentrale Stellung Christi in der Schrift und im Leben des Gottesvolkes sprach. Witness Lee aus Chefoo war anwesend sowie Gläubige aus Städten in Kiangsu und Schantung, wo seit Watchmans Besuch im Jahre 1932 in schneller Folge Gemeinden entstanden. (Die Brüder gliedern die Anfänge des Werks in drei Abschnitte von je vier Jahren: Futschou 1924, Schanghai 1928, der Norden 1932.)

Bei seiner Rückkehr aus England hatte Watchman erfahren, daß Charity Chang wieder in Schanghai war und ihr M. A. in Englisch an der Yenching Universität gemacht hatte. Sie war das weltlich gesinnte Mädchen geblieben, das er kannte; sie trug Make up und kleidete sich elegant.

Doch dann besuchte sie einige Versammlungen in Wen Teh Li und fand dort den Herrn, und als sie um die Taufe bat, bezeugten die älteren Schwestern, daß sie vollkommen umgewandelt sei. Das wurde durch Watchmans eigene Beobachtung bestätigt. Die Begegnung mit ihr brachte totgeglaubte Gefühle zu neuem Leben.

Als Charitys Schwester Faith dies sah, ergriff sie die Initiative. Sie suchte Watchman auf, der gerade von einer seiner Reisen zurückgekommen war, und fragte:

»Würdest du jetzt, da Charity eine ernste Christin geworden ist, die dem Herrn standhaft dient, eine Ehe mit ihr in Betracht ziehen? Ich bin sicher, daß sie keine Einwände erheben würde.«

Nur nach viel Gebet um Klarheit über Gottes Willen folgte Watchman seinem Herzen. Er sandte einen eiligen Brief an seine Eltern in Futschou und bat um ihre Vermittlung bei den Heiratsverhandlungen. Huo-ping erinnerte sich an ihren Fehler in Sitiawan und geriet in Panikstimmung. Sie machte sich auf den Weg nach Schanghai, wo sie sich durch eine Flut von Gerüchten hindurcharbeiten mußte. Charitys verwitwete Tante Chang Mei-chen war dem Vernehmen nach entschlossen gegen diese Eheschließung ihrer prächtigen Nichte mit einem armen Prediger. Und auch in den Gemütern der Gläubigen herrschten Zweifel. Sie vergötterten Watchman und waren entsetzt, daß er – ein Mann des Gebets – an die Gründung einer Familie dachte, und das, was noch schlimmer war, mit einer College-Schönheit von der Yenching-Universität!

Aber seine Mutter suchte Charitys Onkel Chang Schiu-kan, das Familienoberhaupt, auf, und erlangte zu ihrer Erleichterung seine Einwilligung. Dann lud sie Charity ein, sie zu Evangeliumsversammlungen in eine andere Stadt zu begleiten. Eine Woche lang teilten sie ein Zimmer, lebten und beteten zusammen, und als sie zurückkehrten, hatte sie die volle Gewißheit, daß Gott Charity für ihren Sohn gewählt habe.

Anfang Oktober versammelten sich fast 400 Gläubige in Hangtschou, der Hauptstadt der Tschekiang-Provinz, einer altertümlichen und malerischen Stadt inmitten steiler Hügel und verträumter grüner Seen. Seit Peace Wang, jene Schülerin Ruth Lees, die gegen den Widerstand aller Autoritäten Christ geworden war, dieses Gebiet zuerst besucht und unter den Frauen gearbeitet hatte, gab es an verschiedenen Orten in Ost-Tschekiang kleine Gruppen von Gläubigen. Hier hielt Watchman zehn Tage Bibelstunden, und er war überglücklich, daß seine Eltern anwesend waren. Für den folgenden Tag war seine Hochzeit festgesetzt. Der Gedanke daran lag ihm so fern, daß Faithful Luke ihn noch am Hochzeitsmorgen in einen Laden mit Gebrauchtkleidern schleppen mußte, damit er sich einen Hochzeitsanzug kaufte.

So wurde am Nachmittag des 19. Oktober 1934, am Hochzeitstag seiner Eltern, Watchman in christlicher Ehe mit Chang Charity (Pin-huei) vereinigt. Gemeinsam mit zahlreichen Gemeindegliedern dankten sie Gott, sangen das Lied, das er zehn Jahre zuvor für Charity geschrieben hatte, und nachher feierten sie an dreißig Tischen mit je zehn Gästen.

Doch jetzt brach der Sturm los. Inzwischen hatte Charitys Tante Mei-chen ihrem Zorn in einer Schanghaier Tageszeitung Luft gemacht und Watchman in gelehrtem Chinesisch angegriffen.

*Watchman Nees Heirat mit Charity Chang, Hangtschou 1934.*
*Links: Die Schwester des Bräutigams (Mrs. Ling), Mutter, Bruder (Hong-tsu) und Vater.*
*Rechts: Schwägerin der Braut und Bruder (Samuel Chang) und älteste Schwester (Beulah).*

Wie, fragte sie, konnte dieser bettelarme Prediger es wagen, ihre geliebte Charity zu entführen? Wenn er es sich jemals leisten konnte, eine Frau zu ernähren, geschweige denn eine so kultivierte junge Dame zufriedenzustellen, dann mußte er das Geld dazu aus ausländischen Quellen erhalten. Und schließlich folgte ein verschleierter Angriff auf seine Redlichkeit, der in diesem Zusammenhang beleidigend genug war und bereitwillig von seinen Gegnern aufgegriffen wurde. Der Artikel wurde nachgedruckt und kursierte wochenlang in christlichen Kreisen. »Das Exemplar, das ich bekam«, bemerkt ein Missionar, »war so gemein, daß ich es verbrannte und anschließend das Bedürfnis nach einem Bad verspürte.«

Watchman geriet in eine tiefe Depression. In ihrem neuen Heim legte er sich zu Bett und wollte niemanden sehen. Eine energische Missionarin besuchte ihn trotzdem. »Er wird mich empfangen«, sagte sie, »weil ich eine Botschaft von Gott für ihn habe.« Sie betrat sein Schlafzimmer. »Keine Waffe, die gegen dich gerichtet ist, soll Erfolg haben«, verkündete sie, »und jede Zunge, die über dich zu Gericht sitzt, sollst du verwerfen[1].« Auch Faith Chang versuchte ihn aufzumuntern. »Was soll's – du hast eine Frau nach deinem Herzen gefunden.«

Und Charity war in der Tat eine Quelle der Freude für ihn. Ihr Chinesisch war wunderbar und ebenso ihr Englisch. Sie lebte demütig mit dem Herrn und würde Watchman in seiner Arbeit eine große Hilfe sein. Und sie war eine Schönheit, darin waren sich alle einig.

Im November fuhren sie noch einmal nach Amoy zu einer Konferenz, und dann folgte eine Zeit, in der ihn die Probleme fast arbeitsunfähig machten. Die Londoner Korrespondenz mit dem Brüderkreis um Taylor sen. und jun. belastete ihn. Sein Herz machte ihm zu schaffen. Und da war die ungelöste Frage nach der persönlichen Begabung mit dem Heiligen Geist für den Dienst, er spürte, daß er sie nicht hatte, fand aber auch keinen Zugang zu der Lehre, die von dieser Gabe die Qualifikation für den Dienst abhängig machte. Im Blick auf die Lehre half ihm Gott während der Arbeit an einem Platz, der für seine theologischen Fragen absolut immun war und wo er, in seiner Verzweiflung allereinfachste Dörfler bat, mit ihm zu beten.

Und noch andere Hilfen machten sich bemerkbar. Etwa die Rückkehr der Stearns im Januar 1935. Nach Watchmans Besuch in Tsinan 1932 hatte sich dort eine »Separatisten«-Gruppe gebildet, die den Stearns die Rückkehr an die Universität Chefoo verleidete, und so nahm Dr. Stearn eine Berufung nach Schanghai an. Eine weitere Freude war es, Li Kuo-ching wiederzusehen, den Adoptivsohn der Dr. Li, mit dem er auf den Inseln in der Minmündung das Regenwunder erlebt hatte. Als Watchman ihn fragte, ob er dem Herrn noch nachfolgte, fragte Kuo-ching zurück: »Denken Sie, ich könnte ihn nach allem, was ich mit ihm erlebt habe, vergessen?«

Der lange Briefwechsel mit London und New York half, so schmerzlich er war, den Brüdern in Schanghai, ihre eigenen Vorstellungen über die Beziehungen zwischen den Kirchen klarer zu formulieren. Die Londoner Brüder hatten Watchman beschuldigt, die Gemeinschaft verraten zu haben, als er mit Christen anderer Gruppen (in Honor Oak und New Haven) am Tisch des Herrn teilnahm.

Nun ging es um die Frage, ob man sich von allen anderen christlichen Gemeinschaften absondern müsse, um zum Tisch des Herrn zugelassen zu werden. Wie stand es z. B. um die chinesischen Gemeinden, die ihre Beziehung zur Mission aufrechterhalten hatten?

Die Antwort der Ältesten in Schanghai war ein demütiger und versöhnlicher Hinweis auf die christliche Vernunft und das Wirken des Geistes. Sie befürwortete klar die offene Gemeinschaft beim Abendmahl, die sich auf das christliche Gewissen gründet. Doch ihr ausführlicher Brief[2], unterschrieben von D. C. Du, Y. A. Wu, W. Nee und K. Y. Chang, erreichte in London das Gegenteil: Am 30. Juli 1935 wurde in Islington der Bruch mit den chinesischen Brüdern verkündet. An diese Entscheidung war jede Versammlung dieser Brüdergruppe in der ganzen Welt gebunden. Den Chinesen bereitete dies eine Art Schock. Ihre Enttäuschung war groß.

Watchman erhielt den Brief in Chefoo. Hier hielt Elisabeth Fischbacher, eine der begabtesten Rednerinnen der China-Inland-Mission, Erweckungsversammlungen. Watchman machte gerade eine Zeit geistlicher Trockenheit durch. Ihn hungerte nach einer neuen Erfahrung Gottes, und nun überwand er seine Abneigung gegen weibliche Prediger und besuchte zusammen mit Charity diese Versammlungen. Elisabeth Fischbacher teilte die Schanghaier Vorliebe für ekstatisches Gebet, und wenn ihr Englisch nicht mehr ausreichte, betete und sang sie in Zungen. Aber sie predigte mit Vollmacht, und Watchman geriet in ihren Bann. Er antwortete dem Anruf des Wortes und kam so zu einer ganz neuen Entdeckung göttlichen Segens. Damit war diese etwas unfruchtbare Zeit beendet. Er konnte wieder predigen und sandte ein Telegramm nach Schanghai: »Ich bin dem Herrn begegnet.«

Bei der Herbstkonferenz sprach er über die Ausgießung des Heiligen Geistes, was manche zu einer ähnlichen Erfahrung

*Elisabeth Fischbacher (sitzend) mit Mary Jones, 1960.*

führte. Die Folge war, daß sich etwa ein oder zwei Jahre lang eine Welle geistlicher Erregung in den südlichen Gemeinden ausbreitete. Diese Gruppen von Gläubigen hatten einen mehr intellektuellen Zugang zur Bibel gehabt, die für sie über aller subjektiven Erfahrung stand. Nur in den Gebetsstunden kannten sie kurze Gebetsgemeinschaften am Schluß. Diese Praxis soll John Sung eingeführt haben. Nun aber überließ man sich äußerster Erregung mit Hüpfen, Händeklatschen, Schreien, Lachen und unbekannten »Zungen«, die den Zuhörern und selbst dem Redner keine Botschaft übermittelten. Hinzu kam eine Flut von dramatischen Heilungen, von denen einige sicher echt, andere jedoch Selbsttäuschung waren.

Im Spätherbst 1935 fand eine zehntägige Konferenz in Tsinkiang statt. Lukas Wu, der Dekan des christlichen Colleges, der vor kurzem Christ geworden war, als er für John Sung in einer Evangelisation übersetzte, öffnete sein großes Haus für die fast vierhundert Konferenzteilnehmer. Hier sprach Watchman über sieghaftes Leben und die Ausgießung des Heiligen Geistes, und noch einmal wurde fühlbar der Segen Gottes erlebt. Nach diesen Tagen wurde Wus Heim zum Mittelpunkt einer Gruppe von Gläubigen. Er setzte damit ein Beispiel, das in Zukunft in einer Stadt nach der anderen Nachnahmer finden sollte.

Witness Lee versichert, daß Watchman »nie in Zungen redete«. Das mag sein, kann aber jetzt nicht mehr bewiesen werden. Gewiß glaubte er an die geringeren Gaben, die der Heilige Geist der Kirche gegeben hat, die Gaben des Heilens, des Zungenredens und seiner Auslegung. »Ich habe mit eigenen Augen Fälle von sofortiger göttlicher Heilung gesehen«, berichtet er. »Wir wenden uns nicht dagegen, wir bekämpfen nur falsche Wege der Heilung ... Manchmal werde ich gefragt, ob ich gegen das Zungenreden bin. Gewiß nicht! obwohl ich ein Zungenreden in Frage stelle, das durch falsche Mittel erworben wird.« Er berichtete, wie Gott in einer sehr verwirrten Dorfgemeinde dies Mittel benutzt hatte, um schlimme Tatsachen zu enthüllen, die notwendig bekannt werden mußten. Die einzige eingeweihte Person hatte versprechen müssen zu schweigen. Hier hatte die Gabe des Zungenredens Sinn und Zweck gehabt, meinte er.

Andrerseits hielt Watchman streng daran fest, daß »nicht alle in Zungen reden«. Seine Lehre war in diesem Punkt immer ausgewogen. Ein älterer China-Inland-Missionar, der einige Jahre später in Schanghai seine Vorträge über den Heiligen Geist besuchte, beschreibt sie als »die klarste Unterweisung, die ich jemals zu diesem Thema gehört habe«[3].

Einige Erweckungsmethoden, die Watchman damals anwandte, wirkten wie geistliches Opium. Wenn man ihnen verfiel, verlangten sie eine ständig verstärkte Dosis. Elisabeth Fischbacher spürte, daß sie selbst für diese Entwicklung mitverantwortlich war und gab ihr öffentliches Predigen auf. Sie wandte sich der Schriftstellerei zu und fand hier einen neuen lohnenden Dienst. Drei Jahre später, als das Pendel zurückschwang und diese Episode vorüber war, sagte Watchman in einer Unterhaltung mit K. S. Wong: »Wenn wir auf diese Zeit zurückblicken, stellen wir fest, daß der Gewinn gering, der Verlust aber sehr groß war.«

*Watchman Nee 1938.*

# Rückbesinnung

Im Oktober 1938 tauchte Mao Tse-tung mit den ersten verstreuten Überlebenden des »Langen Marsches« im nördlichen Schensi auf und schlug als der unbestrittene Führer der chinesischen kommunistischen Partei sein Hauptquartier in Jenan auf. Der »Lange Marsch« sollte als ein Höhepunkt kommunistischer Heldenhaftigkeit in die Annalen der Partei eingehen. Einige eindrucksvolle Episoden waren schon zu Legenden geworden: der Ausbruch aus der Umklammerung von Kiangsi, der geheime Übergang über den Goldsand-Fluß, die Einnahme der Brücke der Eisernen Ketten über den Tatu bei Luting, der Aufstieg auf den Großen Schneeberg und die Durchquerung des Sumpflandes von Szetschuan, dem Alptraum der Helden. Aufrechtgehalten durch ihr politisches Programm und eiserne Entschlossenheit, tauchten sie nun an einem Schlüsselpunkt am Rand der nord-chinesischen Ebene auf. Ihre Feuerprobe hatte sie zu einer disziplinierten Kerntruppe zusammengeschweißt. Nachdem sie so lange fast ständig militärisch angegriffen worden waren, hatten sie ein neues Selbstbewußtsein als Chinesische Kommunisten entwickelt, die nicht länger Rußland verantwortlich waren.

Tschiang Kai-scheks Versuch, sie vernichtend zu schlagen, war mißlungen. Nun war der Süden offen, und für die Brüder von Schanghai war endlich der Weg nach Tibet frei. Im nächsten Jahr gingen sechs von ihnen dorthin. Sie wurden von den Tibetern herzlich aufgenommen. Um dem Mangel an Schrifttum abzuhelfen, ließen sie Traktate und Bibelauszüge in tibetischer Sprache in Schanghai drucken und sandten sie per Schiffsfracht über Hanoi, wo die Franzosen sie zu Nees großem Ärger beschlagnahmten. Er ließ deshalb die Druckplatten nach Jünnan fliegen, damit dort an Ort und Stelle gedruckt würde.

Zwei Faktoren waren es, die das Werk in China förderten. Der eine war die wachsende Nachfrage nach Abschriften von Watchmans Predigten. Seine Zeitschrift und seine Traktate fanden überall Eingang in die christlichen Häuser und brachten denen Nahrung, die durch Erweckungspredigten geistlich aufgerüttelt waren, aber niemand hatten, der ihnen weiterhalf. Nees Gabe, die christliche Lehre in einfachen Worten zu erklären, begegnete dieser Not.

Der andere Faktor war, daß sich die Häuser der Gläubigen geöffnet hatten. Eine Gebetsgruppe entstand immer da, wo sich ein gläubiger Geschäftsmann oder Regierungsbeamter niederließ. Sein Haus wurde sogleich zu einem neuen Zentrum des christlichen Zeugnisses, in dem sich Männer und Frauen, die sich von der Sünde losgesagt und sich Christus ganz ausgeliefert hatten, zu einer schlichten Gemeinschaft zusammenschlossen. Einige kamen aus dem Heidentum, andere hatten sich in den verschiedenen Missionen bekehrt. Wenn so eine kleine Gruppe wuchs, erhielt sie »Älteste«, die sie führten. Vielleicht brauchte sie bald einen größeren Versammlungsraum, und dieser wurde dann unter dem Gesichtspunkt der Zweckmäßigkeit, nie der Schönheit, ausgesucht.

Die Bewegung hatte auch »Apostel«. Diese waren Ganztagsarbeiter, die umherwanderten, um zu evangelisieren, Gemeinden zu gründen, wo es noch keine gab, und die Gläubigen zu unterweisen. Manchmal steckten sie ihre Ziele ziemlich weit, um in einer Gegend, in der es keine Christen gab, einen neuen Vorstoß zu wagen. Dann predigten sie in gemieteten öffentlichen Sälen.

Die Aktivitäten der »Kleinen Herde« hatten also zwei Konzepte: die Kirche und das Werk. Das Werk verstand Watchman als eine Art Rampe, als Ausgangspunkt für die Außenarbeit; die Kirche als runden Tisch. Um neue sektiererische Spaltungen aufgrund der Lehre oder der Ausstrahlung einer Persönlichkeit zu vermeiden, dachte man sich die Gemeinde als an den Ort gebunden, an bestimmte Städte und Dörfer, ähnlich wie im System der Pfarreien. Sie unterhielten sich selbst und waren an ihrem Ort autonom. Darüber spannte sich eine lose Zentralorganisation, in der Watchman und ein paar andere oder die »Apostel« berieten und schulten. Wenn ein »Apostel« an einem Ort eine Gemeinde vorfand, unterwarf er sich den Ältesten dieser Gemeinde. 1938 stellte Watchman fest, daß es 128 solcher Apostel gab.

Die ganze Struktur und Prozedur war eine Anwendung dessen, was sie in den vergangenen zehn Jahren im Neuen Testament über Situationen wie die ihre gelesen hatten. Alles war noch im Prozeß des Werdens und zweitrangig im Blick auf das Hauptanliegen: das geistliche Leben und die Gemeinschaft der Gläubigen.

Die Stärke der Bewegung lag in der Qualität ihrer Arbeitskräfte. Männer und Frauen stießen aus freiem Entschluß zu ihr, kein Gewinn lockte sie an, wie ihn die Missionen boten. Die Chinesen sahen, was die Missionare sich erst sehr viel später klar machten, daß die Missionen – abgesehen von dem ausländischen Aufbau ihrer Arbeit – den Menschen, die als Missionarsdiener begonnen hatten, Aufstiegschancen boten. Diese Leute bildeten eine bestimmte christliche »Klasse«, die, obwohl sich viele von ihnen mit ganzer Hingabe dem Werk widmeten, den kultivierteren und intellektuellen Chinesen keine Achtung einzuflößen vermochte. So konnten sich die Missionserfolge der frühen Jahre auf die Missionsarbeit schädigend auswirken.

Aber hier in den Gemeinden der »Kleinen Herde« trafen sich die Menschen als Gläubige, um den Herrn mehr kennenzulernen und ihm besser zu dienen, und einige Gemeinden wiesen eine große Zahl von Gebildeten – Ärzte, Hochschullehrer, Geschäftsleute und Offiziere der Armee – auf. Damals gehörten etwa dreißig Gemeinden der Bewegung an, einige waren zweifellos recht klein.

Die Bewegung wurde sehr verschieden beurteilt. Ein Allianzmissionar in der im Nordwesten gelegenen Provinz Kansu sagte zu Beginn der vierziger Jahre: »Je weiter die Bewegung sich von ihrem Ursprungsort entfernt, desto weniger gelingt es ihr, zwischen ungeheuchelter Bruderliebe und weniger wünschenswerten Gefühlsausbrüchen zu unterscheiden.« Er empfand wie andere den geistlichen Stolz vieler Anhänger der »Kleinen Herde« und daß die Bewegung, obwohl sie in den Küstenstädten unter der geistigen Elite blühte, »unverfrorene Anstregnungen machte, um die Mitglieder der bestehenden Kirchen abzuwerben und wenn möglich auch die Pastoren«. Ein englischer Baptist in Schensi berichtet 1942, daß »eine Gruppe ernster junger Männer, die das griechische Neue Testament und Madame Guyon las, die älteren Kirchen verließ, um eine reine Gemeinde zu bilden, die

›Kleine Herde‹, die die Christen, die sich ihr anschlossen, wiedertaufte und sich sonntags zum ›Brotbrechen‹ und zur Predigt versammelte. Ihre Mitglieder waren streng antikirchlich eingestellt und kritisierten die verschiedenen Denominationen in China als ausländische Gründungen, doch sahen sie nicht, daß sie mit ihrer Abwerbung ja selbst eine neue Denomination schufen«. In der Küstenprovinz Tschekiang sprachen einige China-Inland-Missionare mit warmer Anerkennung von ihrer Lehre und der echten christlichen Gemeinschaft unter ihnen. Anderen, denen die Abnahme der Gläubigen in den Missionskirchen Sorge bereitete, erschien Watchman als ein »Dieb der Schafe« und somit als ein äußerst gefährlicher Mann. Zu dieser Zeit war er zweifellos manchem Missionar ein Dorn im Auge.

Inzwischen waren mehrere von den Brüdern in Fukien als christliche Zeugen nach Übersee gegangen: Simon Meek 1931 nach den Philippinen, Faithful Luke, Daniel Tan und K. S. Wong nach Singapur und Malaya, andere nach Niederländisch Indien. Im Juli 1937 besuchte Watchman auf Meeks Einladung Manila. Hier und in Baguio sprach er vier Wochen lang zu Versammlungen bis zu hundert Menschen über ein sieghaftes christliches Leben, die Fülle des Heiligen Geistes und die Gemeinschaft in der Kirche. Er war in Singapur, als die japanische Invasion mit der Einnahme Pekings in China begann, und auch am 14. August, als die

*Simon Meek, Manila 1956.*

Feindseligkeiten in Schanghai ausbrachen. Chinesische Flugzeuge griffen japanische Schiffe auf dem Wangpoo an, und zwei Bombenladungen auf ein Warenhaus und die benachbarte Straße verursachten einen Massentod unter den eigenen Bürgern. Marine landete und machte aus der nördlichen Vorstadt Hongkew eine Festung, während Scharen von Flüchtlingen aus den angrenzenden Gebieten hereinströmten und auf jedem freien Platz ihre Strohhütten aufbauten. Schanghai blieb vom Süden her offen, und auf diesem Weg fand Watchman nach vierwöchiger Fußwanderung zurück zu seiner Frau. Ihr Haus lag in einem evakuierten Bezirk, sie selbst war bei den Schwestern in der Hardoonstraße, wo man das Schießen in Tschapei einige Meilen nördlich hören konnte. Nicht zum letzten Mal waren ihre Sachen durchwühlt worden.

Beruhigt, daß alles in Ordnung war, brach Watchman bald wieder auf. Er umging das Kampfgebiet und machte sich auf die Reise jangtseaufwärts nach Hankau. Hier rief er alle Mitarbeiter zusammen, die er erreichen konnte. Er hielt eine Reihe von Ansprachen mit anschließender Diskussion, ähnlich wie vorher in Schanghai. Überraschend sprach er beide Male nicht über sein Hauptthema, das innere Leben des Christen, sondern mehr über technische Hilfen. Er war zu der Erkenntnis gekommen, daß die Wahrheiten des Korintherbriefes ebenso wichtig sind wie die des Epheserbriefes, da der Apostel, der sie beide schrieb, von ein und demselben Geist inspiriert war, und daß diejenigen, die die Wahrheiten des Epheserbriefes kennen, es sich nicht leisten dürfen, in die Fehler der Korinther zu verfallen. Er machte sich deshalb daran, die praktischen Grundsätze der Schrift in Fragen der Führung des Werkes und der Gemeindebildung zusammenzustellen. Bis jetzt hatten sich die Mitarbeiter auf seinen persönlichen Rat verlassen, aber da Ruhe und Ordnung im Lande gestört waren, glaubte er sich verpflichtet, die gegenwärtige Position genauer zu umreißen. Danach kehrte er wieder hinter die Schlachtlinie, nach Schanghai zurück, das im November völlig unter japanischer Herrschaft stand. Jedes Haus, jede Dschunke, jedes Hausboot trug eine Fahne mit der aufgehenden Sonne, um zu zeigen, wer Herr im Lande sei. Überall stieß man auf Stacheldraht,

Sandsäcke und Barrikaden, und die Preise stiegen. Im Dezember fiel die Hauptstadt Nanking. Die Nationalregierung hatte ihren langen Rückzug nach Westen begonnen, der in Tschungking enden sollte.

Watchmans Vorträge waren mitgeschrieben und weitergegeben worden, und nun forderte man ihre Veröffentlichung. Mit Charitys und Ruth Lees Hilfe machte Watchman sie druckfertig, so daß Gläubige und Mitarbeiter im ganzen Land aus ihnen Nutzen ziehen konnten. Im März 1938 erschien das Buch unter dem Titel »Kong Tsch-tih Tsai Hsiang« (Rückbesinnung auf die Arbeit).

Im Vorwort zitiert Nee Margaret Barbers Bemerkung, daß »der Geist Gottes nur nach Gottes Richtlinien arbeitet«. »Die Erkenntnisse in diesem Buch«, schreibt Nee, »haben wir in den vergangenen Jahren allmählich erlangt und angewandt. Wir haben vieles berichtigt, wenn wir größeres Licht empfingen, und wenn wir demütig bleiben und Gott gnädig, so wird es auch in Zukunft weitere Berichtigungen geben.«

Watchmans Freunde unter den Missionaren drängten auch auf eine englische Ausgabe des Buches, doch er glaubte nicht, daß dies geraten sei. Wenn sein erstes englisches Buch so untypisch für seinen Dienst als Ganzem war, konnte dies zu Mißverständnissen führen. Er suchte Kontakt zu älteren und erfahreneren Männern und plante deshalb, Elisabeth Fischbacher und zwei andere Missionarinnen nach Europa zu begleiten. Ehe er abfuhr, hatte er noch die große Freude, daß die Ärzte seine Lunge für ausgeheilt erklärten.

Charity begleitete sie bis Hongkong, wo sie bei den Eltern Nee außerhalb der Reichweite des Krieges blieb. Dann bestiegen sie ein Schiff der Anchor-Linie nach Schottland, und bei ihrer Ankunft im Juli begab sich Watchman zuerst nach Kilcreggan, um Austin-Sparks zu besuchen. Die beiden Männer fanden sich schnell. Zusammen reisten sie zur Konferenz nach Keswick. Es war ein sonniger Morgen, als der Direktor der China-Inland-Mission, der die Versammlung leitete, Watchman zusammen mit einem japanischen Redner auf die Plattform holte. Der Krieg in China war in jedermanns Bewußtsein, und als Watchman an der

Reihe war, leitete er die Versammlung in der Fürbitte für den Fernen Osten mit Worten, die für viele eine Offenbarung bedeuteten. Es war ein Gebet, das wenige, die das Vorrecht hatten anwesend zu sein, je vergaßen:

»Der Herr regiert. Das bekennen wir kühn. Unser Herr Jesus Christus regiert, und er ist der Herr aller Dinge. Nichts kann seine Autorität beeinträchtigen. Es sind geistige Kräfte, die darauf aus sind, seine Interessen in China und Japan zu zerstören. Darum beten wir nicht für China, und wir beten nicht für Japan, sondern wir beten für die Interessen deines Sohnes in China und Japan. Wir tadeln nicht Menschen, denn sie sind nur Werkzeuge in der Hand deines Feindes. Wir treten für deinen Willen ein. Zerschmettere, o Herr, das Reich der Finsternis, denn die Verfolgung deiner Kirche verwundet dich. Amen.«

In Keswick sprach er auch zu den Missionskandidaten über die »Befähigung zum Missionar«. Am Ende der Woche nahm er an dem großen Abendmahlsgottesdienst teil, der unter dem Motto stand »Alle sind eins in Christus« und besiegelte so öffentlich die Stellung, die er und seine Mitarbeiter drei Jahre zuvor bezogen hatten.

Watchman reiste nun nach London, wieder war sein Ziel die Honor-Oak-Straße, wo sein erster Besuch so unangenehme Folgen gehabt hatte. Hier bei Austin-Sparks und den anderen verantwortlichen Männern schlug er sein zeitweiliges Hauptquartier auf, und hier verbrachte der Autor dieses Buches einige unvergeßliche Wochen mit ihm.

Die Honor-Oak-Gemeinde hatte ein klares Missionskonzept und weit offene Türen für das Volk des Herrn. Aber indem sie das subjektive Werk des Kreuzes im Leben des Christen hervorhob – dies entsprach durchaus dem evangelikalen Klima damals –, litt die Aktivierung des Zeugnisses. Die Beschäftigung mit »höheren Dingen« trieb die Christen in Passivität. Andererseits erhob man wie gegen Nee auch gegen Honor Oak den Vorwurf, man werbe dort den alten Missionen die Mitarbeiter ab, indem man für einfachere oder »geistlichere« Gestaltung von Leben und Zeugnis eintrat. Das veranlaßte Watchman wieder einmal, seinen eigenen Weg neben dem Hauptstrom der Evangelikalen zu suchen.

Er unterhielt sich gern, und seine Verwurzelung in der östlichen Kultur machte die Diskussion unseres gemeinsamen Erbes in Christus noch besonders reizvoll. Er sprach ein ausgezeichnetes Englisch; dies und der Charme seiner Gesten machte es zu einem Vergnügen, ihm zuzuhören. Aber es war der Inhalt seiner Ansprachen, der uns gewann. Er verlor nicht viele Worte, sondern führte uns sofort mitten in das Problem, mit dem wir allein nicht fertiggeworden waren. Oder er sprach über Gebote Gottes, die wir aus unserem Bewußtsein verdrängt hatten. Und immer beobachtete er die den chinesischen Denkern eigene Sorgfalt bei der Wahl der Begriffe. So gab er unseren evangelikalen Klischees oft einen neuen Inhalt.

Obwohl er uns durchschaute, blieb er bei uns. Denn es war sein Ziel, Christus, den er liebte, zu verherrlichen. Nachdem er einen Monat unter uns gewesen war, legte er den Finger immer wieder auf unsere gefährlichste Stelle, und das war regelmäßig unser geistlicher Hochmut. Gott habe ihn durch Erfahrung gelehrt, sagte er freundlich, daß das Gebot »Richtet nicht, damit ihr nicht gerichtet werdet« genauso zu seiner Selbstmitteilung gehört wie »Gib, und es wird dir gegeben«.

Wir machten uns damals fleißig Notizen von seinen Ansprachen, und es ist kein Wunder, daß sie uns 30 Jahre später mit neuer und überraschender Bedeutung aus dem abgegriffenen Notizbuch entgegensprangen. Ich war damals ein angehender junger Missionar und wollte gerade nach Asien ausreisen. Mit zwei anderen Freunden genoß ich die langen Unterhaltungen mit ihm, die alles mögliche zum Gegenstand hatten, von der finanziellen Lage des Missionars bis zur Offenbarung des Johannes. Niemals machte er auch nur den Versuch, mein Verhältnis zu den etablierten Missionsgesellschaften zu beeinflussen. Der beste Rat, den er mir als zukünftigem Botschafter des Herrn in einer fremden Kultur gab, war, in den ersten zehn Jahren ein L-Schild zu tragen, das Watchman mit großem Vergnügen auf den Autos von Fahrschülern und Anfängern gesehen hatte. Ich kam mit der Zeit zu dem Eindruck, daß für den Christen diese zehn Jahre viel zu kurz sind, daß sie auf sein ganzes Leben ausgedehnt werden könnten.

Wir erlebten in Europa gerade die Krise von München, und Watchman beobachtete, wie wir ängstlich Luftschutzkeller bauten und Gasmasken verteilten, und dann die große Erleichterung, als Chamberlain den Frieden aus München mitbrachte. Weil ihn all das nicht unmittelbar betraf, erlebte er es in jener Art von Gelassenheit, die der Christ auf einer anderen Ebene als Fremdling und Pilger in der Welt empfindet. Aber er hatte auch persönliche Sorgen. Um diese Zeit erreichte ihn aus Hongkong die Nachricht, daß Charity, die ein Kind erwartete, eine Fehlgeburt gehabt hatte. Sie selbst schrieb tapfer, aber er wußte, wie sehr sie dieser Schlag getroffen haben mußte, besonders da er um die halbe Welt von ihr getrennt war. Sobald Charity wieder reisen konnte, begleitete sie ihre Schwiegermutter, die über Hanoi nach Kunming fuhr, um die evakuierten Gläubigen in der Jünnan-Provinz zu besuchen. Die Nees blieben ohne Kinder.

Im Oktober reiste Watchman auf Einladung von Pastor Fjord Christensen in Kopenhagen nach Dänemark zu Versammlungen in der Internationalen Schule in Helsingör (Hamlets »Elsinore«), wo er zehn Referate über Römer 5-8 zum Thema »Das normale christliche Leben« hielt. Diese Vorträge wurden zusammen mit anderen zum gleichen Thema in Buchform veröffentlicht. Für Watchman war das »sieghafte Leben« das wahre christliche Leben, dies Wort werde aber zu oft von den Nicht-Sieghaften für sich beansprucht. Jene, die überwinden, führte er aus, sind in Gottes Augen normal, die anderen sind dagegen keine normalen Christen.

Watchman hatte höchstens vier Monate im Westen zubringen und im November über die Vereinigten Staaten heimkehren wollen. Doch sein Besuch erschien ihm unvollständig ohne einen ausführlicheren Gedankenaustausch mit seinem neuen Freund und Ratgeber über die Probleme der praktischen Auferbauung des Leibes Christi. Als er über Norwegen, Deutschland und die Schweiz nach Paris kam, erhielt er dort einen Brief seiner Mitarbeiter in Schanghai, die ihn drängten, nicht ohne diese Beratung zurückzukehren. Das bedeutete die Übersetzung von »Rückbesinnung auf die Arbeit« ins Englische. Glücklicherweise war Elisabeth Fischbacher frei. Zwei Monate widmete sie dieser Übersetzung, während Watchman kürzte, änderte und ein neues Vorwort schrieb. Im Januar war das Manuskript fertig, und er kehrte für weitere vier Monate nach London zurück, wo sich die Freundschaft mit Mr. und Mrs. Austin-Sparks weiter vertiefte.

Hier fand Watchman Geschmack am englischen Familienleben. War er früher sehr förmlich und steif gewesen, so entspannte er sich jetzt und spielte mit den Kindern, ging mit zu einem Picknick in die Heide von Surrey und hatte nach den Worten eines der Teilnehmer »an allem seinen Spaß. Er machte überhaupt nicht den Eindruck eines ›geistlichen Bruders‹.« Im Heim der Austin-Sparks war er erstaunt, daß nicht jeder aufstand, wenn die Großmama das Zimmer betrat, und andrerseits ging dort ein Erwachsener so weit, daß er sich bei dem Hund entschuldigte, den er aus Versehen getreten hatte! Mit der Sparsamkeit, die er in den Tagen von Jünnan gelernt hatte, bestand er bei Autofahrten darauf, daß bergab der Motor abgestellt würde, Kinder lud er zu chinesischem Essen ein und genierte sich nicht, die einfachen englischen Gerichte mit Soyasoße zu würzen, von der er ständig einen Vorrat bei sich zu haben schien.

*Watchman Nee 1939.*

In Sheringham in Norfolk besuchte er Margaret Barbers Freund, D. M. Panton, dessen Schriften er schätzte und dem er seine Anerkennung dadurch zeigen wollte, daß er ihm zwei Eier zum Frühstück zubereitete. Und zu seiner Freude führte ein Treffen mit Charles Barlow zu einer herzlichen Versöhnung. Diesmal beschattete ihn niemand.

Im Mai 1939, gerade ehe er England verließ, erschien die englische Übersetzung seines Buches in London unter dem Titel »Concerning Our Missions«, das später mit dem neuen Titel »Das normale Gemeindeleben« erschien. Es wurde von vielen verschlungen. In jenen Jahren genossen die interkonfessionellen Missionen hohes Ansehen; viele dieser ehrwürdigen Institutionen schienen unantastbar. Aber einige Missionare gaben es ehrlich zu, daß in diesem System eine Lücke klaffte, weil man mit den Bekehrten nichts anzufangen wußte. In manchen Kreisen verbreitete sich die Ansicht, daß diese Frucht ihrer Arbeit nur in neuen, lebendigen Kirchen bewahrt bleiben könnte, und für diese Leser wehte Nees Betonung der Ortsgemeinde, die allein Gott verantwortlich ist, als ein frischer Luftzug in das alte System. Überdies schien seine Unterscheidung zwischen »den Gemeinden« und »dem Werk«, die er aus der Schrift abgeleitet hatte, nützlich zu sein. Auch gab es Stellen in dem Buch, die außerordentlich praktisch und hilfreich waren, wie auch sein Kapitel über die Finanzen[1].

Wenn er als Chinese das Übergewicht westlicher Denominationen ablehnte, konnten das gutwillige Leser verstehen. Doch wenn er die Ortsgebundenheit der Kirche betonte: eine Stadt eine Gemeinde! dann hörte bei vielen das Verständnis auf. Nee schien die Gläubigen in den Millionenstädten des Westens aufzufordern, zu neutestamentlicher Bevölkerungsdichte zurückzukehren, um auf diese Weise neutestamentliche Praxis neu zu entdecken[2]. Auch sein Freund Austin-Sparks zog es vor, den mystischen Leib Christi zu betonen und die Freiheit des Heiligen Geistes, ihn heute in vielfacher Weise auf Erden auszudrücken. In sein Exemplar des Nee-Buches schrieb er:

»Gottes Standort ist in Christus, und von hier müssen wir ausgehen. Wer Christus in all seinen Teilen und Wegen kennt, der weiß, was Kirche ist. Alles ist in Christus.«

Über den »neuen Wein« waren sich die beiden Männer einig, doch Watchmans Sorge galt dem Schlauch, der ihn aufnehmen sollte. Er erhielt im Westen leider nicht die praktischen Ratschläge, auf die er gehofft hatte.

Einige Monate nach seiner Rückkehr schrieb Watchman seinem Freund über seine Einsamkeit: »Sie müssen wissen, daß bei den Brüdern hier, weil sie jünger sind als ich, alles gilt, was ich sage, obwohl sie auch selbst den Sinn des Herrn zu erkennen suchen.« Aus der Gemeinschaft, die sich in so kurzer Zeit mit Austin-Sparks entwickelt hatte, »hat der Herr zu mir gesprochen. Als jüngerer Mann, der Sie als seinen älteren Bruder im selben Zeugnis erkennt, denke ich, daß ich diese Gemeinschaft in einer sehr realen Weise brauche.«

Doch sie korrespondierten wenig miteinander, und auch in China begegnete ihm nie ein Mann seines Formats, weder ein Chinese noch ein Europäer, an den er sich in Zeiten der Not hätte wenden können.

# Der Höhepunkt

Wie sechs Jahre zuvor wollte Watchman wieder über die Vereinigten Staaten nach Hause reisen. Als er jedoch auf seiner Botschaft hörte, daß die Japaner in manchen Häfen gewisse Chinesen, die aus dem Westen zurückkehrten, mit Hilfe von Zwangsimpfungen liquidierten, hielt er es für weiser, den Rückweg auf einem britischen Schiff zurückzulegen. Die Reise über Bombay und Colombo ermöglichte ihm einen kurzen Aufenthalt in Indien, doch im Juli war er in Schanghai zurück – zur großen Erleichterung Charitys, die um seine Sicherheit im kriegsbedrohten Westen gebangt hatte.

Er kam in eine Stadt zurück, die nur der Schatten ihres früheren Selbst war. Ihr fröhliches Leben war unter dem Elend der feindlichen Besetzung verstummt, ihr einstmals blühender Handel durch den Krieg zum Erliegen gebracht. Aus den zerstörten Gebieten wurden Seuchen in die Viertel der Ausländer eingeschleppt, die immer noch durch die Anwesenheit englischer, französischer und amerikanischer Kriegsschiffe gehalten wurden. jetzt waren sie überfüllt durch mittellose Flüchtlinge. Als Watchman unauffällig in seinem alten Gewand und dem zerdrückten Filzhut in den Häusern ein- und ausging, begegnete er schamloser Selbstsucht, auch bei Gläubigen. »Viele sind in diesem Existenzkampf hart geworden«, schrieb er an einen Freund, »und manche preisen den Herrn, weil sie nichts von dem Leiden ringsum zu spüren bekommen. Was mich betrifft, so muß ich bekennen, daß ich es in allen Einzelheiten mitleide, nur daß ich mich an den Herrn halte. Selbst wenn man tausend Herzen hätte, so ist das Geschehene genug, um sie alle zu brechen ... Aber Gott ist mein Vater. Ich habe niemals das Wort ›Gott‹ so lieben gelernt wie heute. Gott!«

Unter den Brüdern war durch seine lange Abwesenheit eine Lücke entstanden, in die John Chang und besonders Dr. Yu, der Augenspezialist, eingesprungen waren. Als Redner zeigte Dr. Yu vielversprechende Gaben.

Am ersten Sonntag morgen im September 1939 rief Watchman die Kirche zur Fürbitte für Europa auf. Er bat einige Brüder, sich ihm im Gebet anzuschließen, und dann »ging er in die Gegenwart Gottes und nahm die Kirche mit hinein«; er erbat nichts anderes, als daß Gottes Wille in dieser Krise geschehe. Er beendete diese Stunde mit den Worten: »Herr, nun kannst du niemals sagen, deine Kirche habe nicht gebetet!«

Die Gebetsstunde am Montag und die Mahlfeier am Sonntag abend wurden jetzt in verschiedenen Häusern gehalten, und hier begannen die Gläubigen stürmisch darum zu beten, daß dem japanischen Vormarsch ein Ende gesetzt würde. Daraufhin hielt Watchman zu Beginn des Jahres 1940 eine Ansprache – »nicht an Chinesen (oder Briten oder Amerikaner), sondern an Männer und Frauen in Christus« – darüber, wie Gott die weltlichen Regierungen für seine Zwecke benutzt. »Wir müssen deshalb wissen, wie wir beten sollen. Es muß möglich sein, daß deutsche und englische, chinesische und japanische Christen zusammen knien und beten. Im letzten Weltkrieg gab es viel unwürdiges Gebet; laßt uns nicht in denselben Fehler verfallen! Die Kirche muß über den nationalen Belangen stehen und sagen können: ›Wir bitten weder um einen chinesischen noch einen japanischen Sieg, sondern um das, was von Vorteil für das Zeugnis deines Sohnes ist.‹ Das sind keine leeren Worte. Wenn die ganze Kirche auf diese Weise betete, könnte der Krieg bald auf Gottes Weise beigelegt werden.«

In Wen Teh Li litt die Arbeit unter den engen Verhältnissen. Eine ältere Schwester hatte ein großes Haus mit Land für 40% seines Wertes angeboten. Aber als sie dann über seine Verwendung bestimmen wollte und die Brüder nicht darauf eingingen, zog sie ihr Angebot zurück.

Lena Clark, die sieben Jahre in Schanghai zubrachte, beschreibt, wie es 1940 in Wen Teh Li aussah: »Am Sonntag morgen versammeln sich die Leute, um die Predigt zu hören. Die Frauen sitzen auf der einen, die Männer auf der anderen Seite. Der Saal ist breiter als lang. Auf den lehnenlosen Bänken müssen alle so eng wie möglich zusammenrücken, um den Raum auszunützen, und außen ums Haus stehen weitere Menschen, um durch die Fenster oder die große Tür oder mit Hilfe von Lautsprechern zuzuhören, und selbst im oberen Stock ist alles gedrängt voll.

Arme sitzen neben Reichen und Gebildeten, Ärzte neben Arbeitern, Juristen und Lehrer neben Rikschafahrern und Köchen. Unter den bescheiden gekleideten Schwestern sitzen auch moderne Frauen und Mädchen mit modischer Haartracht, Make-up, kurzen Ärmeln und gewagt geschlitzten Cheongsams aus herrlicher Seide. Kinder laufen umher, Hunde strolchen herum, Autos hupen und Straßenhändler rufen ihre Waren aus. Doch jeden Sonntag wird das Wort vom Kreuz im Glauben gepredigt. Sünde und Heil, das neue Leben in Christus und die ewigen Absichten Gottes, Dienst und geistlicher Kampf – über alles wurde gesprochen und nichts zurückgehalten. Sie waren im Blick auf feste Nahrung und direkte Aufforderung kaum zu überbieten. «

Wenn Watchman sprach, hing eine begierig lauschende Menge an seinen Lippen. Er stand in seinem dunkelblauen Baumwollgewand da und fesselte ihre Aufmerksamkeit durch seine liebenswürdige Art, seine einfachen, aber durchdachten Begründungen und gut gewählten Vergleiche. Um etwas zu illustrieren, zeichnete er schnell eine Skizze in die Luft (die ein jüngerer Mitarbeiter manchmal auf ein Plakat übertrug), oder er erzählte eine Anekdote, die sich fast immer gegen ihn selbst richtete. Sein Sinn für Humor rief häufig Gelächter im Saal hervor, so wurde man in seinen Versammlungen nie schläfrig. Er blieb beim Thema, und am Schluß ließ er einen klaren und tiefen Eindruck in den Herzen seiner Zuhörer zurück.

Immer war Charity anwesend, still und zurückhaltend und ein wenig abseits vom Gedränge. Sie war nicht so tätig wie ihre Schwester Faith (Frau Bao) und die anderen Mitarbeiterinnen, zu denen auch Watchmans zweite Schwester Kuei-cheng (Frau Lin) gehörte, die, wenn sie konnte, sich von ihren Pflichten wegstahl, um den Schwestern zu helfen. Und im Hintergrund war da immer noch Ruth Wang, stattlich, heiter, Ruhe ausstrahlend, und die kluge und unendlich gütige Ruth Lee.

Im Frühjahr 1940 sprach Watchman fortlaufend über die Erzväter. Er nannte die Reihe »Gottes Handeln mit seinem Volk[1]«. Seit seinem Aufenthalt in Europa trugen seine Vorträge einen mystischen Zug, der, obwohl er gar nicht so ganz in Watchmans

Charakter paßte, dem Geschmack einiger Missionarinnen entgegenkam und sie veranlaßte, sich seiner Arbeit zur Verfügung zu stellen. Zusammen mit anderen Angehörigen der verschiedensten Gruppierungen in Schanghai bildeten sie einen wachsenden Kreis ausländischer Sympathisanten. Doch obwohl manche von ihnen die Hoffnung hatten, daß es zu einer engeren Zusammenarbeit zwischen Nee und den Missionen und besonders der China-Inland-Mission komme, verhielten sich ihre Feldleiter und Direktoren Nee gegenüber weiterhin reserviert; vielleicht war es noch immer der heimliche Vorwurf des Schafestehlens[2].

Leider war Dr. Thornton Stearns der einzige Ausländer unter den Ältesten der Gemeinde in Wen Teh Li. Das war sehr schade, denn für einige der Missionarinnen war die Gemeinde in Wen Teh Li nicht nur der höchste Ausdruck des Leibes Christi in Schanghai, »unser Bruder« Watchman, dieser außergewöhnliche Mann Gottes, war auch der einzige Mensch in China, durch den sie Gottes Willen erfahren konnten. Die »neue Lehre« von Gottes ewigem Plan im Blick auf die Herrschaft seiner Kinder hatte sie so mit Beschlag belegt, daß sie die Rettung der Ungläubigen kaum noch interessierte. Dienst und Zeugnis, Gebet und stille Zeit waren in ihren Augen nun »Übungen des natürlichen Menschen«. Und nur der Zerbruch dieses natürlichen Menschen durch eine lange Prüfung konnte die große Offenbarung des Leibes Christi herausrufen. Deshalb »sitze und laß Gott alles tun«.

Solche Extravaganzen führten dazu, daß manche Leute ihre Missionen verließen und dafür in Wen Teh Li saßen und nichts taten. Sie schienen von einer lähmenden Trägheit ergriffen zu sein, einer Furcht, sich zu bewegen oder etwas zu unternehmen, damit sie ja nicht »ohne den Antrieb des Geistes« handelten. Die sichtbare Tätigkeit für Christus wurde gering geachtet zu Gunsten von etwas »Höherem«.

Als Watchman sich diesem Zustrom von Europäern gegenübersah, bekam er es mit der Angst zu tun; er vertraute den Stearns an, daß er einige dieser Damen fürchtete, und diskutierte mit Thornton die Möglichkeit einer eigenen Gemeinde für sie. Als sich 1941 zwei idealgesinnte, aber schlecht informierte junge Missionarinnen in seinem Werk betätigen wollten, gab er ihnen den gesunden Rat: »Sie haben eine ziemlich anstrengende Zeit hinter sich und einen Urlaub nötig. Gehen Sie an die See und suchen sich ein paar Kinder, mit denen sie toben können.« Diese Verordnung erwies sich als sehr heilsam. Es stimmt sicher, daß Wen Teh Li für China ein Christentum ohne ausländische Fesseln bedeutete und deshalb Ausländer, mit einigen bemerkenswerten Ausnahmen, nicht in dieses Werk paßten.

Geistliche Trägheit war niemals ein Merkmal der »Kleinen Herde« gewesen. Die meisten waren sehr kraftvoll in ihrem evangelistischen Zeugnis. Selbst die »Evangeliumshemden«, die die Schüler einst in Futschou getragen hatten, wurden noch auf den Straßen der Stadt und in den Dörfern verwendet. Auch eine ausgedehnte Sonntagsschularbeit gab es in Wen Teh Li, für die der Predigtsaal zu klein war und die deshalb in verschiedenen Privathäusern getan wurde.

Watchmans Traktate wurden verteilt und auf den Straßen durchdiskutiert; christliche Geschäftsleute verteilten sie über der Theke. Er verpflichtete alle Gläubigen zu evangelistischer Arbeit und stellte die Regel auf »Am Tag wenigstens einem Menschen gegenüber Zeugnis ablegen!« an die er sich selbst als erster hielt.

Er war deshalb begeistert, als er entdeckte, daß eine gläubig gewordene Haushaltshilfe in einer Straße mit zwölf Häusern beschloß, die Haushaltshilfe in dem Haus nebenan für den Herrn zu gewinnen, und die dann die Straße hinunter so weiter machte, bis schließlich sechs Dienstmädchen den Erlöser gefunden hatten. »Gewinne wenigstens einen Menschen am Tag für den Herrn«, war seine eigene Regel.

Obwohl diese Jahre den Höhepunkt seiner Arbeit in Schanghai bildeten, wurde er doch auch erstaunlich viel kritisiert. Man warf ihm Wankelmut vor und zu große Anpassungsfähigkeit. Andrerseits richteten sich manche Angriffe gegen seine Lehre. Ein angesehener Missionar, der zugab, daß Nee »so viele in China zu den Wahrheiten des Neuen Testaments zurückbringt«, griff ihn öffentlich wegen des »schweren Irrtums« an, Evangelisten »Apostel« zu nennen und weil er »Scharen von Jüngern in seine Gefolgschaft zog«. Ein sich auf »inneres Wissen« berufender Chinese schrieb ein Pamphlet, in dem er behauptete, Watchman flössen ständig ausländische Gelder zu, und stellte Fragen an Nees Redlichkeit in der Verwendung dieser Gelder[3]. Als dann ein befreundeter Missionar der »Christian and Missionary Alliance«, die in Watchmans Wertschätzung der Missionen an erster Stelle stand, einen Artikel schrieb, der Nee und seine Arbeit ungerecht kritisierte, zeigte Watchman, was er von Selbstrechtfertigung hielt:

»Wenn ich bewiese, daß ich recht habe«, sagte er, »würde ich damit beweisen, daß mein Bruder im Unrecht ist. Aber was für einen Vorteil hätte ich davon, wenn mein Bruder ins Unrecht gesetzt würde?«

Er hatte erkannt, daß unser Verhalten unseren Brüdern gegenüber nicht ohne Folgen ist: »Wenn wir barmherzig sind, ist Er barmherzig.«

Auf ihn selbst jedoch waren diese kritischen Stimmen nicht ohne Wirkung. Er zog sich für einige Wochen nach Chefoo zurück. Dort fand ihn ein Freund in tiefer Depression, und da er spürte, daß Nee sich gefühlsmäßig abreagieren mußte, forderte er ihn heraus:

»Hast du schon versucht, den Herrn zu preisen?«

Watchman wollte es versuchen. Er ging hinaus auf den Tennisplatz und brüllte mit der ganzen Kraft seiner ausgeheilten Lunge: »Halleluja!« Dies half, und bald stand er wieder am Rednerpult.

Jemand hatte ihm einen kleinen Fiat geschenkt. Der stand die meiste Zeit in der Garage, doch gelegentlich zwängte Watchman seine langen Glieder hinein und fuhr mit irgendeinem Mitarbeiter zu einem Dienst. Die Nees erhielten auch andere Beweise von Gottes Fürsorge. Eine Dame, die sie zum Tee eingeladen hatte, überraschte Charity mit einem Päckchen. Wer beschreibt ihre Überraschung, als sie Watchmans Hochzeitsgeschenk darin fand, die Bibel, die nach der Landung der Japaner aus ihrem Haus verschwunden war!

Die Geschichte war kurz:

Bei einer Versammlung in Irland hatte ein Chinamissionar seine Ansprache mit der Bemerkung unterbrochen, daß er mit Hilfe einer chinesischen Bibel eine bestimmte Stelle viel klarer auslegen könnte. Zu seiner Überraschung wurde ihm eine überreicht.

Der Sohn eines Freundes des jetzigen Besitzers war bei den englischen Streitkräften in Schanghai gewesen. In der Absicht zu plündern, hatte er ein leeres Haus betreten und ein Buch in die Hand genommen, auf dessen Vorsatzblatt in Englisch stand: »Das Lesen dieses Buches wird dich veranlassen, die Sünde zu meiden. Sünde wird dich veranlassen, das Lesen dieses Buches zu meiden.« Der Soldat hatte die Bibel dann als Andenken mitgenommen.

Mutter Nee hatte ihren Mann mit der ältesten Tochter in Hongkong zurückgelassen, um Watchman und Charity in Schanghai zu besuchen. In der Kirche war sie eine der »Schwestern«, doch im Haus war sie immer noch die alles beherrschende Mutter. Sie war ständig unterwegs, predigte, betete für die Kranken und legte vor allen Menschen Zeugnis ab. Sie machte aber auch viel Aufhebens um ihren Sohn, was Watchman früher verdrossen hätte; doch inzwischen hatte er sich mit seinen Eltern abgefunden.

»Manchmal haben wir das Gefühl, daß wir in die falsche Familie hineingeboren wurden«, hatte er im Juni 1940 zu seinen Mitarbeitern gesagt, »aber Gott bestimmte, wessen Kinder wir werden sollten. Joseph hätte sich gewiß auch andere Brüder gewünscht, doch er konnte sagen: ›Gott sandte mich vor euch hierher, um euch am Leben zu erhalten.‹ Unser ganzes Leben, nicht erst seit unserer Bekehrung, wurde von Gott vorgeplant, um uns für seine Zwecke zuzubereiten.«

Am 7. Dezember 1941, einem Sonntag, überfielen die Japaner Pearl Harbour. Am nächsten Morgen um acht Uhr, während ein leichter Regen niederging, »Tränen des Himmels über Schanghai«, versenkten sie die amerikanischen und britischen Kriegsschiffe im Whangpoo und besetzten die internationale und die französische Niederlassung. Sie handelten schnell und leisteten ganze Arbeit. Überall wurden Straßenbarrikaden errichtet, Autos beschlagnahmt; die Busse verschwanden, und Fahrräder wurden sehr begehrt. Die Lebensmittelpreise schnellten in die Höhe. Daß die Verbrechen zunahmen, kümmerte die Japaner wenig, die Furcht vor ihrer schrecklichen Vergeltung beschützte sie.

Am 18. Dezember 1941 starb Watchmans Vater in Hongkong plötzlich an einem Herzanfall, gerade eine Woche, bevor die Japaner auch diese Stadt besetzten. Watchman konnte noch hinreisen und für die Beerdigung sorgen. Nga Ung-sin war vierundsechzig Jahre alt geworden und starb als Kind Gottes.

# Rückzug

Wenn der Erweckungsprediger sein Werk getan hat, überläßt er die Früchte seiner Arbeit den anderen – und Gott; er selbst freut sich seiner Freiheit und zieht weiter. Watchmans Arbeit war es jedoch, neue Gemeinden zu gründen und für ihren Aufbau zu sorgen. Das lag in diesen Jahren der politischen Krise und des Zusammenbruchs des gesamten Verkehrs als eine schwere geistliche Bürde auf ihm. Besonders ernst war ihm die Verantwortung für die jungen vollzeitlichen Mitarbeiter, die ohne ein festes Gehalt im Land verstreut treu ihren Dienst taten. Seine eigenen Erfahrungen in der Jugend gaben ihm eine Vorstellung davon, welchen Prüfungen sie unterworfen waren. Nachdem er erlebt hatte, wie einer von ihnen eine schwere Glaubensprobe bestand, sagte er: »Wir müssen unsere Hand am Pflug lassen, während wir unsere Tränen abwischen – das ist Christentum.« Einem Kollegen schrieb er: »Die Anliegen der Gemeinden liegen schwer auf mir. Ich bin nicht gerade fröhlich, mache aber im Vertrauen auf den Herrn weiter.«

Wie wurde nun dieses sich schnell ausbreitende Werk finanziell unterhalten? Die Haupteinnahmequelle bestand darin, daß die Gläubigen den »Zehnten« von ihrem Einkommen gaben. Niemand wurde dazu gezwungen, doch wurde das Geben des Zehnten als Zeichen der Ganzhingabe an Gott angesehen. Auf diese Weise konnten sich alle Ortsgemeinden selbst erhalten. Nun gab es neben den örtlichen Gemeinden mit ihren Ältesten noch die etwa 200 hauptberuflichen Evangelisten, die nicht notwendig einer Gemeinde verantwortlich waren. Sie gewannen neue Gebiete für das Evangelium und hatten oft Auslagen, die über den Unterhalt ihrer Familien weit hinausgingen, etwa für Reisekosten, das Mieten von Sälen und den Druck von Bibelteilen und Traktaten. Sie erhielten Spenden von Gemeinden und einzelnen Christen und wurden gelehrt, aus dem Glauben zu leben. Ihre geistliche Betreuung und ihre materielle Unterstützung lag bis zu einem gewissen Grade in Watchmans Händen. Für etwa vierzig von ihnen war er unmittelbar verantwortlich.

Die Gelder für die Ausbreitung des Werkes wurden darum in einem Fonds gesammelt, der von den Gaben für die Gemeinde getrennt war und von Watchman und zwei oder drei älteren Mitarbeitern verwaltet wurde.

Die Chinesen haben eine besondere Begabung für den Handel, und durch die Ausbreitung des Wortes kamen manche erfolgreiche Geschäftsleute zur Gemeinde, von denen einige die Ausbreitung des Werkes großzügig finanzierten. Doch wurde wie alles andere auch der Handel durch die japanische Besetzung stark beschnitten, im Verlauf der Monate und Jahre kam er fast völlig zum Erliegen, was die Gemeinden hart zu spüren bekamen. Viele der jungen »Apostel« hungerten mit ihren Familien, waren krank und mittellos. Die Gemeindeglieder waren nicht viel besser daran, und weder sie noch Watchman hatten Geld zurückgelegt, um zu helfen.

So nimmt Watchman Nees Geschichte jetzt eine unerwartete Wendung.

Das Problem bestürzte ihn. Einige Monate lang legte er es Gott vor und bat um eine Lösung. Zu Beginn des Jahres 1942 tat er dann einen Schritt, zu dem er sich von Gott gerufen fühlte, der aber vielen seiner Freunde fragwürdig erschien.

Sein Bruder Georg, der an der St. Johns Universität einen Grad in Chemie erworben hatte, besaß ein eigenes Laboratorium, dazu in Schanghai eine pharmazeutische Fabrik und eine Arzneimittelgroßhandlung, die »Gebrüder Nee«, an der einige Familienglieder mit Aktien beteiligt waren. Doch da Georg mehr Lehrer und Wissenschaftler als Geschäftsmann war, arbeitete das Unternehmen nicht sehr erfolgreich. Watchman sah jedoch, daß hier etwas zu machen war. Schon 1939 hatte er in London Rat für seinen Bruder eingeholt, der sich um eine Lizenz für die Herstellung von Sulfonamiden bemühte. Nun hatte Watchman den Gedanken, eine Gesellschaft für die Produktion von hochwertigen synthetischen Medikamenten zu gründen. Auf diese Weise konnte er die chemischen Kenntnisse seines Bruders nutzen und den Gewinn dem Werk des Herrn zuführen. So entstanden die »Chinesischen Biologischen und Chemischen Laboratorien« (CBC) in der Kiaotchou-Straße in Schanghai. Als Aufsichtsratsvorsitzender schlüpfte Watchman nun, wenn er zu geschäftlichen Sitzungen ging, in einen modernen Anzug, nachher zog er wieder sein altes Gewand an, um die Heiligen zu besuchen.

Faithful Luke beschreibt, wie er mit David Tan und Philip Luan das einfache Haus besuchte, in dem Watchman und Charity lebten. In dem fast ungeheizten Zimmer mit den Verdunkelungsvorhängen und den mit Streifen beklebten Fensterscheiben stellte Luke die Frage, die viele damals bewegte:

»Warum hast du die Reichsgottesarbeit verlassen und dich dem Geschäftsleben zugewandt?«

»Ich tue nur, was Paulus in Korinth und Ephesus tat«, erwiderte Watchman. »Es handelt sich um eine Ausnahme, und ich verwende nur einen Teil meiner Zeit dafür. Eine Stunde am Tag schule ich die Vertreter der Firma, danach arbeite ich für den Herrn.«

Diese Vertreter waren die hart bedrängten »Apostel«, die nun aufgefordert wurden, ihr Evangeliumszeugnis mit einer bezahlten Tätigkeit zu verbinden. Als die Besucher ihm zusetzten, antwortete er reuig:

»Ich bin wie eine Frau, die ihren Mann verloren hat und gezwungen ist, für ihren Lebensunterhalt selbst zu sorgen.«

Bezeichnenderweise gab er später aber noch einen anderen Grund an: seine wachsende Langeweile. Als ein glänzender Geist mag er sich durch die Mittelmäßigkeit vieler Gemeindeglieder bedrängt gefühlt haben. Ihm fehlte der Austausch mit Ebenbürtigen. Seine Schwierigkeit mag dann die mittelalterliche Sünde der Acedia gewesen sein, »eine Verachtung des heiligen Dienstes, ein Haß gegen den eigenen Beruf, der so ausgesprochen ist, daß das Opfer beim Gesang der Psalmen den Vers durch ein unziemliches Gähnen unterbricht«[1].

Doch seine neue Lebensweise beunruhigte die vier Ältesten der Gemeinde in Schanghai. Das Bild, das sie sich von ihm gemacht hatten, war getrübt worden, und in ihren Augen war er jetzt ein Abtrünniger oder einer, der die Hand an den Pflug gelegt hat und zurückblickt. Wie geeignet ist ein solcher Mann zum Dienst am Wort? fragten sie sich. Schon Ende 1942 baten sie ihn deshalb, seinen Predigtdienst in Wen Teh Li aufzugeben, obwohl Dr. Yu, einer der vier Ältesten und ein vernünftiger Mann, möglicherweise dagegen Einspruch erhob, denn auch er hörte von da an mit Predigen auf.

Watchman war entmutigt und wußte nicht, was er tun sollte. »Ich beneide Sie«, meinte er zu C. L. Yin, dem Manager seiner Firma, als sie zusammen einen Beutel seiner geliebten Fukien-Orangen verspeisten. »Sie haben Freiheit, in der Fabrik zu tun, was Sie wollen. Und wenn Sie dann einige Worte in der Versammlung sagen, wird man Sie als einen sehr eifrigen Bruder ansehen. Niemand wird das in Frage stellen. Aber ich? Sie wollen genau wissen, was ich während der vierundzwanzig Stunden eines Tages getan habe. Ich bin ein gezeichneter Mann.«

Watchman machte keinen Versuch, sich selbst zu rechtfertigen. Vielmehr nahm er ihre Feindseligkeit als Züchtigung Gottes an, der ihn auf seine Art eines Tages rechtfertigen würde. Wegen der vielen abhängigen Arbeiter hielt er nach wie vor den eingeschlagenen Kurs für richtig. Aber Charity, die ihm bei seinen Geschäften tatkräftig zur Seite stand, konnte seine, Haltung den Kritikern gegenüber nicht verstehen. Eines Tages hörte sie, wie ihr Mann einen Anruf beantwortete. Die Stimme am anderen Ende der Leitung sprach mit großer Lautstärke und konnte kein Ende finden. Watchman hörte einfach zu und warf nur hin und wieder ein »Ja« oder »danke« ein.

»Wer war das?« fragte sie, als er aufgehängt hatte.

»Es war ein Bruder, der mir sagte, was ich alles falsch gemacht habe.«

»Und war es wirklich deine Schuld?« »Nein.«

»Warum hast du es ihm dann nicht erklärt, anstatt ›danke‹ zu sagen?« fragte sie ungeduldig.

»Wenn jemand Watchman bis in den Himmel erhebt, ist er immer noch Watchman. Und wenn jemand ihn in die Hölle verdammt, bleibt er immer noch Watchman. «

Gott war gerecht, und das genügte ihm. Bezeichnenderweise hat er manchen Brüdern, die ihn anfeindeten, im Geheimen finanzielle Hilfe zukommen lassen.

Im Frühling 1943 hatten die Japaner ihre Internierungslager für die Ausländer fertiggestellt. Watchman tat für seine Freunde alles, was in seinen Kräften stand, und brachte ihnen Dinge, die in den vor ihnen liegenden Tagen von Wert sein konnten. Besonders war er um Dr. Stearns besorgt, der im Krankenhaus lag und zu krank war, um mit seiner Familie ins Lager zu gehen. Elisabeth Fischbacher kam in ein südlich der Stadt gelegenes Lager.

In seiner Fabrik, die jetzt »Scheng Hua Arzneimittel-Fabrik« hieß, stellte Watchman nun außer alten eingeführten Mitteln Sulfonamide, Vitamin B-Konzentrate und Yatren her. Natürlich gab es Probleme, die er nicht vorausgesehen hatte, und diese beanspruchten seine Zeit. Er war nicht mehr sein eigener Herr. Es gab Konkurrenz mit den anderen großen Firmen, von denen jede danach strebte, ein neues Medikament zuerst auf den Markt zu bringen. Von Aktionären kamen Klagen, und Unfälle in bezug auf die Verträglichkeit der Vitamin B-Injektionen wurden gemeldet. Daß es ein Familienbetrieb war, bereitete auch nicht nur Freude, und Watchman mußte seine organisatorischen und diplomatischen Fähigkeiten voll einsetzen, um mit einer Situation fertigzuwerden, die zu jeder Zeit delikat gewesen wäre, nun aber durch den Krieg noch erschwert wurde. Watchman war deshalb häufig von Schanghai abwesend.

Nachdem er mit seinem Bruder Georg verabredet hatte, daß die Geldüberweisungen an die Reichsgottesarbeiter weitergingen, plante er eine längere Reise. Obwohl die japanischen Armeen gegen Tschiang-Kai-scheks Stellungen weiter nach Westen vorrückten, war es möglich, die Front zu überqueren. Watchman machte sich auf den Weg nach Tschungking. In Schanghai waren Berichte von einer geistlichen Erweckung in den noch unbesetzten Provinzen eingelaufen. Universitäten, Banken, Geschäftshäuser hatten sich in die westlichen Provinzen abgesetzt und diese abgelegenen Gebiete plötzlich ins zwanzigste Jahrhundert geholt. Und da es nicht in Watchmans Plan lag, seine Medikamente der japanischen Armee zu verkaufen, begann er diese Gebiete zu besuchen, wo die Nachfrage am größten war. Darin war er äußerst erfolgreich. Er verbrachte zweieinhalb Jahre mit häufigen Reisen zwischen Schanghai und Tschungking, wo er eine kleine Wohnung mietete, in der Charity zu ihm stieß, auch ihr jüngerer Bruder Stephen, der gleichfalls geschäftliche Interessen in Szet-

*Mr. und Mrs. Stephen Kaung in Indien 1941.*

schuan hatte. Die Gemeinde hier hatte sich durch den Zustrom verfolgter Christen vergrößert und blühte unter dem Dienst eines Mannes namens Stephen Kaung auf, der mit seiner Frau Mary über Indien der japanischen Eroberung von Singapur entkommen war. Watchman half einigen dieser Vertriebenen, indem er sie in seiner Firma beschäftigte. Von Zeit zu Zeit predigte er das Wort mit gewohnter Klarheit und Kraft, so 1945 über die sieben Sendschreiben[2].

Diese Doppelrolle hatte Watchman intellektuell angespannt wie nie etwas zuvor, und er war glücklich darüber; doch sein Körper, der immer zart gewesen war, begann unter der Anspannung zu leiden. Eine Zeitlang waren die geschäftlichen Anforderungen so groß, daß ihm wenig oder gar keine Kraft für das Werk des Herrn blieb. Weltliche Sorgen beschäftigten ihn so stark, daß er seine frühere Seelenruhe fast verlor. Augenscheinlich war es Zeit für einen Wandel.

In der Zwischenzeit waren die Versammlungen in Wen Teh Li noch eine Weile mit geringeren Besucherzahlen weitergegangen und hatten sich dann wohl auch, um den Anschluß an die von der Besatzungsmacht propagierte »Religiöse Union« zu vermeiden, in Hausversammlungen aufgelöst. Dies geschah in weiser Voraussicht. Die Japaner hatten in jedem Häuserblock der Stadt

Straßenbarrikaden aufgebaut, die auf ein Signal hin plötzlich für Stunden oder selbst für Tage geschlossen wurden. In Fällen schwerer Repressalien konnten sie sogar wochenlang geschlossen bleiben und riefen dadurch große Not hervor, denn niemand durfte sich aus dem Abschnitt fortbewegen, in dem er gefangen war. Wie andere christliche Gruppen in Schanghai überlebte die Gemeinde in Wen Teh Li nur in Privathäusern.

Aber der achtjährige Krieg näherte sich seinem Ende. Ein letzter japanischer Vorstoß schnitt China in zwei Teile und zwang die chinesische Regierung in Tschungking fast in die Knie. Dann kapitulierte Japan am 15. August 1945, und der Waffenstillstand mit China wurde am 8. September unterzeichnet.

Im Winter kam Watchman für kurze Zeit nach Schanghai zurück, doch nicht, um in Wen Teh Li zu predigen. Gerüchte liefen unter den Gläubigen über ihn um, daß er Kirchengelder veruntreut, ja sogar mit den Japanern zusammengearbeitet habe. Selbst ihm nahestehende Freunde nahmen Anstoß an seiner weltlichen Tätigkeit. So konnte er natürlich nicht mitarbeiten. »Ich habe es in Gottes Hand gelegt«, sagte er zu einem Freund.

In den folgenden Monaten löste Watchman sich allmählich von seiner chemischen Fabrik. Nachdem er die Aktionäre befriedigt hatte, legte er große Summen beiseite für die Ausbreitung des Werks und die zukünftige Versorgung der Mitarbeiter. Dann reiste er nach Futschou, wo das Haus seiner Familie nun leer stand. Es hatte einen großen Garten und Nebengebäude und würde ein ideales Schulungszentrum für Mitarbeiter abgeben. Er war inzwischen Familienoberhaupt geworden, so nahm er sein Elternhaus in Besitz und wandelte es mit Charitys Hilfe für seinen künftigen Zweck um.

Hier an der Stätte seiner Kindheit suchte er sein Denken mit Fasten, Beten und Schriftlesung in Ordnung zu bringen. Während der schwierigen Jahre hatte er nicht aufgehört, die Bibel zu studieren und Pläne für die Ausbreitung des Evangeliums zu entwerfen. Die Frage war nur, wo er beginnen sollte. Die Verwirrung in Schanghai zwang ihn, zunächst abzuwarten, wie Gott ihn führen würde. Dr. Yu war dorthin zurückgekehrt und brachte die Gläubigen langsam wieder zusammen. Und doch schien mehr nötig zu sein.

Watchman schrieb deshalb an Witness Lee in Schantung, stellte ihm die Not in Schanghai vor und bat ihn, den Gläubigen dort zu Hilfe zu kommen. Lee zog mit seiner Familie nach Nanking und machte sich von dort aus an die Aufbauarbeit in Nanking und Schanghai. War Watchman ein gründlicher Bibelausleger gewesen, der die Fundamente legte, so brachte Lee mit seinem beweglichen Temperament etwas von dem Feuer mit, das in Schantung gebrannt hatte. In wenigen Monaten war das Vertrauen wiederhergestellt und die Leute begannen erneut zu den Versammlungen zu strömen. Lee war energisch und autoritativ und hatte auch organisatorische Gaben, die er nun in der verfahrenen Lage in Schanghai einsetzte. In den nächsten zwölf Monaten arbeitete die Gemeinde unter seiner Leitung nach folgendem Plan: zweimal in der Woche trafen sie sich in Weng Teh Li als der »einen Kirche in Schanghai«: Sonntagmorgens um 10.00 Uhr zum »Dienst des Wortes«; am ersten Sonntag jeden Monats hieß das Evangelisation, an den anderen Sonntagen Bibelstunde. Der Samstagabend galt der Pflege der Gemeinschaft.

Dreimal wöchentlich kamen sie als Tschias = Familien[3] in fünfzehn Hauskreisen zusammen: Am Sonntagabend zum Abendmahl, am Dienstag zum Gebet und am Freitagabend zur Unterweisung der Neubekehrten.

Am Mittwochabend arbeiteten vier Hauskreise evangelistisch.

Die Ältesten standen der ganzen Gemeinde vor, aber jede Tschia hatte einen leitenden Bruder und eine leitende Schwester als »Trainingsdiakone«.

Bald machte sich eine Neigung der Leute bemerkbar, von einem Stadtteil zum andern zu wandern, und so wurden sie im Juni 1948 auf ihre Distrikte mit der Anweisung verpflichtet »Gehorcht denen, die Gewalt über euch haben«, und ab sofort mußten sie um Erlaubnis bitten, wenn sie wechseln wollten.

Nun wurde auch das Problem der Seelsorge akut. Deshalb wurden die »Familien« (Tschias), zu denen vierzig bis zweihundert Gläubige gehörten, in Gruppen oder Pais[4] von höchstens fünfzehn Personen unterteilt, die oft zu einer einzigen Straße

*Witness Lee, Taiwan 1956.*

gehörten. Auch hier trugen zwei Personen die Verantwortung für jede Gruppe. Sie sollten sich um die geistliche Verfassung der Gläubigen kümmern und darauf achten, daß sie die Gemeindeveranstaltungen besuchten. In dieses System waren einige Erfahrungen eingeflossen, die die Kirche während der japanischen Besetzung gemacht hatte: In solchen kleinen Versammlungen konnte man offener miteinander sprechen, die Beteiligung am Gebet und an der Diskussion war größer, und es entwickelten sich geistliche Gaben in denen, die Führungsaufgaben übernehmen sollten.

Hier ist festzustellen, daß es keine Männerversammlungen oder Frauenversammlungen gab, keine besonderen Versammlungen für Studenten oder andere Bevölkerungskreise. Diese Gemeinde war tatsächlich ohne Klassen. Nur die Existenz begabter Predigerinnen wuchs zu einem Problem heran. Für sie wurden nun gelegentlich Frauenversammlungen eingerichtet. Eines Tages sah ein junger Christ, wie Männer ein großes weißes Tuch quer durch den Versammlungsraum in Kanton spannten. Auf seine Frage, was das zu bedeuten hätte, hörte er, daß Ruth Lee und Peace Wang erwartet wurden. Damit sie nun nicht zu Männern sprechen mußten, setzten sich die Brüder hinter den Vorhang und lauschten dort ihrer Botschaft!

Evangelisation war nicht allein Sache des Predigers. Sie war Aufgabe der ganzen Gemeinde. Deshalb wurden alle Gläubigen als Seelsorgeberater geschult. Am Ende einer evangelistischen Predigt wandte sich jeder an den Menschen, der neben ihm saß. Er notierte sich Namen und Anschrift, stellte Fragen, hörte zu, suchte zu beraten und ihn wenn möglich dazu zu bringen, den Namen des Herrn anzurufen, denn manchmal wurden Menschen dadurch gerettet. Auf Missionare, die diese Versammlungen besuchten, machte das verständlicherweise einen großen Eindruck.

1948 baten die fahrenden Gemeindemitglieder Watchman, die zweiundfünfzig Lektionen, die er freitagsabend den Neubekehrten gegeben hatte, auszuarbeiten und den Mitarbeitern als Hilfe für deren Unterweisung in den Gruppen zu geben. Es war eine systematische Einführung in die christlichen Grundwahrheiten, beginnend bei der Rechtfertigung aus Glauben bis zu den praktischen Grundbegriffen des kirchlichen Lebens. Diese Lektionen wurden bald in den meisten Kirchen fleißig benutzt[5].

Die Folgen einer so straffen Organisation blieben nicht aus. Pünktlichkeit in den Gottesdiensten, eine volle Erfassung der Gemeindeglieder nach Adresse, Beruf, Familienstand usw., Zulassungspflicht zum Abendmahl mit einem sorgfältig ausgeklügelten Prüfungssystem – wie weit hatte sich das alles von dem Rat entfernt, den Watchman 1940 einem Bruder gab: »Erwarte nicht, daß der Heilige Geist in Tsingtau dasselbe tut wie in Schanghai. Gib ihm Freiheit!« Diese Freiheit wurde nun ersetzt durch ein strenges Reglement, das Witness Lee nicht mit dem Makel der »Organisation« befleckt sehen wollte, sondern als Gefäß für den Austausch geistlicher Dinge bezeichnete. »Tue nichts, ohne vorher zu fragen«, pflegte er zu sagen. »Seit dem Sündenfall tut der Mensch, was er will. Bei uns ist Ordnung. Bei uns ist Autorität. Die Kirche ist ein Raum strenger Disziplin[6].«

# Rückkehr

Während der letzten Kriegsjahre hatte die chinesische kommunistische Partei von ihrem Hauptquartier in den Höhlen von Jenan aus den Kampf gegen die Besatzungsmacht geführt. Durch den »Langen Marsch« 1935 im Guerillakrieg geübt, hatte sie erreicht, daß sich die Japaner auf die Städte beschränken mußten, während sie selbst engen Kontakt mit der chinesischen Landbevölkerung hatte. Begünstigt wurde diese Entwicklung durch die Landreform in den großen Gebieten um den Gelben Fluß. Eine weitere Konsequenz des »Langen Marsches« war, daß Mao Tse-tung als unbestrittener Führer und Ideologe galt und seine »Gedanken« als unfehlbare Richtlinien für die Partei.

Hinzu kam eine eindrucksvolle Selbstdisziplin, die die verschiedenen Elemente in der Partei zu einer einheitlichen Macht zusammenband und sich damit bewußt vom Luxus der Kuomintang-Führung distanzierte. Das wiederum hatte zur Folge, daß es die reichen Geschäftsleute und die Intellektuellen nach Tschungking und in den Südwesten zog und die Idealisten, die das Land von Unordnung und Korruption befreien wollten, nach Jenan.

Im Nordwesten saßen die Leute mit einem klaren Konzept für die Zukunft, das wußte man in Schanghai.

Bei Kriegsende, nachdem Tschiang Kai-schek nach Nanking zurückgekehrt war, entwickelte sich das Mißtrauen zwischen der nationalen Regierung und der kommunistischen Partei zu offener Feindschaft. Wieder begann Tschiang Kai-schek einen Feldzug, um die Kommunisten vernichtend zu schlagen. Dabei eroberte er große Gebiete, in denen die Landreform durchgeführt worden war, und besetzte im März 1947 sogar Jenan. Einen Augenblick lang schienen die Nationalisten zu triumphieren, aber es war nur ein scheinbarer Sieg. Die kommunistische Guerillatechnik machte einen solchen militärischen Sieg ziemlich bedeutungslos.

Den verantwortlichen Männern in Wen Teh Li begann die Tatsache, daß sich Watchman noch immer vom Dienst zurückhielt, Sorge zu bereiten. Schon 1946 hatte Witness Lee die Ältesten in Schanghai mit der Frage herausgefordert:

»Wurdet ihr vom Geist geleitet, als ihr Nee zurückstießt? Und was war die Folge? Könnt ihr sagen, daß es euch Leben und Gewinn brachte?«

»Nein«, hatten sie kleinlaut geantwortet. Im April 1947 sagte ein Bruder:

»Der Fall des Bruders Nee brachte uns eine tödliche Wunde bei; mit Worten kann man gar nicht alle Folgen schildern. Der Vorwurf, daß er mit dem Feind zusammenarbeite, und vieles andere, das über ihn verbreitet wurde, beruhte nicht auf Tatsachen. Das war die Arbeit des Teufels ..., aber wir hoffen, daß wir unsere Lektion gelernt haben. Die Widerstände gegen seine Rückkehr sind nach und nach geschwunden. Er ist bereit, und bei uns herrscht eine große Sehnsucht nach seiner Wiederkehr ... So warten wir auf den richtigen Augenblick.«

Inzwischen hatte Watchman zwei christliche Geschäftsleute gefunden, die ihm die Verantwortung für die Arzneimittelgesellschaft abnahmen, und eine geraume Zeit, nachdem er im April endlich nach Futschou zurückgekehrt war, ließ er die Gemeinde in Schanghai wissen, daß er zur Mitarbeit dort bereit sei.

Die Zahl der ausländischen Missionare war durch den Krieg zusammengeschmolzen. So gab es überflüssig gewordene Feriengrundstücke auf dem Kuliangberg, von denen Watchman zwei geräumige ebenerdige Steinhäuser erwarb, um sie zu Trainingszentren auszubauen. Hier begann er mit einer kleinen Gruppe von Mitarbeitern aus Fukien, Tschekiang und anderen Provinzen, darunter auch sein alter Schulfreund K. H. Weigh. In den zehn Einführungsreferaten kehrte Watchman zu seinem geistlichen Ausgangspunkt zurück, zu den Grundwahrheiten seiner Botschaft vom Kreuz, die dann unter dem Titel »Freiheit des Geistes[1]« erschienen sind. Sie bildeten die Basis für einen neuen Anfang. Aber das war nicht alles. Gott gab Watchman nun eine starke Resonanz bei den neubekehrten Studenten der staatlichen Universität. In Futschou mietete man die große Halle der amerikanischen Mission, um die riesige Menge zu fassen, die den früheren Studenten des Dreifaltigkeits-College hören wollte. Gott schien ihn in seinen alten Dienst als evangelistischer Zeuge neu eingesetzt zu haben.

Witness Lee, der seine Energien vorerst auf Schanghai und Nanking konzentriert hatte, beendete im Februar 1948 eine Reise durch die von einer Hungersnot betroffenen südlichen Provinzen. Er hielt eine Reihe von Versammlungen und nahm die Gelegenheit wahr, sich mit Watchman auszutauschen und, begeistert von Watchmans Schulungsprogramm auf dem Kuliangberg, ihn für eine revolutionäre Evangelisationsmethode zu gewinnen, die er gerade für den von den Japanern besetzten Norden entwickelt hatte.

*Mr. und Mrs. K. H. Weigh, Hongkong 1955.*

Die Gemeinden in den Küstenstädten von Schantung waren sehr gewachsen, und Lee plante, durch Auswanderung zu missionieren. Schon immer waren die Chinesen ausgewandert, entweder wegen der Überbevölkerung oder auch nur, um Handel zu treiben. Nun beschlossen die verantwortlichen Brüder in Schantung, daß es unpraktisch und wenig erfolgversprechend sei, einen einzelnen Missionar in die Ferne zu senden. Vielmehr sollte eine ganze Gruppe von Gläubigen auswandern und einen sich selbst erhaltenden Verband in einem noch nicht missionierten Gebiet bilden. Dort konnten sie durch ihr Leben und Zeugnis zu einem Samenkorn des Christentums werden.

In der Apostelgeschichte stießen sie auf ein Vorbild: »In jenen Tagen erhob sich eine große Verfolgung gegen die Gemeinde in

Jerusalem, und sie wurden alle zerstreut nach Judäa und Samaria mit Ausnahme der Apostel. Sie zogen deshalb umher und predigten das Wort.«

»Wir haben zwar noch keine Verfolgung«, meinten die Brüder, »aber auch ohne das können wir ihrem Beispiel folgen und uns zerstreuen.«

Lee arbeitete die Einzelheiten sorgfältig aus. Gruppen von Familien, in denen verschiedene Handwerke und Berufe vertreten waren – Gärtner, Schuster, Lehrer, Krankenschwestern, Friseure –, wurden ausgewählt und sorgfältig auf ihr Abenteuer vorbereitet. Besonders geeignet war der Beruf des Friseurs. Er brauchte wenig Ausrüstung und bot viel Gelegenheit zum Zeugnis. Alle diese weihten sich der Gemeinde, die ihre Reisekosten und die Lebenskosten für drei Monate bezahlte. Danach sollten sie sich selbst erhalten.

Schon im Frühling 1943 hatten zwei Auswanderergruppen die Gemeinde in Chefoo verlassen. Eine von dreißig Familien ging nordwärts in die Mandschurei, eine andere von siebzig Familien westwärts nach Sui-yuan in Schensi. Einige Glieder dieser Gruppen hatten viele Härten zu durchstehen. Das Schema war also durchaus kein voller Erfolg, außerdem brachte es Witness Lee im Mai 1943 in den Verdacht der Spionagetätigkeit. Mit großem Mut bestand er die einen Monat währenden Verhöre durch die Japaner, die damit verbundenen Prügel und die »Wasserbehandlung«. Trotzdem brachte dieses Auswandererexperiment Frucht. Im Oktober 1944 berichtet ein Bruder Sun in einem Brief an Dr. Yu, wie sie am Oberlauf des Gelben Flusses mit Versammlungen begonnen haben. Sieben Brüder und drei Schwestern bildeten den Kern. Dann beschreibt er die Taufe von sechs gläubig gewordenen Männern. »Es gab keine Taufgelegenheit in einem Haus, doch diese Männer waren so sehr von dem Wunsch erfüllt, dem Herrn zu gehorchen, daß sie nicht warten konnten. So konnte man nur das sechzig Zentimeter dicke Eis auf dem Fluß aufbrechen. Es herrschte eine große Kälte, aber am Tauftag wurde es plötzlich zwanzig Grad wärmer. Ein Zelt zum Umkleiden wurde am Flußufer aufgeschlagen, und keiner erlitt Erfrierungen oder wurde krank.« Einige Monate später fand eine zweite Taufe statt an vier Brüdern und einer sechsundsechzigjährigen Schwester, die im Winter aus Furcht vor Erkältung sonst nie ausging. Diesmal war es noch schwieriger, weil das Wasser unter dem Eis nicht tief genug war und sie erst nach einer geeigneten Stelle suchen mußten. Wieder wurde niemand krank, und es herrschte große Freude[2].

Dies war nur eins von vielen Zentren, in denen auf diese Weise neues Leben entstand.

Als jetzt im Februar 1948 Lee mit Nee über dieses Experiment sprach, stimmte Watchman zu, doch betonte er, daß die Apostelgeschichte mit Kapitel 1 und nicht mit Kapitel 13 beginnt. »1937, in Hankau, waren wir in Kapitel 13«, sagte er.

Die erste Sorge müsse den Ortsgemeinden gelten, und dann, wenn regionale Zentren – wie in Jerusalem – voll aufgebaut seien, könne man Gruppen an andere Orte senden, »falls der Herr nicht eine Verfolgung schickt, um sie zu zerstreuen«. Das warf neues Licht auf ihre Arbeit[3].

Wie sie sich früher die Gemeinden streng an den Ort gebunden vorstellten, so erblickten sie jetzt das Werk in seiner geographischen Breite. Das bedeutete für die »Apostel« oder Mitarbeiter das Ende ihrer individualistischen Unternehmungen. »Wir Mitarbeiter, die wir anwesend waren«, berichtet Lee, »legten unsere Arbeit willig nieder und beschlossen, daß Futschou unser ›Jerusalem‹ und Ausgangspunkt sein solle.« Von diesem Zeitpunkt an machte sich eine strengere Führung in der Bewegung bemerkbar, auch unter den ausgewanderten Chinesen außerhalb Chinas[4].

Lee überbrachte Watchman eine versöhnliche Botschaft von den Ältesten in Schanghai. Er wurde eingeladen, im April eine Konferenz in Wen Teh Li zu leiten, und sagte zu. Als er dort ankam, erwarteten ihn sechzig Mitarbeiter aus ganz China und über dreißig Älteste und andere aus der Gemeinde in Schanghai. Die Mitarbeiter aus Schantung waren es, die die kommunistische Landreform aus nächster Nähe miterlebt hatten und sich über die feindliche Einstellung der Partei gegenüber dem christlichen Glauben nichts vormachten.

Watchman ging zunächst mit den Ältesten von Wen Teh Li beiseite, um ihnen im Angesicht Gottes ein Bekenntnis seiner Fehler und Versäumnisse in den vergangenen Jahren abzulegen. Mit diesem Akt der Versöhnung wurde die Gemeinschaft zwischen ihnen voll wiederhergestellt.

In der Gemeinde hatte sich inzwischen eine Art Hierarchie entwickelt, die ihren äußeren Ausdruck in einer neuen Sitzordnung fand, in der Platz Nummer Eins für Watchman reserviert war. Der Slogan »Beuge dich der Autorität!« zeigte von jetzt an einen neuen und für viele störenden Zug in der Bewegung an.

Er scheint so wenig mit der früheren Lehre und Arbeitsweise Nees zusammenzustimmen, daß man sich fragt, ob die Änderung wirklich bei ihm ihren Ursprung hat.

Alle Anwesenden waren bereit, sich Gott aufs neue für die geplante Auswanderungsbewegung zu weihen. Watchman legte ihnen dar, was er auf dem Herzen hatte: »Als es einige Tausend Christen in Jerusalem gab, zerstreute sie Gott durch Verfolgung; das war der Anfang einer ständigen Bewegung nach draußen. Doch als Paulus nach Jerusalem zurückkehrte, fand er dieselbe große Zahl von Gläubigen wieder vor. Wir dürfen nicht an einem Ort kleben, wir müssen ihn verlassen und Platz für andere machen. So viele auswandern, so viele werden neu hinzugetan werden. Heute hat China 450 Millionen Einwohner, und nur eine Million sind Christen. Man muß alle Christen in der gleichen Weise ausbilden, sie aussenden, und dann werden wir sehen, wie die Gemeinde das Wort überall verbreitet. Wir brauchen nicht auf eine Verfolgung zu warten.

Für viele von uns ist das halbe Leben schon vorüber. Für die verbleibende Hälfte müssen wir einen geraden Kurs einschlagen. Wenn wir nicht treu sind, wird der Herr andere an unserer Stelle erwählen, aber das würde wenigstens noch zwanzig Jahre brauchen. Wir müssen Gott diese zwanzig Jahre ersparen!«

Als dringendstes Anliegen bezeichnete er die Evangelisierung des Nordwestens.

»Ich glaube«, schloß er, »daß in kurzer Zeit ganz China für das Evangelium gewonnen werden kann. Für dies Ziel wollen wir alles daransetzen!«

Danach sprach er zu der ganzen Gemeinde, in der sich viele nach ihm gesehnt hatten, und sein erstes Thema war Jesu Wort:

»Gebt Gott, was Gottes ist.« Die Wirkung war gewaltig. Zunächst bekehrte sich eine große Zahl von Männern und Frauen. Binnen eines Monats wurden zweihundert neue Gläubige getauft und der Gemeinde hinzugetan. In der Versammlungshalle, die nur 400 Menschen fassen konnte, drängten sich 1500 Zuhörer, sie saßen auf der Treppe, hinten in den Sprechzimmern und standen auf der Straße. Man würde Land kaufen müssen, um einen größeren Predigtsaal zu bauen.

Es war bekannt, daß Watchman seine chemische Fabrik der Gemeinde übergeben hatte. In der gehobenen Stimmung und in der Eile, sich Gott ganz hinzugeben, brachten viele jetzt Gaben für die Ausbreitung des Werkes. Die hohen Steuern, die unkontrollierte Inflation und das wirtschaftliche Chaos, die durch die korrupte Nationalregierung gefördert wurden, hatten in vielen eine Abkehr von der Welt bewirkt. So brachten sie ihre Unternehmungen – Druckereien, Tintenfabriken und ähnliches – der Gemeinde als Gabe dar. Daß Christen sich in dieser Weise von ihrem Reichtum lossagten, war in China noch nicht dagewesen. Der Slogan »Alles für den Herrn« lief von einer Küstenstadt zur anderen, und ein großer geistlicher Segen begleitete die Bereitschaft, das eigene Leben ganz der Sache Gottes zu widmen.

Die Schwierigkeit lag nur darin, daß die Gemeinden nun ein großes Vermögen verwalteten. Sie verfügten über ausgedehnte Geldquellen und machten Geschäfte, und dies gerade zu der Zeit, als das Wort »Kapitalist« etwas Anrüchiges bekam und der bloße Besitz von Reichtum sofort Verdacht erwecken mußte. So lieferte die christliche Bewegung der kommunistischen Partei selbst die Waffen gegen sich in die Hand.

Mitte Juni 1948 wurde mit dem Schulungsprogramm in Futschou begonnen. Über hundert junge Mitarbeiter aus verschiedenen Städten hatten sich in der grünen Abgeschiedenheit des Kuliangberges versammelt. Aus Übersee hatte man Simon Meek, Lukas Wu und Faithful Luke eingeladen, dazu Joy Betteridge, eine Missionarin mit zwanzigjähriger Erfahrung. Grüße kamen von Geoffrey Bull und George Paterson, die an der tibetanischen Grenze festgehalten wurden[5].

*Kuliangberg, Futschou. Die Häuser sind durch den Berg vor dem Taifun geschützt.*

Das bewaldete Kuliangtal hoch über dem buddhistischen Kloster von der »Kochenden Quelle« bot einen weiten Ausblick über das Stromgebiet des Min von Pagoda bis zum Ozean und war ein idealer Platz für geistliche Besinnung. Watchman und Charity hatten dort eine winzige Hütte für sich allein. Hier wartete Watchman auf Gott und ordnete seine Gedanken die sich in den Jahren der Zurückgezogenheit und des Schweigens angesammelt hatten. Die Ernte, die er einbrachte, war kaum zu fassen. Es war, als hätten sich Schleusentore geöffnet, die lange unter Druck gestanden hatten. Er behandelte Themen wie: die Befähigung zum Missionsarbeiter, der Dienst am Wort Gottes, die Grundlagen geistlicher Autorität, das Problem der Krankheit; die versprochenen zweiundfünfzig Lektionen für gläubig Gewordene waren da und Anweisungen, wie man die geschäftlichen Angelegenheiten der Ortsgemeinde regeln, die neuen Grundsätze bei der Ausbreitung des Evangeliums anwenden und wie man die Bibel studieren solle[6].

Er sprach ohne Konzept. Während des Vortrags ging er auf und ab, die Hände auf dem Rücken verschränkt. Danach bat er um Fragen, und bei der Beantwortung machte er niemals Ausflüchte, sondern war aufrichtig und sprach zur Sache.

An jedem Morgen war eine Zeit für das persönliche Zeugnis angesetzt: ein Mitarbeiter sprach eine halbe Stunde, danach kritisierten ihn die anderen, und schließlich faßte Watchman das, was für den Betreffenden dabei herausgekommen war, kurz zusammen. Das ganze Schulungsprogramm stand unter dem Eindruck der Dringlichkeit. Die Zukunft der Nation war ungewiß.

Im Norden hatte sich die Einnahme Jenans durch die Nationalregierung als Scheinsieg erwiesen. Die Soldaten Tschiangs gingen brutal gegen die unschuldigen Bauern vor, die sie von der Landreform »erlösten«, und leisteten auf diese Weise den Kommunisten Vorschub, die geschickt hinter der Gefechtslinie operierten und auch hier wieder um die Gunst der Landbewohner warben. Im Juni 1947 hatte Mao Tse-tung Truppen der Volksbefreiungsarmee durch Honan geschickt, die im September bis ins Jangtsetal vorgedrungen waren. Andere Verbände gingen nach Norden und Osten; zu Beginn des Jahres 1948 wurde die Mandschurei von China getrennt, und im Herbst waren viele Städte in Honan und Schantung ohne Kampf gefallen. Die kommunistischen Truppen wurden diszipliniert und gut geführt und hatten einen unbeugsamen Glauben an die Sache, während von Tschiangs Armee bald ganze Regimenter und Divisonen desertierten oder sich kampflos ergaben.

In dieser unsicheren Lage fand der Schulungskurs auf dem Kuliangberg statt. Im Winter wurde er durch eine Mitarbeiterkonferenz in Wen Teh Li unterbrochen. Schanghai war damals vom Hunger heimgesucht. Die Inflation brachte viele in wirtschaftliche Not; Gewalttätigkeiten, Polizeikontrollen und Repressalien machten das Leben gefährlich. Die Bürger sehnten sich nach Frieden – viele um jeden Preis.

In dieser spannungsreichen Zeit nahmen die Gläubigen von Wen Teh Li jede Äußerung Watchmans begierig auf. Viel Zeit verwendeten sie auf das Gebet; sie flehten, Gott möge die Ereignisse so lenken, daß die Türen für das Evangelium offen blieben.

Watchman selbst zog sich mit den Mitarbeitern und Ältesten zurück. Ihnen vertraute er seine Überzeugung an, die er nach viel Gebet erlangt hatte: daß er in Schanghai bleiben solle, wenn die Kommunisten die Regierung übernähmen. Er hatte Marx und Engels gelesen und war sicher, daß das christliche Zeugnis unter dem Marxismus sehr erschwert werden würde. Die Kirche würde vielleicht nicht länger die Freiheit haben, dem Herrn zu dienen, selbst im Leiden nicht, und von Ausrottung bedroht sein. Doch seine persönliche Berufung war es, dem Herrn in China zu dienen und dem chinesischen Volk Christus zu bringen. Tschiang und seine Leute mochten fliehen, aber nicht die Kirche Gottes.

Zu den wenigen jüngeren Mitarbeitern, die anwesend waren, sagte er: »Wenn der Älteren einer fällt, müßt ihr Jüngeren weiter vorangehen.« Dann empfahl er noch, daß, wenn die Umstände eine Emigration erforderten, Witness Lee mit seiner Familie auswandern und das Evangelium unter den emigrierten Chinesen verbreiten solle. Lee stimmte zu. Dann kehrten die Teilnehmer des Schulungskurses nach Futschou zurück, um ihre Studien auf dem Kuliangberg wieder aufzunehmen.

# Eine folgerichtige Wahl

Am 3. Januar 1949 besetzte die Achte kommunistische Armee das unverteidigte Peking. Im April standen die Befreiungsarmeen auf dem sumpfigen Nordufer des zwei Meilen breiten Jangtseflusses. Fast eine halbe Million durch Kriegsschiffe und Luftwaffe unterstützte Kuomintag-Truppen standen ihnen auf dem Südufer gegenüber. Doch als Mao Tse-tung am 20. April den Befehl gab, über den Fluß zu setzen und den Süden zu befreien, stießen die Dschunken, Flöße und Hausboote kaum auf Widerstand. Nanking, die Hauptstadt des Südens seit drei Jahrzehnten, hatte sich der Situation angepaßt.

Watchman hatte von Futschou aus an Lee telegrafiert, daß er mit seiner Familie von Schanghai nach dem neuen Arbeitsfeld in Taiwan übersiedeln solle. Er hatte auch Charity mit einer kleinen Gruppe von Damen nach Hongkong geschickt. Luke war nach Singapur, und Meek und Wu waren nach Manila abgereist. Da die Befreiungsarmee schnell nach Süden vordrang, wurde der Schulungskursus vorzeitig abgebrochen. Die Teilnehmer aus dem Norden flogen in Städte, in denen sie schnell überrannt wurden und von denen aus sie dann bald wieder in ihre Gemeinden gelangten. Witness Lee kam, um kurz über die Lage in Schanghai zu berichten, ehe er nach Taipeh zurückkehrte. Der neue Saal in der Nanyangstraße war fertig und konnte 4000 Menschen aufnehmen. Die zweiundfünfzig »Lektionen für gläubig Gewordene« waren im Druck. Es herrschte wirtschaftliche Not, aber die Versammlungen gingen weiter und erfuhren immer neu Gottes Treue.

Im Mai war es offensichtlich, daß Schanghai bald fallen würde, und Watchman wußte, daß er zurückkehren mußte. Die Befreiungsarmee, die am 25. Mai in die Stadt eindrang, machte einen guten Eindruck, sie war diszipliniert, gut genährt und in ihren olivgrünen Uniformen gut gekleidet – die Offiziere so einfach wie die Soldaten. Zur allgemeinen Erleichterung gab es keine Plünderungen und keine Gewalttaten. Für eine kurze Zeit nahm sich Watchman wieder der Gemeinde an. Er hielt wöchentlich

Bibelstunden und unterrichtete die Mitarbeiter und Helfer in den verschiedensten Fächern. Außerdem nahm er sich Zeit für seine eigene Weiterbildung. Er stand auf freundschaftlichem Fuß mit mehreren Parteimitgliedern in der Stadt, einer davon war Charitys sechzehnter Onkel, der nahe bei ihrem Haus wohnte. Er besuchte diesen Mann nun häufiger, um sich über die Pläne der Partei zu informieren. Er sah Schwierigkeiten zwischen der Parteiführung und den Gläubigen voraus und ahnte, daß die Partei dem Gemeindeprogramm der Evangelisation ganz Chinas feindlich gegenüberstehen würde.

Während der zwei Jahre, die der »Befreiung« folgten, blieb die Kirche unbehelligt. Die Parteimitglieder beobachteten die Christen. Sie informierten sich über begabte und einflußreiche Führer, und während sie gleichgültig schienen, machten sie Pläne für die Zukunft.

Charitys Onkel versprach, Watchman zu helfen. Er verbürgte sich dafür, daß er unbehelligt bleiben und nichts zu fürchten haben würde. Wahrscheinlich wurde Watchman wie so viele andere von den Funktionären getäuscht.

Im Sommer 1949, als Schanghai unter Taifunen und Überschwemmungen zu leiden hatte, fiel das Jangtsetal mit der Eroberung Wuhans in die Hände der Kommunisten. Im Oktober verlor die nationale Regierung Kanton, und Kweijang und Tschungking fielen einen Monat später. Am 1. Oktober wurde die Volksrepublik China proklamiert mit Mao Tse-tung an der Spitze und Tschu En-lai als Ministerpräsident.

In diesen Wochen besuchte Watchman Taiwan, um Lee und die Handvoll Mitarbeiter, die ihn dorthin begleitet hatten, zu ermutigen. Den zahlreichen Flüchtlingen dort fiel es schwer, Unterkunft und Arbeit zu finden. In wenigen Tagen sammelte Watchman mehrere Hundert. Es bildete sich der Kern für eine neue Kirche in Taiwan, die sich unter Lees Führung glänzend entwickelte. Von hier aus ging Watchman nach Hongkong, um Charity zu treffen.

Zu Beginn des Jahres 1950 reiste er nach Schanghai zurück, das am 6. Februar von nationalen Flugzeugen bombardiert wurde. Im Mai finden wir ihn wieder in Hongkong, dort hielt er eine Reihe von Versammlungen für junge Leute und erlebte den Beginn einer Erweckung.

Lee kam nach Hongkong, um ihm über die Entwicklung in Taiwan zu berichten, und hier versuchte Lee, ehe sie sich im Juni zum letzten Mal verabschiedeten, Watchman von der Rückkehr nach Schanghai zurückzuhalten.

»Aber Bruder«, protestierte dieser, »es hat so lange gedauert, die Gemeinde dort aufzubauen. Kann ich sie jetzt verlassen? Blieben die Apostel nicht unter den gleichen Bedingungen in Jerusalem?«

Lee hatte schon Erfahrungen mit der C.C.P. (Chinesische Kommunistische Partei) gemacht. Deshalb überprüften sie noch einmal ihre eigenen letzten Pläne über die weitere Verkündigung des Evangeliums und fragten sich, wie sie als sichtbare Kirche Mißtrauen abbauen und das Werk fortsetzen könnten. Am letzten Abend kam Lee wieder darauf zurück.

»Wenn du zurückgehst, könnte es das Ende bedeuten«, meinte er.

Aber Watchman hatte aus Schanghai ein Telegramm von den Ältesten erhalten, das von ihren Problemen berichtete und um seine schnelle Rückkehr bat[1].

»Ich mache mir keine Sorge um mein Leben«, erklärte er. »Wenn das Haus einstürzt, so habe ich Kinder darin und muß es stützen, wenn nötig mit meinem Kopf.«

Auch als aus Swatow die Nachricht kam, daß seine Mutter Lin Huo-ping heimgegangen sei, wankte sein Entschluß nicht. Er bat seine älteste Schwester, Frau Chan, für die Beerdigung zu sorgen, während er nach dem Norden abreiste. Er wollte eine Auswanderungsbewegung nach Hongkong unter den Gläubigen stoppen, die er früher ermutigt hatte, und zugleich die pharmazeutische Firma einem Konzern in der Mandschurei übergeben.

Von Schanghai aus bat er Charity, ihm nachzukommen. Danach sprach er zu den Mitarbeitern und forderte sie auf, die »Zeit auszukaufen, denn die Tage sind böse«. Er bekannte, daß er in der Vergangenheit Gelegenheiten versäumt hatte, und fuhr fort:

»Kein Diener Gottes sollte sich mit dem Erreichten zufriedengeben. Damit würden viele Gelegenheiten verpaßt … Heute ist der 7. Juli 1950. Die Zeit auskaufen heißt, die Möglichkeiten ergreifen, die Gott uns heute gibt. Wenn die Kirche ihr Talent vergräbt, so ist das ein schwerer Verlust. Wir denken vielleicht, weil die Versammlungshalle in der Nanyangstraße gebaut ist, können wir uns für den Rest unseres Lebens zur Ruhe setzen. Wir haben unsere Predigtgottesdienste, und wenn zehn oder zwanzig Seelen gerettet werden, denken wir, daß wir das gut gemacht haben. Aber wenn es die Absicht des Herrn wäre, tausend Seelen am Tag zu gewinnen, dann wären neunhundert verloren! Wenn Gott handelt, laßt auch uns handeln! Wenn die Tür sich nur ein wenig öffnet, tretet ein, denn das Schlimme ist, daß die Gelegenheiten nicht auf uns warten.« Und er schlug vor, in der gegenwärtigen Krise mit Gruppen von Gläubigen aus anderen Bewegungen wie der aus Schantung stammenden »Jesus-Familie« – Gemeinschaft zu pflegen[2].

Es scheint, daß Watchman an die Möglichkeit einer Zusammenarbeit mit der neuen Regierung glaubte. Natürlich hing das davon ab, wie der Artikel in der Verfassung, der die Religionsfreiheit garantierte, in der Praxis angewandt wurde. Die Gemeinden der »Kleinen Herde« beschworen die Gläubigen, nicht auszuwandern, sondern um des Herrn willen in China zu bleiben. Sie sollten darauf vorbereitet werden, den materiellen Komfort aufzugeben und als gute Christen und gute Chinesen mit dem Staat zusammenzuarbeiten, wenn sie zu öffentlichen Arbeiten wie Straßenbau und dem Bau von Bewässerungsanlagen eingesetzt würden. Nur dürften sie nicht gegen die Vorschriften der Bibel handeln und ihren Glauben nicht verleugnen.

Dies ging zuerst auch gut, doch eine bessere Kenntnis des Marxismus-Leninismus hätte sie warnen können, daß der erste Eindruck täuscht. Die kommunistische Politik ist etwas Relatives. Zeit, Raum und Umstände gestalten sie mit, und wenn sich diese Bedingungen ändern, ändert sich auch die Politik. Das kann über Nacht geschehen, und die Partei wird niemals ein gegebenes Versprechen halten.

In Schanghai machte man sich klar, daß allein die Größe der Versammlungen in der Nanyangstraße, in der drei- bis viertausend Menschen am Sonntagmorgen zusammenkamen, die Kritik herausfordern könne. Die Gläubigen mußten sich um des Evangeliums willen zerstreuen. Mehrere Gruppen von Freiwilligen verkauften deshalb ihren Besitz und zogen in die entvölkerten Gebiete von Kiangsi, um sie wieder zu bebauen. Sie errichteten einfache Lehmhäuser für die einzelnen Familien und führten ein streng geregeltes gemeinsames Leben, das Zeit ließ für persönliche Frömmigkeitsübungen und eine abendliche Gemeinschaftsandacht.

Sie hatten diese Übersiedlung aufs Land mit großer Begeisterung vollzogen, und als sie nun noch ein paar Kommunisten für den Herrn gewannen, meinten sie, daß ihre Zeit gekommen sei. Doch im Juni wurde die bereits erprobte Landreform der Regierung Gesetz. Während des folgenden Jahres bekamen die Städte eine Gnadenfrist, während in den Dörfern alles umgekrempelt wurde. Massenversammlungen, öffentliche Tribunale und manchmal auch Hinrichtungen von Großgrundbesitzern und reichen Bauern waren an der Tagesordnung. Das Land wurde unter die armen Bauern und Arbeiter verteilt. Alle Arbeit ruhte, und alle Kirchen auf dem Land blieben während dieser Zeit geschlossen. Die ausgewanderten Christen waren von dieser Umerziehung nicht ausgeschlossen, ihre Motive wurden absichtlich verdreht. Sie wie auch die Angehörigen der Jesus-Familie erkannten, daß sie den Kommunisten nicht weniger verdächtig waren, wenn sie das Richtige aus in deren Augen falschen Motiven taten, als wenn sie überhaupt nicht mitgearbeitet hätten.

Missionare in Hunan berichten um diese Zeit, daß ihnen ein kürzlich eingewanderter Bruder aus der »Kleinen Herde« behilflich war, als ihre Gemeinde sich aufgelöst hatte und sie im Begriff standen, abzureisen. Trotz der Gefahr hielt er Versammlungen im Schein einer zerbrochenen Lampe (für die sie ihm eine bessere geben konnten). Als die Polizei kam und diese Zusammenkünfte verbot, entgegnete der Mann:

»Unsere Bibel sagt aber, daß wir mit unseren Versammlungen nicht aufhören sollen[3].«

»Wenn Sie müssen, dürfen wir dann auch kommen?« »Selbstverständlich! «

Eine Missionarin in Tschekiang schrieb bald, nachdem sie das Land verlassen hatte: »Der Einfluß der ›Kleinen Herde‹ macht sich im ganzen Land bemerkbar. Mit einem ganz neuen und starken Nachdruck wird evangelisiert. Diese Bewegung hatte nie eine Beziehung zu ausländischen Missionen, und das ist ein großes Plus im neuen China. Ob Gott sie nicht besonders für die gegenwärtige Zeit vorbereitet hat? Ihre Organisation ist fest, doch unauffällig und anpassungsfähig, und sie liegt ganz in einheimischen Händen. Die Gläubigen sind geistlich gesinnt und entwickeln starken missionarischen Eifer.«

In einem späteren Brief schreibt sie von der möglichen Vereinigung der verschiedenen christlichen Gruppen in der Stadt: »Dies würde eine Vereinigung unter der Führung der ›Kleinen Herde‹ bedeuten und ist vielleicht der beste Schutz in den gegenwärtigen Schwierigkeiten[4].«

Im Jahre 1949 waren die meisten Missionare noch auf ihrem Posten geblieben in der Hoffnung, ihr Zeugnis unter dem neuen Regime fortsetzen zu können. Doch im Mai 1950 fand jeweils am späten Abend eine Reihe von Zusammenkünften zwischen dem Premierminister Tschu En-lai und drei liberalen protestantischen Führern statt, an deren Spitze Y. T. Wu vom Verein Christlicher Junger Männer stand, der schon seit zehn Jahren geheimes Mitglied der kommunistischen Partei gewesen war. Sie arbeiteten ein christliches Manifest für die protestantischen Kirchen aus. Für Tschu waren diese drei Männer die rechtmäßigen Vertreter der Kirchen und die Gründer einer neuen christlichen Bewegung, deren Grundsätze er ihnen nun mit allen Anzeichen des Wohlwollens diktierte. Das Manifest verlangte von der Kirche, daß sie auf allen Gebieten die Führung der Volksregierung anerkannte. Die Zusammenarbeit mit dem Reformprogramm des Staates war der Preis für die Religionsfreiheit. Tschu befahl die Entlassung von ausländischem Personal und die Ablehnung ausländischer Gelder. Waren nicht alle Missionare Imperialisten[5]?

Die Männer, die an dieser Konferenz teilnahmen, bildeten ein Vorbereitungskomitee für die »Anti-Amerika-Korea-Hilfe, Drei-Selbst-Reformbewegung der Kirche Christi in China«. Die Kirche sollte sich selbst regieren, sich selbst unterhalten und selbst missionieren, wobei »selbst« das Gegenteil von »imperialistisch«

war. Sie war dem Büro für »Religiöse Angelegenheiten« verantwortlich, das dem atheistischen Komitee für Kultur und Erziehung in Peking unterstand. Ihr Leitsatz sollte sein: »Liebe dein Land! Liebe deine Kirche!« Dabei war absichtlich vermieden, den Namen Gottes zu nennen. Die Zeitschrift »Tien Feng« (Himmlischer Wind) wurde schnell zum offiziellen und einzigen christlichen Organ[6].

In den folgenden Monaten lief eine sich über das ganze Land erstreckende Aktion an, um Unterschriften für das Christliche Manifest zu sammeln. Als es am 23. September gedruckt vorlag, bestand kein Zweifel mehr darüber, daß die Arbeit der Missionare in Zukunft sehr eingeschränkt, wenn nicht unmöglich sein würde. Ihre Anwesenheit belastete die chinesischen Kirchen, auf die ständig Druck ausgeübt wurde, sich der neuen Bewegung anzuschließen. Im Lauf des Jahres 1951 reisten fast alle Missionare ab, die nach dem japanischen Krieg mit so großen Hoffnungen zurückgekehrt waren. Die jahrhundertelange Verbindung zwischen chinesischen und ausländischen Christen wurde auf diese Weise hart und jäh unterbrochen.

Viele Missionare, die durch Schanghai kamen oder sich dort aufhielten, um die Ausreisegenehmigung zu bekommen, besuchten die Versammlungen in der Nanyang-Straße, wo der entfachte evangelistische Eifer und Watchmans Persönlichkeit Eindruck auf sie machte.

Um diese Zeit kam Leslie Lyall mit einigen seiner Kollegen von der China-Inland-Mission zu Watchman. Ihr Thema war die Zukunft der Kirche in China. Sie hatten aber auch noch eine andere Frage: Wie sollten sich die Missionare in der Zeit, bis sie zur Abreise gezwungen waren, nutzbringend beschäftigen?

»Übersetzen Sie uns einige wirklich gute Kommentare«, antwortete Watchman. »Wir haben so wenig in dieser Art und brauchen es dringend. Und kommt als Älteste in unsere Versammlungen zurück, nicht wieder als Evangelisten. Die Evangelisation muß in Zukunft Aufgabe der Chinesen sein.«

Am 1. Januar 1951 hielt Watchman eine Neujahrsansprache über die Bedeutung von Gottes Segen bei der Brotvermehrung. Hier ein paar Sätze, die uns wichtig erscheinen:

»Aller Dienst hängt vom Segen Gottes ab. Wir mögen sehr gewissenhaft und sehr fleißig sein, wir mögen an seine Macht glauben und beten, daß sie offenbar wird, aber wenn der Segen Gottes fehlt, nützen all unsere Gewissenhaftigkeit, unser Fleiß, unser Glaube und unser Gebet nichts. Andrerseits werden wir, obgleich wir Fehler machen und die Situation, vor der wir stehen, hoffnungslos ist, auch Frucht erleben, wenn wir den Segen Gottes haben.«

»Da ist das Wunder von den Broten und den Fischen. Dabei ging es nicht um die Menge, sondern um den Segen, der darauf lag. Früher oder später werden wir feststellen, daß nicht die Größe unseres Reichtums oder die Vielzahl unserer Gaben zählt. Was zählt, ist allein der Segen des Herrn, der alle Bedürfnisse des Menschen befriedigt. Eines Tages wird es sich zeigen, wie wesenlos unsere Wendigkeit, unsere Macht, unsere Plackerei, unsere Treue sind. Die größte Enttäuschung der kommenden Tage wird in der Erkenntnis bestehen, daß wir absolute Versager sind.

Was wir hier zu lernen haben, lernt sich nicht leicht. Die Hoffnung so vieler konzentriert sich ja nicht auf den Segen des Herrn, sondern auf die paar Brote in ihrer Hand. Es ist so kümmerlich wenig, was wir in der Hand halten, aber für uns zählt es! Und je mehr wir damit rechnen, um so schwerer wird es uns. Meine Brüder und Schwestern, Wunder kommen vom Segen des Herrn. Wo dieser Segen über den Broten liegt, werden sie vermehrt. Wo der Segen ruht, werden Tausende satt. Wo der Segen fehlt, genügen auch keine ›zweihundert Denare‹, um die Menschen zu sättigen. Wenn wir das bedenken, hören wir auf zu fragen ›Wieviel Brote haben wir?‹ Dann hören wir auf zu manipulieren und auf Auswege zu sinnen. Wir verlassen uns nicht mehr auf uns selbst und brauchen nicht mehr zu stottern. Wir sollten es gelernt haben, auf den Segen Gottes zu vertrauen und darauf zu warten. Und dann werden wir es erleben, daß trotz unserer Stümpereien alles gut wird. Ein kleines bißchen Segen kann uns aus großen Nöten heraushelfen.

Was ist Segen? Es ist Gottes Handeln dort, wo du nicht damit rechnest. Ein Beispiel: Du willst für eine Mark etwas kaufen, was eine Mark wert ist. Aber wenn dir dann Gott etwas für zehntausend Mark gibt, noch bevor du deine eine Mark ausgegeben hast, dann hast du keinerlei Grundlage für deine Berechnungen. Wenn fünf Brote fünftausend Menschen sättigen und noch zwölf Körbe Brocken übrig bleiben, dann ist das Segen. Wenn die Frucht deines Dienstes in keinem Verhältnis mehr zu deinen Gaben steht, dann ist das Segen. Oder noch deutlicher: Wenn du an all das denkst, das du falsch gemacht hast und mit keiner Frucht mehr rechnest und dann doch Frucht siehst, dann ist das Segen. Viele von uns erwarten nur solche Ergebnisse, die unseren eigenen Voraussetzungen entsprechen. Aber Segen ist Frucht, die mit dem, was wir sind, gar nichts zu tun hat. Hier hat das Gesetz von Ursache und Wirkung keine Geltung. Dieses Gesetz würde Gott an unsere Voraussetzungen binden. Wenn wir uns aber an den Segen des Herrn binden, werden Dinge geschehen, die über unser Fassungsvermögen und selbst über unsere Träume hinausgehen.«

»Ein Leben des Segens«, schloß Watchman, »sollte das normale Leben des Christen sein, und unsere normale Arbeit die, auf der der Segen Gottes ruht. ›Prüfet mich doch, spricht der Herr der Heerscharen, ob ich euch dann nicht die Fenster des Himmels auftue und Segen über euch ausgieße bis zum Überfluß.‹ Hier in Schanghai, am Anfang des Jahres 1951, ist dieses Wort noch Wort Gottes[7].«

# Die Falle klappt zu

Während sich durch die Hauptstraßen immer neue Umzüge von Arbeitern und Jugendlichen mit Papierflaggen und großen roten Seidenfahnen wälzten, während sich nach dem Rhythmus von Trommeln und zum Klang der Sprechchöre, die Parteiparolen ausposaunten, Jang-ko-Tänzer vor riesigen Maobildern drehten, wurde in den Nebenstraßen ein großer Umwandlungsprozeß in Gang gesetzt. Nachbarschafts-Revolutionskomitees arbeiteten. Ständig wurden Arbeitsplätze und Wohnungen geprüft. Jeder mußte über jeden Auskunft geben. Schulungskader begannen mit der Umerziehung. Privatleben gab es nicht mehr. Die städtische Polizei war immer bereit, auf Grund von Informationen einzugreifen, und hinter ihr lauerte die Geheimpolizei. Auf »Tigerjagden« wurden böse Kapitalisten, die sich am Volk bereicherten, gesucht und unschädlich gemacht. Unter diesen Verhältnissen als Christ zu leben, verlangte Mut und Glauben.

Vom 16. bis zum 21. April 1951 berief Tschu En-lai eine Konferenz von hunderteinundachtzig Kirchenführern ein, um die Unruhe, die durch die plötzliche Sperrung aller ausländischen Hilfsgelder entstanden war, zu schlichten. Watchman, der eine »Sich selbst regierende, sich selbst erhaltende und selbst propagierende« christliche Gruppe, also kein »Werkzeug des Imperialismus«, vertrat, wurde ersucht, dies Treffen als Beobachter zu besuchen.

In Schanghai gingen die Versammlungen »fast wie früher« weiter; alle Mitarbeiter waren eifrig dabei, die Zeit auszunutzen. Aber dann kam der 27. April, ein »schwarzer Samstag« für Schanghai, an dem Tausende verhaftet wurden, hauptsächlich Intellektuelle. Ein Programm zur Umschulung von Schriftstellern folgte. Unter den Festgenommenen waren auch ein paar Christen, »und litten für den Herrn, aber die meisten sind frei und wohlauf. Unter Anklage stehen alle«.

Am 2. Mai veröffentlichte »Der himmlische Wind«, das offizielle christliche Organ, eine Aufforderung an die christliche Kirche in China, sich an der Selbstkritik zu beteiligen. Ganze Gemeinden wurden dazu überredet. Nur so würden sie befähigt sein, der Reformkirche anzugehören. Öffentlich mußten sie sich von allen »imperialistischen Elementen und ihren Handlangern« in den eigenen Reihen und unter ihren Führern lossagen. Manchen Gruppen sagte man, welche unter ihren Leitern sie anzuklagen hatten, anderen überließ man es, sie selbst herauszufinden.

L. M. Liu, der Sekretär des Christlichen Vereins Junger Männer, veröffentlichte einen Artikel »Wie man in einer Versammlung erfolgreich Selbstkritik üben kann«. Er berief sich dabei auf Matthäus 23 und ermahnte die Christen, ihre Hemmungen zu überwinden und durch den Besuch politischer Versammlungen zu lernen. »Viele Christen haben die altmodische Vorstellung, daß sie ›über der Politik stehen‹; deshalb müssen wir in unseren Versammlungen Selbstkritik üben, um alle zu erziehen ... Eine solche Versammlung erfolgreich zu halten ist eine der wichtigsten Aufgaben der Kirche, um damit den Einfluß des Imperialismus zu brechen.«

Um ein Beispiel zu geben, veranstaltete die »reformierte« christliche Bewegung ein großes Treffen am Sonntag, dem 10. Juni. Es richtete sich gegen die Missionare und wurde im Stadion für Hunderennen abgehalten. Sorgfältig ausgewählte »Ankläger«, die verschiedene christliche Gruppen vertraten, sprachen zu einem Publikum, das sich hauptsächlich aus Kirchenmitgliedern zusammensetzte. Mit einstudierten Reden voller Haß und Verachtung machten sie ihre Brüder in Christo herunter. Die ganze Veranstaltung zielte darauf ab, daß nicht nur die missionierenden Nationen, sondern schließlich auch das Christentum selbst das Gesicht verlieren sollte. Christen, die dieses Treffen nicht besuchten, wurden sorgfältig notiert. So gewann die Bewegung an Boden, während die Christen in dieser Art Verfolgung an Boden verloren.

Am 11. August konnte »Himmlischer Wind« melden, daß seit Mai dreiundsechzig solche Anklageversammlungen gehalten worden waren. Und wehe den Gemeinden, die sich fernhielten! Die christlichen Kirchen mußten sich bequemen, das Plätzchen einzunehmen, das man ihnen in der neuen Gesellschaft einräumte, und das hieß: Kontrolle durch den Staat, finanzielle Abhängigkeit vom Staat und eine Verkündigung, die mit der Staatsideologie gleichgeschaltet war. Kein Wunder, daß im Juli Briefe davon berichteten, daß »die Gemeinden in einer sehr kritischen Lage sind, und ganz besonders die Verantwortlichen wie Bruder Nee«. Von ihm wurde berichtet, daß er wieder krank war und zu Bett lag.

Inzwischen machte die Volksregierung mit ihrem Programm der moralischen Säuberung erfolgreich weiter, um Verbrechen, Prostitution und Korruption auszumerzen. Im November 1951 rief der Staat zu zwei Feldzügen auf, die das Land in den kommenden Monaten beschäftigen sollten. Der eine Feldzug nannte sich San-Fan oder »Die Drei Antis«, Anti-Korruption, Anti-Vergeudung und Anti-Bürokratie bei den Beamten. Wu-Fan oder »Die Fünf Antis« bekämpfte Bestechung, Steuerhinterziehung, Diebstahl von Staatseigentum, minderwertige Arbeit und Wirtschaftsspionage für private Zwecke. Überall riefen Plakate die Öffentlichkeit auf, zu bereuen und zu bekennen, und es folgte eine Welle von Anklagen und falschen Beschuldigungen, die viele Selbstmorde zur Folge hatten. Dies war ein Hinweis auf kommende Dinge. Er wurde unterstrichen durch die Nachricht, daß der Verkauf von Watchmans pharmazeutischer Fabrik vorerst gestoppt worden sei, weil die Regierung vorher die Bücher prüfen wolle.

Am 30. November erschien im »Himmlischen Wind« ein Artikel von einem Mitglied der »Kleinen Herde« in Nanking: »Enthüllung über die geheime Organisation und die dunklen Machenschaften der Gemeinde in der Tsi-Tang-Straße.« Darin heißt es:

»Ich bin ein Gläubiger, der von Anfang an zu der Gemeinde (in Nanking) gehört hat und sie als die reinste ihrer Art ansah, bis ich in der Reformbewegung geschult wurde und erkannte, wie schlecht diese Gemeinde ist. Lange wurde ich betrogen. Doch heute, da ich auf dem Grund der Vaterlandsliebe und der Liebe zur Religion stehe, enthülle ich voller Zorn ihre angebliche Geistigkeit. Um den wahren antirevolutionären Charakter dieser Bewegung zu verbergen, versichern die Verantwortlichen in der

Tsi-Tang-Straße ständig, daß es sich nur um eine ›örtliche Gemeinde‹ handele. Tatsache ist aber, daß wir irregeführt wurden. Von Anfang an war unsere Gemeinde der Kirche in Schanghai unterstellt, und sie wurde von Watchman Nee streng kontrolliert. Die von ihm gegründete Gemeinschaft erstreckt sich über die ganze Nation und umfaßt 470 Gemeinden. Watchman Nee hat ein geheimes System, um diese Gemeinden zu beaufsichtigen. Schanghai ist dabei die Basis, und von hier aus werden die Gemeinden indirekt durch ›Zentralkirchen‹ in großen Städten wie Peking, Hankau, Tsingtau, Futschou usw. regiert. Die geheime Kontrolle, die Watchman Nee über die Gemeinden ausübt, geht weit über das Gebiet der Religion hinaus. Um seine totalitäre Herrschaft zu erleichtern, streut er antirevolutionäre Parolen aus. Schamlos nennt er sich selbst den ›Apostel Gottes‹.«

Die Mitarbeiter fragten sich, was Watchman zur Selbstverteidigung unternehmen würde. Und was tat er? Er zählte die vier Züchtigungen auf, die er durch Gottes liebende Hand erhalten hatte: sein Ausschluß aus der Brüdergemeinschaft in Fotschou 1924 und die Erweckung, die ihr gefolgt war; seine schwere Krankheit, während der er vor der schwierigen Aufgabe stand, zwischen der Rolle eines volkstümlichen Predigers und der weniger anziehenden eines christlichen Zeugen, der durch seine Gemeinde wirkt, zu wählen; sein Rücktritt vom Predigtdienst während des japanischen Krieges und die geistliche Bereicherung, mit der er zurückgekehrt war; und nun dieser Angriff auf ihn! Zweifellos war in jeder Kritik ein Körnchen Wahrheit enthalten.

Warum sich rechtfertigen, wenn sich jedesmal die Zurechtweisung durch den Herrn als so lehrreich, die Züchtigung sich als geistlich fruchtbar erwiesen hatte?

Kommunistische Kader besuchten jetzt die Nanyang Straße und versuchten durchzusetzen, daß die Gemeinde ihre eigene Versammlung zwecks Selbstkritik anberaume. Endlich, zu Beginn des Jahres 1952, wurde unter großem Druck eine Versammlung einberufen, auf der zwei Vertreter der Drei-Selbst-Zentrale sprechen durften. Ihre Ansprachen, die die Führer der Gemeinde des Imperialismus anklagten, stießen nur auf ein verwirrtes Schweigen. Niemand meldete sich zum Wort, um die Redner zu unterstützen. Schließlich brachte jemand den Mut auf zu sagen:

»Ist es nicht wahr, daß Paulus um Christi willen alle Dinge als Verlust betrachtete? Sollten wir darum nicht selbst unsere verehrte Volksregierung zurückweisen, damit wir Christus gewinnen[1]?«

Nun platzte einer vom Kader, der in der Versammlung untergebracht war, heraus: »Watchman Nee hat angeordnet, daß die Frauen beim Gebet ihren Kopf bedecken müssen. Das ist Despotismus!« Dies sollte aufrührerisch wirken, doch die Beschuldigung fiel auf den Ankläger zurück. Die Brüder verlangten zu wissen, wer dieser Außenseiter war, der die Bemerkung gemacht hatte. Der Drei-Selbst-Sprecher stand auf und verkündete: »Offensichtlich seid ihr noch nicht zur Selbstreform bereit und braucht Schulung. Ich beauftrage Herrn Nee selbst mit eurer Umerziehung.«

Jetzt erkannten alle in der Gemeinde, gegen wen sie standen. Zweifellos hatten die Redner eine Niederlage erlitten, aber sie würden ihre Zeit abwarten.

Nachdem Watchman mit Charity und seinen Mitarbeitern die Lage besprochen hatte, widmete er sich nur noch einer Sache: der Vorbereitung von biblischem Material für die Gläubigen. So sprach er zu einer Gruppe von jungen Leuten ausführlich über die Beweise für die Existenz Gottes. Es folgten Abhandlungen über »Christus unsere Gerechtigkeit, unsere Weisheit und Herrlichkeit vor Gott« und über »die Macht seiner Auferstehung«; Ruth Lee und ihre Helferinnen schrieben alles nieder. Aber das war es nicht, was die Regierung von ihm verlangte. So kamen neue Forderungen, diesmal, daß er Schanghai verließe. Finanzielle Fragen im Zusammenhang mit der pharmazeutischen Firma, mit der die Gemeinde noch immer belastet war, verlangten seine Anwesenheit in der Mandschurei. So arbeitete das Team unter einem verzweifelten Druck. Sie schafften den ganzen Tag und bis spät in die Nächte hinein, um das Wort Gottes auszulegen und festzuhalten. Im März standen sie so unter Zeitdruck, daß sie nur noch zwei Stunden schliefen.

Schließlich konnte Watchman dem Ultimatum des Staates nicht länger Widerstand leisten. Er richtete ein letztes Wort der Ermahnung an seine geliebten Brüder und Schwestern und fügte hinzu: »Sagt denen in Hongkong, daß die Kirche alle weltlichen Geschäfte aufgibt.« Voller Sorge nahm er Abschied von Charity. Mit bösen Ahnungen reiste er dann nach Harbin. Dies war das letzte, was die Gläubigen von ihm hörten vor seinem Prozeß im Januar 1956.

In seinem fünfzigsten Lebensjahr wurde Watchman am 10. April 1952 in der Mandschurei verhaftet. Bei seinem ersten Verhör, entweder in Harbin oder in Peking, wurde ihm vorgeworfen, ein kapitalistischer »Tiger« zu sein, der aller fünf Verbrechen schuldig war, gegen die sich der Wu-Fan-Feldzug gerichtet hatte. Man eröffnete ihm, daß die pharmazeutische Firma eine Geldstrafe von 17000 Millionen in alter Währung (umgerechnet etwa 6 Millionen DM) zu zahlen habe.

Watchman bekannte sich weder schuldig, noch hatte er das Geld, um diese Summe zu bezahlen. So blieb er im Gefängnis, und die Fabrik wurde vom Staat konfisziert.

Ursprünglich waren die Bedingungen in den Gefängnissen äußerst hart. Wahrscheinlich wurde keine physische Gewalt angewendet, doch Drohungen, kärgliche Nahrung, Schlafentzug, Ungeziefer und ständige Anforderungen an die körperliche Ausdauer taten das Ihre. Die Gefangenen durften mit keinem Menschen in der Außenwelt Verbindung haben.

Man sagt, daß Watchman die Chance gehabt habe, wieder als christlicher Führer in sein Amt zurückzukehren unter der Bedingung, daß er seine große Gefolgschaft mit der Volksregierung und dem kirchlichen Reformprogramm gleichschaltete. Durch die Erfahrungen anderer wissen wir, daß er, falls das zutrifft, ständigen Versuchen zur Umerziehung ausgesetzt war. Man bearbeitete ihn, in die nationale Neurose einzuwilligen und alle Gedankenfreiheit aufzugeben. Wir haben genügend Dokumente über Methoden der Gehirnwäsche, wie sie damals geübt wurde; über die langen Verhöre, bei denen sich die Beamten ablösten, die politischen Vorlesungen, die Überwachung durch unbarmherzige Aufseher, die Bespitzelung durch überzeugte und

»bekehrte Mitstudenten«. Daß sich bei Watchman kein Sinneswandel vollzog und ihm kein brauchbares Bekenntnis entschlüpfte, spricht für die bewahrende Macht Gottes. Man wird von ihm verlangt haben, daß er die Geschichte seines Lebens mit endlosen Einzelheiten immer wieder aufschrieb. Aus diesem Material wurde dann Stück um Stück die Anklage gegen ihn aufgebaut, und er wurde »Beweisen« gegenübergestellt, die geisttötend endlos wiederholt wurden[2].

Es gab Präzedenzfälle. Bereits im Februar 1952 hatte man Isaac Wei, dem Sohn des Gründers der einheimischen »Wahren Jesuskirche«, nach einer Gefängnishaft ein Geständnis abgerungen, das genau dem entsprach, was man von Watchman wollte. Die Anhänger dieser großen Gruppe hatten sich daraufhin dem Staat angepaßt. Im gleichen Jahr war die »Jesusfamilie« genau entgegengesetzt behandelt worden, man hatte sie gezwungen, sich aufzulösen. Ihre Führer waren in Ungnade gefallen und wurden der Spionage, konterrevolutionärer Tätigkeit und eines unzüchtigen Lebenswandels beschuldigt. Die Partei duldete in China kein »Zentrum der Finsternis«, wo das Richtige aus – in ihren Augen – falschen Motiven getan wurde. Wenn in einer wirklich einheimischen Bewegung keine Verbindung zum Imperialismus gefunden wurde, mußten ihre Führer als gewöhnliche Verbrecher vor Gericht gestellt werden. Und dies war das Schicksal, das auf Watchman Nee wartete.

Während seiner Abwesenheit machten die Vertreter der Reformbewegung Fortschritte bei den Gläubigen. Den Ältesten der »Kleinen-Herde«-Gemeinden versicherte man, daß man sie bedingungslos willkommen heißen würde, wenn sie sich dem ständigen Zustrom der Kirchen in diesen »Bergstrom« anschließen würden, »der, je weiter er fließt, desto klarer und breiter wird«. »Noch steht die Tür offen«, sagte man ihnen, »wir strecken euch die Hand entgegen und hoffen, daß der Tag kommen wird, an dem wir alle einmütig zusammen wohnen.« Da Watchman nicht erreichbar war, hatten sie keinen geistlichen Ratgeber, an den sie sich wenden konnten, und eine Gemeinde nach der anderen kapitulierte. Die meisten sollten diesen Schritt allerdings bald bereuen[3].

Um ein Beispiel zu geben: Die »Kleine Herde« in der Stadt Wuhan hatte sich schon 1951 der Bewegung angeschlossen und sich dem vorgeschriebenen Schulungsprogramm unterworfen. Doch dann führte einer ihrer Prediger, Ho Kuang-tao, sie wieder heraus. »Wir ziehen uns von der Bewegung zurück«, sagte er nach dem Polizeibericht, »rein aus Gründen unseres Glaubens, denn der Gläubige und der Ungläubige können nicht dasselbe Joch tragen.« Von da an lehnten es die Ältesten ab, Kinokarten und anderes Schulungsmaterial anzunehmen, und empfingen die Beamten, die zur Gemeinde über die Religionspolitik der Regierung sprechen sollten, sehr kühl. Viele andere Ortsgemeinden folgten diesem Beispiel. 1954 berief Ho eine Predigerkonferenz nach Wuhan, er ermutigte die Teilnehmer im Glauben und beschwor sie, unabhängig von der patriotischen Bewegung zu bleiben und für die Gemeinden zu beten, die sich noch nicht von ihr distanziert hatten. In den vier Jahren, die Nees Verhaftung folgten, fanden viele Gemeinden auf diese Weise wieder zu sich selbst; die Gemeinde in Schanghai zog sich Ende 1955 zurück. Der Zorn der Partei war die unausbleibliche Folge. Inzwischen wuchs die Gemeinde in der Nanyangstraße weiter. Die Versammlungen konnten fortgesetzt werden und sogar ein oder zwei Jahre lang die Evangelisationen während der Neujahrsferien.

Wegen der allgemeinen Unsicherheit waren die Möglichkeiten zum persönlichen Zeugnis größer als je zuvor. Eine Menge Bücher wurde veröffentlicht, die meisten anonym, doch man konnte in ihnen Watchmans Bibelauslegungen erkennen. Die Buchhandlung der Gemeinde arbeitete auf Hochtouren[4].

Im Frühling 1952, nachdem alle Studenten zwangsweise im Marxismus geschult worden waren, gab es in zwei Colleges ein christliches Erwachen. Viele wurden wiedergeboren. Dies führte zu einer Reihe von Winter- und Sommerkonferenzen, die in der Nanyangstraße abgehalten wurden. In jedem College in Schanghai entstanden neue christliche Gemeinschaften, selbst in der Schule für Politik. Das Tischgebet vor den Mahlzeiten diente den Studenten als Erkennnungszeichen. Ein Gebet im Freien, das als Gespräch zwischen zweien oder dreien getarnt war, mochte unentdeckt bleiben, und die freie Dreiviertelstunde nach der wöchentlichen politischen Schulung gab Gelegenheit zu einem eiligen Treffen. Hier beteten einige laut, die das vorher nie ohne Gebetbuch getan hatten, und riskierten damit ihre künftige Karriere. Eine wahrhaft ökumenische Gesinnung griff unter diesen Umständen um sich, um die Watchman immer gebetet hatte. Diese Erweckung in Studentenkreisen verbreitete sich über ganz China.

Im Juli 1955 erschien ein öffentlicher Angriff auf den fundamentalistischen Prediger Wang Ming-tao in Peking. Dieser wurde von den Studenten, die zu neun Zehntel seine Versammlungen füllten, sehr geliebt. Ein Versuch zehn Monate früher, ihn durch Selbstkritik in einer Versammlung bloßzustellen, hatte eine Gegenbewegung zum Schutz Wang Ming-taos ins Leben gerufen. Seine Zeitschrift, die sich treu an die Schrift hielt, erschien immer noch und hatte großen Einfluß. Watchman Nee achtete ihn als Gottesmann sehr. Doch für seine Kirche hatte Wang keine Zeit. Er verglich sie mit einem Rasthaus am Wege, einem Platz, an dem man sich auf der Reise erfrischte, der aber nicht das Ziel der Reise ist.

Wang Ming-tao hatte alle Vorschläge der Regierung standhaft zurückgewiesen, und die Schwierigkeit für die Partei lag nun darin, daß er als unabhängiger Prediger keiner Organisation angehörte. Es war deshalb schwierig, ihn eines Verbrechens zu bezichtigen. So mußten Vorwände allein in seinem christlichen Zeugnis gesucht werden. Diese wurden denn auch in dem mutigen Traktat gefunden, das er im Juni 1955 veröffentlichte: »Wir sollen standhaft im Glauben sein.« Die Geschichte seiner Festnahme am 8. August ist wohlbekannt. Einige seiner früheren Anhänger suchten sich bei der Partei in Gunst zu setzen, indem sie ihn verräterischer Absichten beschuldigten. Mit seiner Einkerkerung und seinem erzwungenen »Geständnis« war wieder eine der Stützen der Kirche gefallen. Das Feld war leer, als der große Sturm losbrach[5].

# Die Feuerprobe

Am 18. Januar 1956, einem Mittwoch, begann in der Nanyangstraße eine Reihe von Zusammenkünften, die vom Büro für religiöse Angelegenheiten einberufen worden waren und bei denen alle Gläubigen anwesend zu sein hatten. Sie dauerten zwölf Tage. Die Mitglieder der Gemeinde waren bei der Arbeit entschuldigt, damit sie den ganzen Tag teilnehmen konnten.

Die Gläubigen sollten nach und nach über Einzelheiten der Anklage gegen Nee informiert werden, und anschließend sollten sie ihre Meinung dazu sagen.

Die Beschuldigungen waren in einer Anklageschrift von 2296 Seiten zusammengefaßt. Danach war Watchman wegen imperialistischer Umtriebe, Spionage, konterrevolutionärer Tätigkeit gegen die Regierung, wegen finanzieller Unregelmäßigkeiten und ausschweifenden Lebens verurteilt worden.

Zweck der Übung war, die Entrüstung der Gemeindeglieder zu wecken, die in einer Massenkundgebung am Monatsende ihren Ausdruck finden sollte, wo die Ältesten und die älteren Schwestern ihre Mitschuld zugeben und die Gemeinde dabei anführen würden, wenn sie Watchman als Volksfeind brandmarkte.

Zwei Älteste machten Feststellungen, die die Vertreter der Partei als völlig unangemessen abwiesen. Dr. Yu, Ruth Lee und Peace Wang lehnten es ab, überhaupt Anschuldigungen zu erheben.

Am Sonntag, den 29. Januar, kam der Fall Watchman zu einem zusammenfassenden Verhör vor den Schanghaier Gerichtshof für öffentliche Sicherheit. Das Verhör war kurz und nicht öffentlich. Die Anklage lautete darauf, daß er von der Nanyangstraße aus eine systematische konterrevolutionäre Tätigkeit gegen die Volksregierung ausgeübt habe. Fünf Punkte wurden verlesen, und ihm war nur erlaubt, mit Ja oder Nein zu antworten. Nee äußerte sich zur einzig wesentlichen Anklage, die der Spionage und Sabotage. Zu den anderen Punkten soll er geschwiegen haben.

Der Fall wurde nun dem Obersten Gerichtshof übergeben mit der Empfehlung, Strenge walten zu lassen.

Am selben Tag wurden Dr. Yu und die beiden tapferen Frauen mit einigen anderen ins Gefängnis geworfen. In der Woche darauf waren schon dreißig Mitarbeiter und verantwortliche Brüder verhaftet. Gleichzeitig kämmte man die Gemeinden im ganzen Land durch und ließ ein paar tausend Männer und Frauen hinter Gefängnismauern verschwinden. Niemand durfte sie besuchen, sie hatten keinerlei Unterstützung.

Am Montag, dem 30. Januar, fand die öffentliche Anklage Nees in der Versammlungshalle in der Nanyangstraße statt. Sie war von der Abteilung für öffentliche Sicherheit und der Abteilung für religiöse Angelegenheiten einberufen. 2500 Personen waren anwesend. Vorsitzender war Lo Chu-feng vom Schanghaier Büro für religiöse Angelegenheiten. Eine Ausstellung von Fotografien und anderen Dokumenten »bewiesen« die Anklage.

Schon 1941, so wurde behauptet, habe Nee Informationen über die Bewegungen der kommunistischen Armee und ihre geheimen Pläne an die amerikanische Luftwaffe und an Tschiang Kaischeks Agenten weitergegeben. Der wahre Zweck seines letzten Besuches in Hongkong im Frühling 1950 sei es gewesen, über den Erfolg des nationalen Luftangriffs auf Schanghai, auf seine Wasser- und Stromversorgung, zu berichten. Er habe Abgesandten Tschiangs auch über die Epidemie berichtet, die in der Befreiungsarmee in Kiangsu und Tschekiang herrschte. Er habe dazu geraten, mit Larven infizierte Schnecken über den Flüssen und Seen Tschekiangs abzuwerfen und habe selbst wichtige Rohstoffe für Arzneimittel zurückbehalten. Er sei ein gesetzloser Kapitalist, der aus dem Handel mit pharmazeutischen Produkten Gewinn geschlagen habe; unter dem Deckmantel seiner Firma habe er Rohstoffe aus dem Ausland eingeführt, um sie anderen Herstellerfirmen zu verkaufen, und durch Bestechung der Zollbeamten habe er die Devisenbestimmungen umgangen. Auf diese Weise habe er die Nation um 17200 Millionen Yüan bestohlen. Indirekt sei er auch der Sabotage schuldig. Feuersbrünste und Explosionen in den Schanghaier Farbwerken seien dadurch entstanden, daß er geschulte Christen in diese Fabriken geschickt habe, um die Produktion zu sabotieren.

Er sei ferner ein Laufhund der Imperialisten. Unter dem Vorwand, daß es sich um chinesische Gründungen handele, habe er es versäumt, die christlichen Gemeinden als vom Ausland unterstützte Missionen eintragen zu lassen. Seit 1921 habe er Geschenke und Legate von Missionaren, von den Londoner »Brüdern«, von dem christlichen Gemeinschaftszentrum in London und von einzelnen Spendern aus Übersee erhalten. Als die China-Inland-Mission sich aus dem Land zurückzog, habe sie Nee eine Reihe von kirchlichen Gebäuden übergeben und so bewiesen, daß »sie im politischen Denken eines Sinnes« mit Nee waren.

Lange vor der Befreiung habe Nee unter dem Deckmantel der Religion eine konterrevolutionäre Bewegung geplant und organisiert. In seiner Rolle als Gründer der christlichen Gemeinden und mit Hilfe seiner Reaktionärsclique habe er den Plan gefaßt, China zu erobern. In Schulungskursen für seine Mitarbeiter habe er durch Vorträge, Predigten und bei Diskussionen seine subversive Tätigkeit verfolgt. Er habe die Christen aufgefordert, sich dem großen Unternehmen der nationalen Befreiung zu widersetzen, statt dessen zu fasten und zu beten, damit Gott die Volksbefreiungsarmee im Jangtse ertränke wie einst das Heer des Pharao im Roten Meer[1].

Er habe die Landreform angegriffen. Und doch habe er vor ihrer Einführung eine eigene Landreform unternommen, indem er der Kirche seinen ausgedehnten Besitz in Futschou übergeben habe. Doch sei dies nur ein Deckmantel für seine kriminelle Tätigkeit gewesen, deren schmerzlicher Einfluß noch immer zu spüren sei.

Zu einer Zeit, da China sich unter der Führung Maos auf dem lichten Pfad zum sozialistischen Aufbau befand, lehrten Nees Genossen, daß es sich um die in der Bibel erwähnten »letzten Tage« handele. Sie hatten das Volk demoralisiert, indem sie zum Beispiel die große Flutkatastrophe in Wuhan einem Gottesgericht zuschrieben[2].

Die Jugend sei durch die bösartigen Ratschläge Nees und seiner Anhänger verdorben worden. Manch junger Mann, manch junges Mädchen sei verlockt worden, sich einer Schulung zu unterziehen, »um dem Herrn zu dienen«, und hätte dann nur harte und demütigende Arbeit erhalten. Er habe der Jugend abgeraten, sich der Volksbefreiungsarmee anzuschließen, und sie gelehrt, »die Welt nicht zu lieben«. Darin sei er einfach unaufrichtig gewesen, denn was er wirklich liebte, sei die unglaubwürdige Welt von Tschiang Kai-scheks Banditen[3].

Nee und seine Clique hätten Kuomintang-Agenten beherbergt: Untergrundarbeiter, Generäle, entflohene Großgrundbesitzer, und hätten sie in den christlichen Gemeinden als Prediger, Älteste und Diakone eingesetzt, wo sie ihn in seiner subversiven Tätigkeit unterstützten. 1950 seien die Gläubigen ermahnt worden, in ihrem Eifer beim Straßenbau die Nicht-Christen auszustechen, doch nur, um auf diese Weise seinen geheimen Plan weiterzutreiben. Einige dieser »Untergrundarbeiter« wurden namentlich genannt: Chen Lu-sand, ein »früherer Polizeichef und konterrevolutionärer Bandit«, Lu Shih-kuang, »dessen Hände vom Blut des Volkes triefen«, Li Yin-shin und viele andere. (Sicher waren einige dieser Männer früher Beamte im Nationalstaat gewesen, ehe sie ihr Leben Gott übergaben.) Törichterweise habe Nee angekündigt, daß er China in fünfzehn Jahren für das Evangelium gewinnen wolle, das besser als der Kommunismus sei. Und diese Evangelisationsbewegung sei ein guter Deckmantel für seine politische Propaganda gewesen.

Der schamloseste Akt sei der Feldzug im April 1948 gewesen mit der Aufforderung an die Christen, dem Beispiel der Apostelgeschichte zu folgen und ihren Besitz um des Evangeliums willen Gott zu übergeben und nicht den Kommunisten. Dieser Feldzug habe sich wie ein Buschfeuer verbreitet und schätzungsweise 500000 Dollar erbracht. Natürlich habe Nee dies Geld für sein konterrevolutionäres Programm gebraucht.

Schließlich, um auch schlichte, gottesfürchtige Gläubige zu überzeugen, wurde Nee angeklagt, ein »liederlicher Vagabund« zu sein, der ein »zügelloses Leben« geführt habe und häufiger Gast in den Bordellen gewesen sei. Er habe bekannt, so wurde behauptet, daß er über hundert Frauen verführt habe, chinesische und ausländische. Für diese Behauptung blieben sie den Beweis schuldig.

In dem Saal in der Nanyangstraße, in dem Watchman die Gemeinde im Gebet geleitet und ihr das Wort Gottes ausgelegt hatte, schleppte sich die Aufzählung seiner »Verbrechen« dem Ende zu. Der Vorsitzende Lo Cu-feng rief den Vizebürgermeister von Schanghai auf, die Hauptansprache zu halten. Hsu Chien-kuo stand auf. Nachdem er auf die Einzelheiten von Nees Verhaftung im April 1952 anspielte, die bis dahin nicht bekannt waren, fuhr er fort, über die Regierungspolitik in Sachen Religion zu sprechen.

»Die Volksregierung garantiert die Freiheit des religiösen Glaubens«, versicherte er. »Das Problem, das uns heute beschäftigt, sind die Konterrevolutionäre, die in den christlichen Gemeinden versteckt sind. Die Opposition, die Nee und seine Bande gegenüber der staatlichen religiösen Bewegung zeigen, kommt nicht aus religiösen Motiven. Sie hat ihren eigenen verborgenen Zweck. Religion ist Religion, und Glaube ist Glaube. Man darf sie nicht mit seiner eigenen konterrevolutionären Anschauung vermischen oder als Deckmantel benutzen, hinter dem man das Gift des Hasses im Volk sät. Jeder Christ sollte aktiv daran teilnehmen, die Verbrechen der verhafteten Männer aufzudecken.

Über die Haltung vieler anderer Gemeindeglieder haben wir noch ernste Zweifel. Aber wir befassen uns noch nicht mit ihnen, um zu sehen, ob sie bereuen und eine neue Haltung an den Tag legen werden. Durch unsere Nachforschungen in den letzten Jahren haben wir eine Menge Informationen, die wir, wenn nötig, benutzen werden. Wer diese Warnung in den Wind schlägt, muß die Folgen tragen. Der Kampf hat erst begonnen. Wir werden nicht ruhen, bevor der Sieg unser und auch die kleinste Wurzel konterrevolutionärer Ideen aus der ›Kleinen Herde‹ ausgemerzt ist.«

Nach der Rede des Bürgermeisters erhob sich ein Medizinstudent. Er gehörte zur Gemeinde und hielt eine Ansprache voller Denunziationen. Andere, die auch zu sprechen suchten, wurden auf eine spätere Gelegenheit vertröstet.

Ein alter Schulfreund und Mitarbeiter Watchmans betonte, daß die Anklagen nicht religiöser, sondern politischer und moralischer Natur waren. »Es ist ein Ding, als Christ zu leiden; und es ist etwas ganz anderes, als Verbrecher zu leiden für Sünden, die man nicht begangen hat.«

Am 1. Februar erschien in der Presse eine offizielle Bestätigung von Watchmans Verhaftung am 10. April 1952 und daß er nun mit zwei weiteren Gefangenen, Chang Tzu-chieh und Ni Hong-tsu, im Gefängnis von Schanghai einsaß. Chang war Mitarbeiter in Tsingtau und Hong-tsu Watchmans dritter Bruder, das achte Kind der Familie. Er war ein alter Agent Tschiangs und verstand sich selbst nicht als praktizierender Christ. Man hatte ihn mit dem Versprechen, seine zerrütteten Finanzverhältnisse zu ordnen, von Hongkong nach Schanghai gelockt. Hier wurde er als Verräter hingerichtet. Es kann kein Zweifel darüber bestehen, daß die politische Agententätigkeit des einen Bruders den anderen belasten sollte, um auf diese Weise den Vorwürfen, die man gegenüber Watchman erhob, Nachdruck zu verleihen.

Am 2. Februar denunzierte Bischof Robin Chen Watchman in einem Artikel, in dem er offen seine Genugtuung darüber äußerte, daß dieser harte Block beiseite geräumt worden war. Am selben Tag führte er den Vorsitz bei einer großen Versammlung der Drei-Selbst-Bewegung. Etwa ein Dutzend Geistliche und Kirchenführer sprachen und priesen Mao und die kommunistische Partei wegen ihres Kampfes gegen Nee und seine Gruppe. Das sei »vollkommen korrekt und unbedingt notwendig« gewesen. Diese »reißenden Wölfe in Schafspelzen« verdienten die schwerste Bestrafung. Die Versammlung verfaßte eine Resolution, in der sie gegen die Sünden dieser Landesverräter Stellung nahm. Eine Frau beschrieb Nee in ihrer Ansprache als »antirevolutionären liederlichen Menschen und schamlosen Ehebrecher«. »Wir Frauen konnten ihn nur hassen.«

Am nächsten Tag erschien in einer Schanghaier Zeitung eine Karikatur auf den Feldzug der »Kleinen Herde« »Gebt Gott, was Gottes ist«. Sie zeigte zwei Stockwerke eines Hauses. Im oberen Stock drängten sich die Leute um einen maskierten Mann, der auf einer Trittleiter saß und sie aufforderte, ihren Besitz in einen großen Trichter zu werfen, der die Aufschrift trug: »Gebt Gott, was Gottes ist.« Alle Arten von Gaben wurden hineingetan bis hinunter zu dem Hemd, das ein Kuli auszog, und dem Jäckchen eines weinenden Kindes. Im unteren Stock war der Trichter anders beschriftet: »Für die Arbeit der Konterrevolution.« Aus ihm strömten Gold und Silber, Armbanduhren, Schmuck und Geldscheine und häuften sich zu Füßen Watchmans, der, mit einer Prostituierten auf dem Schoß, entspannt dasaß und den ganzen Segen entgegennahm.

Durch solche gezielten Angriffe wollte man Watchman aus den Herzen der Gläubigen reißen. Nur wenige wagten es noch, seinen Namen auszusprechen, aber im Stillen unterstützten ihn viele Christen in ganz China, indem sie für ihn beteten.

Die Pastoren und Evangelisten in Schanghai wurden nun aufgefordert, vom 5. Februar an kleine Studiengruppen einzurichten, um die Christen über die »Verbrechen von Watchman« zu informieren. In der Nanyangstraße wurden mit Ausnahme des Sonntagsgottesdienstes alle Veranstaltungen abgesagt, um diese Schulung durchzufahren.

Der »Himmlische Wind« widmete am 6. Februar dem Fall Nee elf Seiten. »Treibt die grausamen Wölfe aus der Kirche«, stand da zu lesen. »Sie sind eine Gefahr für die nationale Erneuerung, für die soziale Ordnung, die Wohlfahrt des Volkes; sie untergraben die nationale Sicherheit. Ihr Dasein in den christlichen Kirchen bringt den Namen des Herrn in Verruf, schändet die Kirche und verfälscht die Wahrheit des Evangeliums. Sie sind sehr clever und sprechen gern über Heiligung. Ihre Aktionen aber sind weit davon entfernt, und das Leben Watchmans ist nicht mehr zu revidieren. Brüder und Schwestern, wir freuen uns, daß diese Bande unserer geliebten Kirche nichts mehr anhaben kann.« Am 29. Februar berichtete das Blatt über eine weitere große Anklageversammlung, die von mehr als 3000 Angehörigen der »Kleinen Herde« besucht wurde. Sie sollten der Ernennung von vierzehn neuen Führern ihre Zustimmung geben, die, von der Regierung bestimmt, an die Stelle der Gefangenen treten sollten. Diese Versammlung stand unter einem noch stärkeren emotionalen Druck als die vom 30. Januar. Der Bericht über diese Versammlung im »Himmlischen Wind« nahm fünfzehn Seiten ein. Er war überschrieben: »Nun bleiben Glaube, Hoffnung und Liebe, diese drei.«

Eine große Zahl von Abgeordneten aus der »Kleinen Herde« besuchte die zweite nationale Konferenz der Chinesischen Christlichen Kirche in Peking vom 15. bis zum 23. März 1956. Hier gab der Vorsitzende der Drei-Selbst-Bewegung, Y. T. Wu, einen Bericht über die Fortschritte, die seit der letzten Konferenz im Jahre 1954 erreicht worden waren. »Zu diesem Zeitpunkt«, sagte er, »gerade als wir voller Vertrauen vorangingen, widersetzte sich eine kleine Gruppe unserer Bewegung unter dem Vorwand, daß es sich um eine ›Glaubensfrage‹ handele, und störte so unsere Einheit. Während der nationalen Kampagne 1955/56 wurden einige in der Kirche versteckte Gegenrevolutionäre entdeckt. Unter dem Deckmantel der Religion betätigten sich diese Männer als Spione, verbreiteten Gerüchte und behinderten den Feldzug des chinesischen Volkes. Innerhalb der Kirche benutzten sie den ›Glauben‹ als Vorwand, um sich der Drei-Selbst-Bewegung zu entziehen; mit einem religiösen Slogan suchten sie ihre Mitchristen zu verwirren, die Jugend zu verderben und die Einheit der Christen zu verhindern. Sie sind entlarvt; dieses Hindernis ist hinweggeräumt. Heute sind alle Christen vereinigt, auf einer breiteren und festeren Grundlage als je.«

Den Abgeordneten der »Kleinen Herde« wurde bald Gelegenheit gegeben, ein öffentliches Bekenntnis abzulegen und sich in die Bewegung einzureihen. In einer späteren Ansprache stellte der Anglikaner Dr. Tsui fest:

»Der Älteste Yen Chia-le aus der ›Kleinen Herde‹ in Peking und Fräulein Hsu Ma-li aus der ›Kleinen Herde‹ in Schanghai haben auf dieser Konferenz Beschuldigungen vorgebracht. Wer wurde jemals gezwungen, Anklage zu erheben? Wir konnten einfach nicht anders, als solche Gelegenheiten ergreifen, um diese Vertreter des Imperialismus bloßzustellen und anzuklagen, wenn wir ihre furchtbaren Verbrechen erkannten.« Er sprach von den »verborgenen Wolfsklauen unter dem Schafpelz« jener, die der Westen »tapfere christliche Führer« nennt.

Konferenzen in den einzelnen Provinzen folgten. Für die Provinz Tschekiang wurde sie in Hangtschou abgehalten, wo Watchman und Charity einst ihre Hochzeit feierten. Als Gelegenheit zum Sprechen gegeben wurde, waren die Mitglieder der

»Kleinen Herde« besonders eifrig, sich von ihrer früheren Haltung zu distanzieren und ihren eingekerkerten Führer zu exkommunizieren.

In der Provinz Anhwei wurde im März offiziell berichtet, daß »so viele wie möglich von denen, die unter Watchman Nees weitreichendem Einfluß gestanden hatten, umgeschult wurden und man den Rest verhaftete«[4].

Mitte April war die Umerziehung der Gemeinde in der Nanyangstraße beendet. Ihren formellen Eintritt in die nationale Kirche vollzog sie am 15. April bei einer Zusammenkunft mit Vertretern der anderen Kirchen. Die Diskussionsthemen bei diesem Treffen lauteten: »Die Klärung unseres Glaubens« und »Wie man an der nationalen Bewegung teilnehmen soll«. Die Kirche beugte sich dem »Volksbegehren« und verkündete öffentlich ihre »Wiedergeburt«. Damit war die ganze protestantische Kirche in China unter einer einzigen Autorität vereinigt.

Später allerdings klagte ein Reporter im »Himmlischen Wind«: »Eine kleine Zahl von Brüdern und Schwestern, die durch das antirevolutionäre Gift sehr beeinflußt waren, fühlt sich noch immer unbehaglich und stimmt in ihrem Gewissen nicht zu. Für sie hängt diese Frage mit dem Glauben zusammen.«

So machte sich die Regierung daran, auch die letzten Schlupflöcher zu verstopfen. Alle Bibel- und Gebetsstunden in Privathäusern wurden verboten. Unabhängige Evangelisten und Prediger wurden verfemt. Die Religionsfreiheit wurde laut proklamiert, doch sie stand unter staatlicher Kontrolle.

Nee blieb während dieser Zeit für die Öffentlichkeit verschwunden. Am 21. Juni 1956 erschien er dann in Schanghai vor Gericht. Wie zuvor und wie in allen solchen Fällen, handelte es sich nicht um einen öffentlichen Prozeß, sondern nur um eine öffentliche Verurteilung. Sie dauerte fünf Stunden. Dabei wurde verkündet, daß er von seiner eigenen Kirche exkommuniziert sei. Er wurde aller Anklagen für schuldig befunden und unter Anrechnung der vier Jahre Untersuchungshaft zu fünfzehn Jahren Gefängnis verurteilt, »zur Umschulung durch Arbeit«[5].

# Unterdrückung

Als der Sturm in Schanghai ausbrach, im Januar 1956, gehörte Charity zu denen, die man »haben wollte«. Doch sie befand sich unter ärztlicher Aufsicht im Krankenhaus, da ihr Augenlicht bedroht war, und sie war zu krank, um die Anklageversammlungen zu besuchen oder das verlangte Bekenntnis abzulegen. Und im Juni, zur Zeit von Watchmans Verurteilung, war auch sie im Gefängnis. Bei Jahresende war ihr Geständnis immer noch nicht ausreichend.

1957 wurde sie wieder entlassen. Es war der Anfang ihrer langen einsamen Zeit. Sie wohnte in einem Zimmer in der Nähe der Medizinschule. Nur wenige wagten es, sie zu besuchen. Es verlangte großen Mut, das offen zu tun, denn sie war als »verbrecherische Reaktionärin« abgestempelt und hatte die bürgerlichen Rechte verloren; die Verbindung mit ihr konnte gefährlich werden. Ihre Nachbarn sprachen kaum mit ihr. Hin und wieder suchte ein christlicher Student oder einer der Gläubigen sie auf, doch gewöhnlich nach Einbruch der Dunkelheit, um unerkannt zu bleiben. Sie vermieden es, ihren Mann zu erwähnen, statt dessen sprachen sie über Jesus, den Herrn, und hatten Gebetsgemeinschaft mit ihr. Die Besucher verließen sie immer gestärkt und überrascht von ihrer Kraft und Ruhe, denn sie verfügte über beachtliche innere Reserven.

Ein Gefangener, der seine Strafe verbüßte, konnte einen Verwandten als Besucher empfangen, und so wurde es Charity endlich nach fünf Jahren erlaubt, Watchman zu sehen. Sie durchquerte die Stadt, ihr Ziel war das frühere internationale Viertel, wo das weitläufige Gefängnis am Suchow-Bach lag. Ihre Unterredung fand unter Aufsicht in einem Saal statt, in dem eine Barriere sie trennte, und dauerte eine halbe Stunde. Die Erlaubnis dazu konnte monatlich erneuert werden. Ebenfalls monatlich konnte Watchman je einen unter strenger Zensur stehenden Brief absenden und empfangen.

Das Gefängnis mit seinen häßlichen grauen Mauern hatten die Engländer im Jahre 1913 erbaut. Watchmans Einzelzelle maß drei mal anderthalb Meter. Als einzige Einrichtung gab es eine Holzplattform auf dem Fußboden zum Schlafen. Vor den Zellen zog sich eine etwa siebzig Meter lange Galerie hin, auf die die Zellenfenster hinausgingen.

Der Tag teilte sich in acht Stunden Arbeit, acht Stunden Schulung und acht Stunden Nachtruhe. Wegen des Ungeziefers war es schwer, Schlaf zu finden. Watchman stand um fünf Uhr auf, um sich mit der Schar verlorener Männer zur Arbeit in die Gefängnisfabrik zu begeben oder zur Übung in einen der kahlen Innenhöfe. Es gab keine Gefängniskleidung, und so trugen die Gefangenen ihre eigene, meist abgetragene und zerrissene Kleidung. Wenn einer fleißig war, bestanden seine Kleider aus einer Anhäufung von Stopfen und Stichen.

Die drei Mahlzeiten am Tag wurden von den weiblichen Gegangenen zubereitet: eine war kräftig (für die Arbeit), eine leicht (für die Schulung), und die dritte bestand aus Haferschleim. Obwohl es frisches Gemüse und gelegentlich auch Fleisch gab, lebten die Häftlinge gerade ein wenig über dem Existenzminimum. Gelegentlich gestattete man ihnen ein heißes Bad und alle vierzehn Tage einen Haarschnitt. In der bitteren Winterkälte und ohne Heizung mußten sie viele Kleider übereinander ziehen, um überhaupt am Leben zu bleiben.

Als »Krimineller« erhielt Watchman dieselbe Schulung wie die politischen Häftlinge. Sie besuchten Vorlesungen über Politik, Tagesereignisse und Produktionstechniken. In jeder Abteilung gab es eine Bücherei und Zeitungen, und es wurden Diskussionen veranstaltet, Theatergruppen gebildet und Filme gezeigt. Einen großen Teil des Tages wurden sie über Lautsprecher mit politischer Propaganda gefüttert.

Als jenseits der Grenze bekannt wurde, unter welchen Umständen Watchman lebte, sandten die Gläubigen aus Hongkong kleine Mengen Nahrung, Kleidung und Seife (die streng rationiert war) an Charity, und es gelang ihr, ein wenig davon ins Gefängnis einzuschmuggeln. Man gestattete Watchman Schreibmaterial, und ein Teil seiner »Umerziehung durch Arbeit« bestand darin, daß er wissenschaftliche Bücher und Artikel aus dem Englischen ins Chinesische übersetzte, die für die Regierung wichtig waren.

Für diesen Zweck konnte er auch anerkannte Bücher anschaffen, und später wurden einmal zwei Bände eines medizinischen Lexikons in Hongkong für ihn gekauft. Doch es ist ziemlich sicher, daß ihm nie erlaubt wurde, eine Bibel bei sich zu haben. Hier war er allein auf sein erstaunliches Gedächtnis angewiesen.

Im Sommer 1956 gab es mit dem Beginn der »Laßt-hundert-Blumen-blühen«-Kampagne eine gewisse Entspannung. Doch ein Jahr später, zur Zeit von Charitys Entlassung aus dem Gefängnis, folgte die Phase des »Blühens und Sich-Behauptens« mit ihrem harten Kampf gegen alles freiheitliche Denken. Trotzdem fand eine Studentin, die 1957 die Versammlung in der Nanyangstraße besuchte, mutige Christen, die verkündigten: »Der Herr ist meine Kraft und mein Lobgesang und mein Heil.« Sie erlebte einen Gottesdienst am Sonntagmorgen, das Abendmahl am Nachmittag und am Abend eine Zusammenkunft für junge Leute. Im Juli fand dort auch eine fünftägige Studentenkonferenz statt. In jenem Sommer gab es ein weit verbreitetes christliches Erwachen unter den Studenten in ganz China, das unter anderem vermutlich durch die Schriften Wang Ming-taos und Watchman Nees hervorgerufen wurde. Damals begannen viele Studenten, große Abschnitte der chinesischen Bibel auswendig zu lernen.

Im November wurde das erste Buch Watchmans im Ausland, in Bombay, gedruckt: »Das normale Christenleben.« Wahrscheinlich hat er nie erfahren, wieviel Frucht seine Bücher außerhalb Chinas brachten.

Im Januar 1958 proklamierte Mao Tse-tung den »Großen Sprung« mit dem Ziel, »schneller, besser und ökonomischer« zu produzieren. Seine unfehlbaren Gedanken begannen das Volk zu beherrschen. Die Parteikader interpretierten und prägten sie dem Volk ein, und so begann es über die gewöhnliche Zeit hinaus und unter Anspannung aller Kräfte zu arbeiten. Das Pflanzen von Reis, das Schmelzen von Roheisen im Hinterhof bekam den Rang nationaler Würde. Die Leute arbeiteten bis zur Erschöpfung, und so ließ der Kirchenbesuch nach.

Ebenfalls Anfang des Jahres hatte ein Feldzug zur sozialistischen Umschulung der Pastoren begonnen. Sie sollten als Glieder der ausbeutenden Klassen, als »Parasiten«, gebrandmarkt und zur produktiven Arbeit herangezogen werden. Der »Himmlische Wind« war voll von Berichten über die schlimmen Dinge, die man entdeckt hatte, wie Glaubensheilungen oder Dämonenaustreibungen; damit habe der Imperialismus sein Haupt wieder erhoben. Und hinzu kamen die meist jeder Grundlage entbehrenden Anschuldigungen wegen Unmoral. Listen wurden aufgestellt von Pastoren, die ins Gefängnis oder zur Arbeit in die Bergwerke geschickt wurden. Viele christliche Führer, die die anfängliche Strategie der Partei für ihr letztes Ziel gehalten und sich an den Denunziationen beteiligt hatten, wurden nun selber denunziert.

Daneben lief ein Feldzug zur Vereinigung der Gottesdienste. Überall wurden die Versammlungen zusammengelegt, und so wurden viele Kirchen für weltliche Zwecke frei. Im September waren in Peking aus 64 Gemeinden vier geworden, und in Schanghai blieben von 150 noch zwanzig übrig. In der Versammlungshalle in der Nanyangstraße wurde eine Fabrik untergebracht. Zur Zwangsreform der »Kleinen Herde« gehörte die Abschaffung der Frauenversammlungen und des wöchentlichen Abendmahlsgottesdienstes. Die Lieder wurden vereinheitlicht und mußten durch ein Komitee gebilligt werden. In allen Kirchen war es verboten, über das Jüngste Gericht und die Wiederkunft des Herrn oder die Vergänglichkeit dieser Welt zu predigen. Vielmehr sollten die Vereinigung der Kirchen und der Sozialismus gelehrt werden. Alle Bibelkommentare wurden geprüft und nur solche, die keine gefährlichen Gedanken enthielten, zugelassen. Gebäude, kirchliches Eigentum, Bankguthaben mußten der patriotischen Bewegung übergeben werden.

Im Innern des Hauptgefängnisses, wo der Produktionszwang genauso hart wie draußen war, stieg ein heller Lobgesang zu Gott auf. Ein Gefangener, der in einem andern Block untergebracht war und im Sommer 1958 entlassen wurde, berichtete, daß man aus Watchmans Zelle häufig geistliche Lieder hörte. Er hatte eine angenehme Baritonstimme, und morgens, ehe die Lautsprecher einsetzten, war Zeit für vier oder fünf Lieder. Er hatte viele Lieder selbst verfaßt und andere ins Chinesische übersetzt, und nun hörten ihn die Gefangenen – eine Geschichte wie im ersten Jahrhundert.

Ruth Lees und Peace Wangs Prozeß fand im Sommer 1958 statt. Sie hatten sich standhaft geweigert, Watchman anzuklagen, und wurden beide zu fünfzehn Jahren Gefängnis verurteilt. Unter harten Bedingungen mußten sie Stoffschuhe anfertigen.

Auch Dr. Yu hatte der Versuchung widerstanden, Watchman zu denunzieren, selbst als seine Frau und sein Sohn zu ihm geschickt wurden und ihm auftragsgemäß die Freiheit als Gegenleistung anboten. Er erkrankte dann an Krebs und war zu krank, um bei seinem Prozeß zu erscheinen. Ein wenig später, nachdem er auf Ehrenwort entlassen war, starb er in einem der früheren Büroräume in Wen Teh Li, bis zum Ende standhaft im Glauben.

Zu Neujahr 1959 gab es keine Feuerwerkskörper und keine bunten neuen Kleider. Der »Himmlische Wind«, die letzte überlebende christliche Zeitschrift, beschränkte sich nur noch auf Propaganda-Artikel. Die durch die Produktion voll ausgelastete Bevölkerung wurde ermahnt, »ihr Herz der Partei zu übergeben«. Aber als im Mai 1960 drei chinesische Bergsteiger eine kleine Gipsbüste von Mao Tse-tung auf dem Gipfel des Mount Everest aufstellten, befand sich China schon in der Wirtschaftskrise. Schlechte Planung und Naturkatastrophen kamen zusammen, die Lebensmittel mußten rationiert werden, und in vielen Gebieten herrschte Hungersnot. Maos »großer Sprung nach vorn« verkehrte sich in das Gegenteil. Natürlich herrschte auch in den Gefängnissen der Hunger. 1962 wurden zwei bejahrte und sehr gebrechliche Älteste der »Kleinen Herde« entlassen, nachdem sie zehn Jahre Haft verbüßt hatten. Sie berichteten, daß Watchman keine hundert Pfund mehr wöge. Achtzehn Monate später wurde er mit einem Koronarschaden ins Gefängnishospital eingeliefert und für eine Weile von der körperlichen Arbeit befreit. Man erlaubte, daß in Hongkong Medizin für ihn gekauft wurde.

Im Juni 1966 brach die große proletarische Kulturrevolution aus. Sie überraschte selbst die scharfsinnigsten Beobachter, die nicht weit ab vom Schauplatz waren. Am 18. August erhielten die studentischen Roten Garden bei einer Massenparade in Peking den Segen Mao Tse-tungs, »unseres großen Lehrers, Führers, obersten Befehlshabers und Steuermanns«. Mit seinen »Worten« bewaffnet, griffen sie die Führer der Nation als »bourgeoise Sowjet-Revisionisten« an. Die Fabriken wurden geschlossen, Schmähplakate bedeckten jede freie Wand, die Massen füllten die Straßen, es kam zu einer großen Säuberungsaktion.

Rote Garden erschienen auch im Stadtgefängnis, beschuldigten den Direktor des Revisionismus und besetzten das Gebäude. Als sie durch die Zellen und Vortragssäle stürmten, wurden sie gegen einige Insassen gewalttätig. Dabei wurde Watchman niedergeschlagen und brach sich den Arm[1].

Von jetzt an spielten die »Worte Maos« die Hauptrolle bei der Schulung der Gefangenen, und die Gefängnisbücherei wurde in der Auswahl der Bücher darauf abgestellt.

Im April 1967 waren Watchmans fünfzehn Jahre um. Die Gefangenen waren durch die Lautsprecher oft genug gewarnt worden: »Wenn du zu fünf oder sieben Jahren verurteilt bist und wir nach dieser Zeit nicht zufrieden mit deiner Umwandlung sind, wird man dir weitere fünf oder sieben Jahre geben.« Viele Freunde in der ganzen Welt beteten um die Freilassung Watchmans, und Charity erwartete sie zuversichtlich. Doch nicht alle waren so hoffnungsvoll. Watchmans ältere Schwestern in Hongkong und Schanghai wechselten Postkarten: »Ist der ältere Bruder zu Hause?« – »Der ältere Bruder ist nicht zu Hause.«

1967 wurden 86 Millionen Exemplare der »Ausgewählten Werke« Mao Tse-tungs verteilt, 350 Millionen des »Kleinen Roten Buches« und 100 Millionen der »Ausgewählten Lesungen« und der »Gedichte«. Es wurde jetzt gefährlich, eine Bibel zu besitzen.

Dreizehnmal in dreizehn Monaten wurde Charitys kleines Heim von den Roten Garden durchsucht, ihre Habseligkeiten durchwühlt und alles Christliche lächerlich gemacht oder vernichtet. Am Ende war sie wie viele andere in einem akuten Angstzustand, der sich zu einem völligen Zusammenbruch steigerte. Obwohl die Gläubigen alles taten, um sie zu unterstützen, konnte nur Gott ihr durch diese Zeit helfen. Von jetzt an hörten alle Gottesdienste auf, und den wenigen Geistlichen, die es noch gab, wurde befohlen, in ihre Heimatdörfer zurückzukehren. Alle religiösen Gebäude wurden säkularisiert und an ihre Mauern

Plakate mit antireligiöser Propaganda geklebt. »Himmlischer Wind« stellte sein Erscheinen ein.

Im September erhielten die Ältesten der Gemeinde in Hongkong Nachricht, anscheinend von hohen Beamten der Volksrepublik, daß Watchman und Charity China verlassen dürften, wenn eine beträchtliche Geldsumme in U.S.-Dollar bei der Hongkonger Zweigstelle der Bank von China hinterlegt würde. Watchman war so beliebt unter den chinesischen Gläubigen in Südostasien, daß das Lösegeld sehr schnell zusammenkam und auf die Bank gebracht wurde. Doch zu Beginn des Jahres 1968 kam aus derselben amtlichen Quelle die Nachricht, daß der Handel abgeblasen war. Die Summe wurde voll zurückgezahlt.

Wenn man annimmt, daß das Angebot ehrlich gemeint war und daß Watchman davon hörte, so war es ihm gewiß erlaubt, sich so oder so zu entscheiden. Darauf läßt ein eigenhändiger Brief schließen, den ebenfalls im September ein Flüchtling nach Hongkong brachte. Darin versichert Watchman, daß er guten Mutes und bei guter Gesundheit sei. So nehmen seine jungen Mitarbeiter, die ihm am nächsten standen, an, daß er diesen Vorschlag selbst ablehnte. Das ist wahrscheinlich.

Er hielt an den Prinzipien fest, daß es richtig sei, auf neutralen Gebieten – Studium, Arbeit, Übersetzungen – mit der Regierung zu kooperieren, um zu beweisen, daß Christen loyale Chinesen sind. Damit hoffte er das Los der anderen zu erleichtern, während seine Einwilligung in die Ausreise nach Hongkong als Kompromißbereitschaft verstanden werden mußte und sie belastet haben würde.

Aber da spielte noch etwas anderes mit. Er befand sich ja nicht in den Händen von gewissenlosen Menschen, sondern in Gottes Händen. Die Menschen wußten, daß seine Verbrechen erfunden waren. Aber das war ihre Sache. Was galt, war, daß Gott auf seine Weise handelte und daß Gott sagen konnte: »Ich segne dich«.

Früh schon hatte Watchman die Lektion Jakobs am Jabbok gelernt, den Gott da anrührte, wo er stark war, und ihn an dieser Stelle zum Krüppel machte, damit er durch diese Erfahrung die immer neue Kraft Gottes entdeckte. Wenn er schwach ist, dann ist er stark in Gott. »Ich kann dich nicht festhalten, aber ich kann dich bitten. Ich habe keinen Glauben und kann kaum beten, und doch glaube ich!« Und wenn das so ist, dann muß Gott, weil man sich auf ihn verläßt, handeln. Watchman dachte nicht daran, diese Schule zu verlassen. »Wir bleiben immer Schüler«, hatte er in Wen Teh Li gesagt, »aber jeder kommt einmal an den Punkt, an dem er diese grundlegende Lektion lernen muß. Dann ist plötzlich alles anders. Von da an bekommen wir eine Erkenntnis Gottes, die über allem steht, was wir erträumt haben.« Ich erinnere mich, daß er bei einem gemeinsamen Essen einen Keks zerbrach und dann die beiden Hälften aneinanderhielt. »Er sieht aus, als wäre er ganz«, sagte er mit einem Lächeln, »aber er kann niemals mehr so sein, wie er war. So geht es dir auch. Bei der leisesten Berührung Gottes wirst du dich vollkommen verändern.«

Watchmans innerer Friede entsprang einem Gefühl des Geführtseins, das in diesem Leben vielleicht Gottes größte Gabe an einen Menschen ist. 1949 war er von Hongkong nach Schanghai in der Überzeugung zurückgekehrt, daß Gott eine Aufgabe in dem neuen China für ihn hätte. Und es war dann ganz folgerichtig, wenn er auch jetzt spürte, daß Gott ihn brauchen würde und daß er deshalb bleiben sollte, was immer auch geschähe. »Nichts hindert uns so wie die Unzufriedenheit mit unseren Umständen. Die Voraussetzung für jeden Start ist Ruhe, aber es gibt eine besondere Ruhe, die wir dann entdecken, wenn wir wie Jesus sagen lernen: ›Ich danke dir, Vater, denn es ist gut in deinen Augen. Gott weiß, was er tut, und es gibt nichts Zufälliges im Leben eines Gläubigen. Und nur Gutes kann denen geschehen, die ihm ganz gehören.«

»Zu was sind wir berufen? Nicht zum christlichen Werk, sondern in den Willen Gottes, zu sein und zu tun, was ihm gefällt. Gott hat den Weg jedes Christen schon vorgezeichnet. Und wenn wir am Ende eines Lebens mit Paulus sagen können: ›Ich habe meinen Lauf vollendet‹, dann sind wir tatsächlich gesegnete Leute. Die alttestamentlichen Heiligen dienten ihrer eigenen Generation und gingen davon. Die Menschen gehen, aber der Herr bleibt. Gott selbst nimmt seine Arbeiter hinweg, aber er gibt neue. Unsere Arbeit leidet, seine niemals. Er bleibt Gott.«

# Die letzten Jahre

Watchman wurde durch die Verbreitung seiner Schriften in den sechziger Jahren auch im Westen bekannt, und dies führte dazu, daß an vielen Orten für die Christen in China gebetet wurde.

Dieses Interesse war neu und ohne Beimischung des früheren Argwohns, mit dem man das Eindringen der Ideen Watchman Nees in andere Missionswerke beobachtet hatte. Offensichtlich fühlten seine westlichen Leser die Besonderheit dieses chinesischen Zeugnisses heraus, dem sie sich mehr verbunden fühlten als den orientierungslosen westlichen Missionen. Ein zu Herzen gehendes Eingeständnis für diese Unfähigkeit, die Zeichen der Zeit zu erkennen, machte ein anglikanischer Missionar aus Fukien. Er beschrieb die »Kleine Herde« als eine echte und sich ausweitende Gemeinschaft und räumte ein, daß solche Bewegungen »ihren Ursprung in unseren eigenen Irrtümern haben«. Den tragischen Gegensatz zwischen Ordnung und Freiheit des Geistes »würde es nicht gegeben haben, wenn wir ihn nicht nach China exportiert und unsere westlichen nachmittelalterlichen christlichen Traditionen dort verbreitet hätten«. Ein chinesischer Beobachter im Westen sah in der Einstellung der ausländischen Missionsarbeit die Voraussetzung für eine reichere evangelikale Zukunft. »Nun kann mit einem neuen Typ missionarischer Bewegung in China gerechnet werden«, schreibt er. Würde dies eine Arbeit vom Typ der »Kleinen Herde« sein? Würde Watchman ein Mann dieser Zukunft sein?

Geboren in einem revolutionären Zeitalter und gewonnen für Jesus Christus, erkannte er die Notwendigkeit, ein eigenes Programm für Leben und Zeugnis zu entwickeln, das frei von fremden Bezügen in einem chinesischen Kontext stand und für das die Bibel als Quelle absolut genügte. Indem er sie wieder und wieder las, hoffte er, der Gefahr der Einseitigkeit zu entgehen, und er erwartete, daß sich die Probleme, die ein aus der Bibel aufgebautes Leben mit sich brachte, in der Begegnung mit dem lebendigen Christus, der ja ihr Thema ist, lösen würden. So wurde, um mit einem Missionar zu sprechen, die Bewegung, deren Führer er war, als eine Verkörperung eines ebenso radikal biblischen wie radikal chinesischen Evangeliums ungemein anziehend.

Sein Kirchenbegriff hatte einen schwachen Punkt. Dieser lag in dem Versuch, die Grundsätze, die er dem Neuen Testament entnommen hatte, direkt zu übertragen. So bestand er auf der geographischen Ortsgebundenheit der Kirchen: eine Stadt – eine Kirche. Dieser allzu statische Begriff hat diese Kirche denn auch schneller als nötig der staatlichen Kontrolle unterworfen. Im Gegensatz dazu wirkt zehn Jahre später seine Entdeckung der Auswanderungsbewegung im ersten Jahrhundert als echte Inspiration[1]. Anpassungsfähigkeit und Flexibilität halfen jenen, deren Bestimmung es war, schon sehr bald von den anderen isoliert zu werden. Als die Partei die Bevölkerung zu bespitzeln begann und auf diese Weise die Kirche zu liquidieren suchte, half dieses bewegliche Konzept dem Leben und Zeugnis der Christen zu ihrer eigentlichen Entfaltung. Das war die Kirche, deren Auftrag nicht das Überleben, sondern der Kampf war, während sie selbst im Feuer stand.

Aber der Hauptbeitrag Watchmans für das Überleben des Glaubens und lebendigen biblischen Denkens in China mag woanders liegen. In seine unvergeßliche Lehre vom Weg des Christen mit Gott hatte er sein eigenes Leben eingesät. Wenn das Weizenkorn stirbt, bleibt es nicht allein. Das Wort wird nicht leer zurückkehren, sondern es wird ausrichten, wozu es gesandt wurde. Wahrscheinlich hat jener Missionar recht, wenn er sagt: »Watchman Nee war von dem Herrn dazu bestimmt, die Wahrheiten des Evangeliums in den Blutstrom des chinesischen Volkes einzuimpfen. Seine Worte hafteten wie Kletten. Seine Bücher und Traktate tauchten überall auf. Und wenn jemand ein paar der einflußreichsten chinesischen christlichen Autoren nennen sollte, gab es kaum eine Möglichkeit, ihn auszulassen[2].«

Aber was kann Watchman Nee bewogen haben – wenn er tatsächlich die Möglichkeit einer Wahl hatte –, in China als ein zum Schweigen verurteilter »Krimineller« zu bleiben? Was mag die Botschaft seiner letzten Jahre gewesen sein?

Da ist zunächst seine Situation. Sie umreißt das, was Christentum überhaupt ist.

»Ihr werdet vor Obrigkeiten und Könige geschleppt werden um meinetwillen, um mich vor ihnen und den Heiden zu bezeugen« – das sagt Jesus den Zwölfen lange voraus. »Sorget euch nicht im voraus darum, was ihr reden sollt, sondern was euch in jener Stunde gegeben wird, das redet! Denn nicht ihr seid es, die reden, sondern der Heilige Geist.« Das waren Erfahrungen der Apostel und das eigentliche Motiv des Paulus, den Kaiser anzurufen. Denn »was könnte nicht alles dabei herauskommen, wenn der Kaiser selbst hört, wie Paulus sich verteidigt! Wir können die Hoffnungen, die Paulus mit diesem Verfahren verband, gar nicht hoch genug ansetzen. Daß sie sich nicht verwirklichen ließen, können wir rückblickend verstehen, denn wir wissen mehr über Nero als Paulus im Jahre 59. Für Paulus war das Gefängnis keine Strafe für die Predigt des Evangeliums, sondern eine Plattform dafür.« Die gleichen Erfahrungen haben andere Christen gemacht. Madame Guyon, deren Geschichte einen so wesentlichen Einfluß auf Watchmans frühere Jahre hatte, schrieb über ihr öffentliches Verhör unter Androhung des Schafotts 1688: »Unser Herr schenkte mir, was er seinen Jüngern versprochen hatte: Er gab mir Antworten, die weit besser waren, als wenn ich mich sorgfältig darauf vorbereitet hätte.« »Ungehindert« steht im letzten Satz der Apostelgeschichte. Damit wird die Evangelisationstätigkeit des gefangenen Apostels beschrieben.

Im Mai 1968 bat ein chinesischer Besucher in einer westlichen Hauptstadt um Asyl. Er erzählte den Behörden, daß er eine Zeitlang Aufseher im Schanghaier Gefängnis gewesen sei und durch Watchmans Zeugnis Jesus Christus als seinen Erlöser gefunden habe. Wenn dies einen Schluß darauf zuläßt, was chinesische Christen heute durch »das Wort ihres Zeugnisses« leisten – und das tut es tatsächlich –, dann müssen wir eine weitere Feststellung machen.

In seinen letzten Tagen pflegte Jesus das, was er früher den Zwölfen über das Zeugnis vor den Obrigkeiten gesagt hatte, auf die Gemeinde zu übertragen – auf uns. Nun hatte er zwischen die beiden oben zitierten Sätze eine Bemerkung eingeschoben, die wir gewöhnlich auf die Weltmission beziehen, daß nämlich »das Evangelium zuerst den Völkern gepredigt werden soll«. Das würde bedeuten, daß der eigentliche Ort für die Verkündigung des Evangeliums von Christus heute der Gerichtshof und Untersuchungsrichter ein offenes Ohr für das Zeugnis seines Opfers hat. Seine Rolle ist es zu fragen und nach Motiven und Gründen zu suchen. Er mag glauben, alle Karten in der Hand zu haben, aber vor Gott ist er ein verlorener und sterbender Mann. Der Gefangene dagegen, der weiß, was der Mensch braucht, ist in der idealen Situation, ihn mit »der Macht Gottes«, seinem Wort, zu konfrontieren.

Das heißt nicht, daß der Gefangene dem Gericht entgeht, selbst wenn es ungerecht ist. Jesus, unser Herr selbst, stand unter falschen Anschuldigungen, und er benutzte ein Gericht und eine Hinrichtung, um seine Richter, einen Mitgefangenen, seine Henker und das Volk zu dem Eingeständnis zu bringen, daß er ein schuldloser Mensch war. Wir sind nicht schuldlos. Und doch: »Wir werden bedrängt, in Zweifel versetzt, verfolgt, zu Boden geworfen, allezeit tragen wir das Sterben Jesu am Leibe herum, damit auch das Leben Jesu an unserem Leibe offenbar werde.«

Die Gemeinschaft mit Christus, dem Überwinder, durch Teilhabe an seinem Triumph über den Tod – dieses Privileg war lange Zeit das Ziel Watchmans für seine Mitchristen. Der stürmische Symbolismus des Roten Drachens und der gebärenden Frau in der Offenbarung des Johannes hatte Watchman schon in den vierziger Jahren gefesselt. Dieses Kind und seine Flucht zum Throne Gottes war für ihn ein Bild der Auferstehung, da jene, die mit dem Bild gemeint waren, ihr Leben nicht liebten, selbst bis zum Tod. Nun mag man meinen, daß der chinesische Drachen wenig mit dem hellenistischen Symbolismus des Johannes zu tun hat. Doch für die chinesischen Gläubigen hat der Gedanke an einen enttäuschten Drachen – und einen roten – einen gewissen Reiz[3].

In einer Nachtsitzung erklärte der Premierminister Tschu En-lai den Gründern der »Chinesischen christlichen Drei-Selbst-patriotischen-Bewegung«, was die Partei unter Freiheit des christlichen Zeugnisses verstand. »Unter der Voraussetzung, daß Sie Ihre sozialen Aufgaben weiterhin wahrnehmen, erlauben wir Ihnen auch künftig den Versuch, Menschen zu bekehren. Sie und ich sind der Meinung, daß sich Wahrheiten durchsetzen werden. Wir denken, daß Ihr Glaube unwahr und falsch ist. Deshalb werden die Menschen, wenn wir Recht haben, Euch abweisen, und Eure Kirche wird zerfallen. Habt Ihr dagegen Recht, dann werden die Menschen Euch glauben. Aber da wir sicher sind, daß Ihr Unrecht habt, haben wir uns für die kommende Entwicklung vorbereitet.« Das war die gnädige Eröffnung eines erbarmungslosen Planes, der aber schon beantwortet ist in der Versicherung Jesu an seine Kirche, daß selbst die Pforten der Hölle sie nicht überwinden werden. Wenn Jesus das sagt, dann hat er selbst für die Festigkeit dieser Pforten gesorgt. Und sicher ist dies der Grund, weshalb wir heute in China einen lebendigen christlichen Glauben erwachen sehen. »Der alte Aberglaube lebt wieder auf«, stellen die enttäuschten Wachhunde der Partei fest, und sie müssen es wissen.

Die offene Kollision ist unausweichlich. Christliches Leben kann nicht unsichtbar und nicht dauernd im Untergrund vor sich gehen. »Das Christentum ist keine Religion für einige Laien. Es ist sozial und an Gemeinschaft gebunden. Deshalb muß es den Kommunismus herausfordern.«

Im Januar 1970 wurde Watchman im Alter von 66 Jahren und nach achtzehn Jahren Schanghaier Gefängnishaft in eine offene Anstalt oder ein Arbeitslager auf dem Land verlegt. Dort vertrug er entweder das Klima nicht, oder die leichte Arbeit, die man ihm gab, wurde ihm zuviel. Seine Herzbeschwerden stellten sich wieder ein und machten ihm viel zu schaffen, und vermutlich wurde er deshalb für eine Zeit nach Schanghai zurückgebracht. Im nächsten Jahr ging es ihm besser.

Der Tag, an dem er zwanzig Jahre Haft hinter sich hatte, kam näher, und Charitys Hoffnungen regten sich wieder. Eines Abends im September 1971 brachte sie etwas in ihrem kleinen Heim an, womit sie Watchman bei seiner Rückkehr erfreuen wollte. Sie stand auf einem Stuhl, als sie plötzlich das Gleichgewicht verlor. Möglicherweise hatte sie einen leichten Schlaganfall. Sie fiel schwer zu Boden und brach sich mehrere Rippen.

Freunde benachrichtigten ihre Schwester in Peking, die sie zuletzt vor Watchmans Prozeß gesehen hatte. Diese kam noch rechtzeitig zu ihr ins Krankenhaus, ehe sie starb. Gott hatte sein Kind zu sich genommen.

Nachdem diese Schwester für Charitys Beerdigung gesorgt hatte, besuchte sie Watchman in dem Arbeitslager, das etwas von der Stadt entfernt lag. Er hatte die Todesnachricht schon erhalten und litt unter dem Verlust. Sie hatten sich beide so auf ihre Wiedervereinigung im April gefreut. Die Schwester berichtete jedoch, daß er guten Mutes sei.

Was nun im Sommer 1972 eigentlich geschah, wissen wir nicht genau. Am 12. April waren zwanzig Jahre Haft um, das waren fünf Jahre über das Strafmaß hinaus, zu dem er verurteilt worden war. Zehn Tage später schrieb er seiner Schwägerin in seiner klaren, festen Handschrift. Er redete sie »Ältere Schwester« an und dankte ihr zunächst für einige Päckchen mit Geschenken.

»Ich habe Deinen Brief vom 7. April erhalten und ersehe daraus, daß Du meinen Brief, in dem ich die Sendung bestätigte, nicht bekommen hast. Alles, was Du aufzählst, habe ich erhalten, und ich bin Dir sehr dankbar.« Dann beruhigte er sie über seinen Zustand: »Du weißt, meine chronische Krankheit werde ich nicht los. Die Anfälle sind natürlich qualvoll, aber in der Zwischenzeit ist es nicht so schlimm. Die Heftigkeit der Anfälle wechselt und an Genesung ist nicht zu denken. Die Sommersonne gibt der Haut ein wenig Farbe, aber auf die Krankheit hat sie keinen Einfluß. Doch bin ich voller Freude, so beunruhige Dich bitte nicht. Ich hoffe, daß Du gut auf Dich aufpaßt und auch Dein Herz von Freude erfüllt ist.

Mit guten Wünschen Schu-chu.«

Er unterschrieb mit dem Kosenamen seiner Kindheit, den sie benutzten, als sie vor langer Zeit in Futschou zusammen spielten.

Sechs Wochen später befand er sich in der Provinz Anhwei. War die lange Reise dorthin zu viel für ihn? Gab es dort neue Entbehrungen? Wurde er als Intellektueller, der sich nicht gewandelt hatte und der keine bürgerlichen Rechte mehr besaß, schlecht behandelt? Oder verschlechterte sich sein Gesundheitszustand plötzlich? Wir wissen nichts Näheres. Wir wissen auch

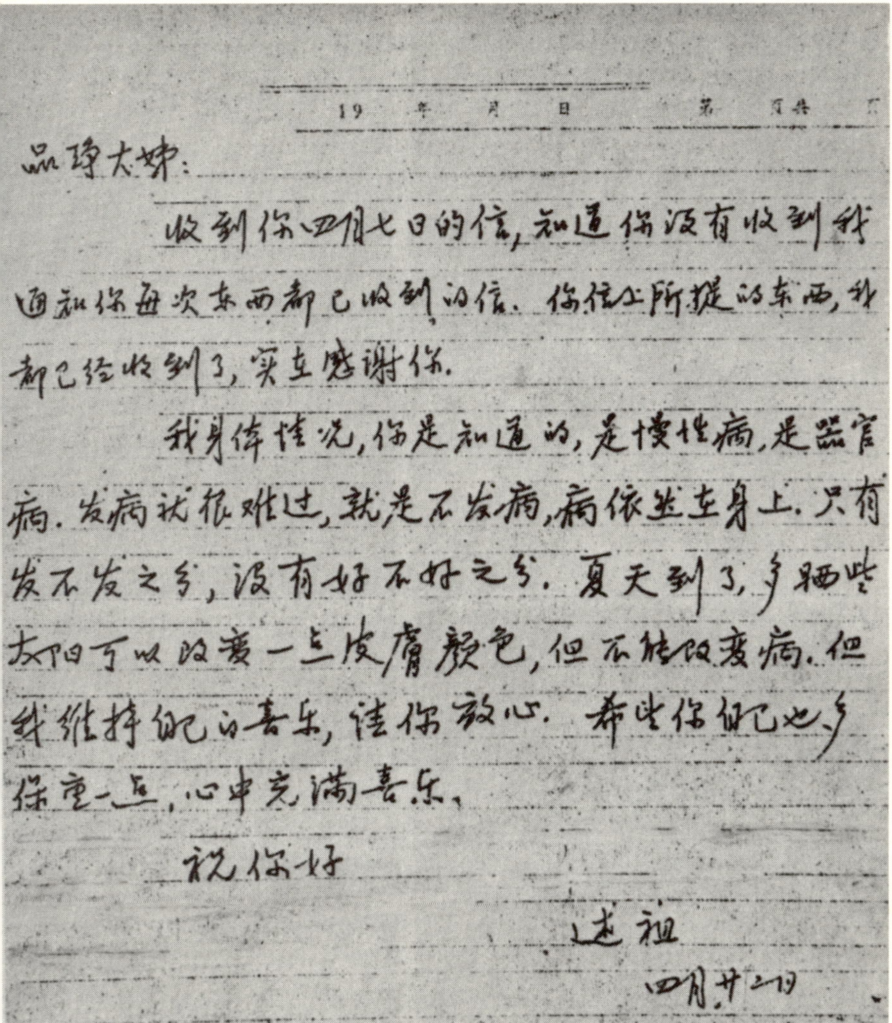

19 年 月 日 第 页

品珍大姊：

收到你四月七日的信，知道你没有收到我通知你每次东西都已收到的信。你信上所提的东西，我都已经收到了，实在感谢你。

我身体情况，你是知道的，是慢性病，是器官病。发病就很难过，就是不发病，病依然在身上。只有发不发之分，没有好不好之分。夏天到了，多晒些太阳可以改变一点皮肤颜色，但不能改变病。但我维持我的喜乐，请你放心。希望你自己也多保重一点，心中充满喜乐。

祝你好

述祖

四月廿二日

*Watchman Nees letzter Brief, datiert 22. April (1972) und unterschrieben mit dem Kosenamen seiner Kindheit: Schu-chu.*

nicht, ob ein Christ ihm bei seinem Tod beistand. Alles, was wir wissen, ist, daß er am 1. Juni 1972 in seinem neunundsechzigsten Lebensjahr hinüberging, um den Herrn zu schauen.

Wenn man seinen letzten Brief sorgfältig durchliest, spürt man mehr hinter den Zeilen. Watchman nimmt seine Lage an und spricht von dem Sonnenschein, der von außen kommt und ein wenig Änderung bringt. Dann schließt er mit seiner Bemerkung über die Freude, die ihn erfüllt, und diejenigen, die ihn kennen, wissen, daß dies ganz zu seinem Charakter paßt. Da ist keine Rede von Selbstmitleid, er ist vielmehr um seine Schwägerin besorgt, daß auch sie die innere Freude spüre, die er erfährt. Wir müssen daran denken, daß er den Namen Gottes nicht erwähnen darf. Der Brief wird zensiert und kann leicht vernichtet werden, wenn etwas den Ärger des Zensors erregt. So verfällt Watchman auf einen anderen Ausweg. Indem er seinen Wunsch für seine Schwägerin ausdrückt, daß ihr »Herz von Freude erfüllt« sein möge, benutzt er vier Zeichen: hsi-loh = Freude und man-tsu = voll. Er mag sie mit einem Zwinkern in den Augen niedergeschrieben haben, denn diese vier Zeichen finden sich in der Übersetzung des Wortes Jesu: »Bittet, und ihr werdet empfangen, und eure Freude wird vollkommen sein.«

Diese verkleidete Botschaft gilt auch uns: »Bittet!« Da Gott immer gegenwärtig ist, gibt es keine Situation auf Erden, in der wir ohnmächtig und unfähig sind. Ob jemand von seinen Feinden gefesselt oder durch die Umstände behindert ist, ob jemand völlig gelähmt oder in einsamer Dunkelheit liegt – wir können beten, wir können uns an ihn wenden, wir können bitten. Und wir werden gewiß empfangen. Wenn wir nur beharrlich fortfahren, zu bitten, wird sich unsere Not in überströmende Freude verwandeln. »Und eure Freude wird niemand von euch nehmen.«

# Landkarte – China

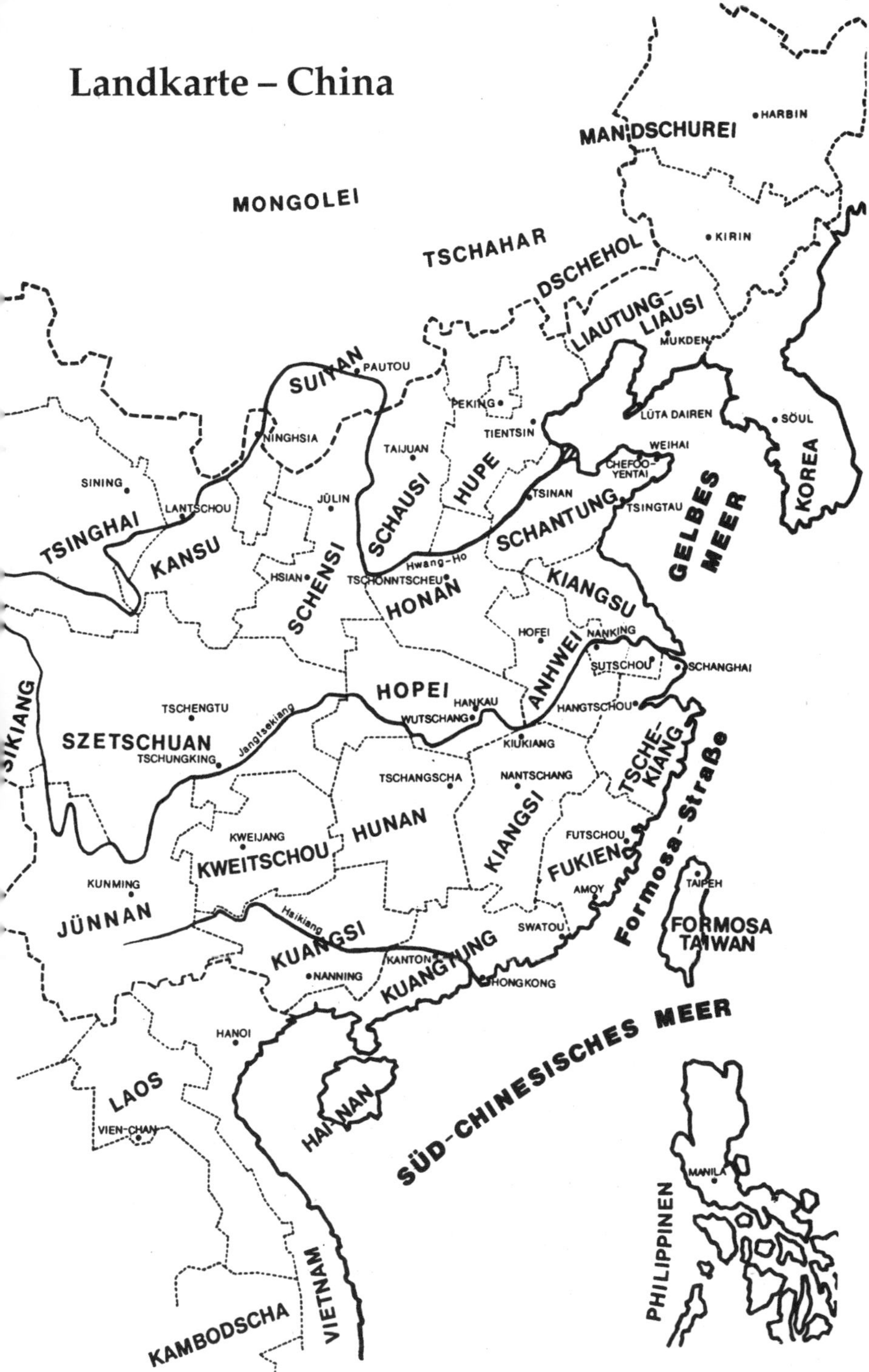

# Literatur und Anmerkungen

## Ehre deine Ahnen

Literatur: Christopher Hibbert, *The Dragon Wakes: China and the West 1793 – 1911,* London 1970; F. Schurmann und 0. Schell, *China Readings 1, Imperial China,* London 1967; J. Doolittle, *Social Life of the Chinese,* London 1868 (geschrieben in Futschou, eine unschätzbare Quelle für den lokalen Hintergrund); Eugene Stock, *The Story of the Fuh-Kien Mission of the Church Missionary Society,* London 1882; und die 4. Aufl. bearbeitet von T. McClelland, 1904; D. MacGillivray, *A Century of Foreign Missions in Foochow,* Schanghai 1907; E. R. Hughes, *The Invasion of China by the Western World,* London 1937.

1 »Die vier Schüler wurden 1857 getauft. Sie alle wurden nacheinander Helfer im Werk. Pastor Nga, unser erster einheimischer ordinierter Pfarrer, war einer von ihnen. Er starb 1890.« Charles Hartwell, *Reminiscences,* Futschou 1904, S. 27. Es ist auch möglich, daß Nga, einer der drei jungen Männer war, deren Predigt eines Abends im September 1860 von J. Doolittle in seinem Buch *Social Life of the Chinese,* S. 599f. behandelt wird.

2 Ihre Geschichte wird von ihr selbst lebendig erzählt: Ni Lin Huo-ping, *En Ai Piao Pen* (Ein Objekt der Gnade und Liebe) Schanghai 1943. Hier wird einiges aus der Familiengeschichte dieser Zeit berichtet.

## Revolution

Literatur: F. Schurmann und 0. Schell, *China Readings 2, Republican China,* London 1967; E. R. Hughes, *The Invasion of China by the Western World,* London 1937; Stephen Chen und Robert Payne, *Sun Yat-sen, A Portrait,* New York 1946; W. S. Packenham-Walsh (Gründer des Trinity-College) *Twenty Years in China,* Cambridge 1935; Wing-tsit Chan, *Religious Trends in Modern China,* New York

1953; Chow Tse-tsung, *The May Fourth Movement; Intellectual Revolution in Modern China,* Cambridge, Mss. 1960; Stuart Schram, *Mao Tse-tung,* London 1966.

## Hingabe

Literatur: H. A. Franck, *Roving Through South China,* London 1925, (MS, *Report for the Year*).

Die Bibelstellen dieses Kapitels:
Lukas 5,11; Römer 6,13; 1. Mose 18,16ff.; Psalm 19,7; Markus 1,11; Römer 6,3; 1. Petrus 3,21f.; Johannes 16,11; Apostelgeschichte 3,15.

## Das Samenkorn entfaltet sich

Literatur: Christiana Tsai, *Königin der dunklen Kammer,* Konstanz 1957.

1 Die Erweckung in Futschou ist als Kien-Schan-Erweckung bekannt.
2 W. Nee, »Zwei Verhaltensgrundsätze – in *Zwölf Körbe voll* Band II, Neuhausen (1972).
3 Jessie Penn-Lewis, *The Cross of Calvary and its Message,* Bournemouth 1903, und *The Logos of the Cross,* 1920, Neuauflage unter dem Titel: *The Centrality of the Cross.*

## Die Glaubensprobe

1 Johannes 15,5. Roland Allen stellt fest, daß Gruppen, die durch unwissende und ungeübte Chinesen zum Evangelium gekommen sind, oft tief in seine Wahrheit eingeführt wurden und danach hungerten, mehr darüber zu erfahren. Er schreibt darüber in *The Spontaneous Expansion of the Church,* London 1927, S. 65.

2 Lukas 6,38; 3. Johannesbrief 7. *Das normale Gemeindeleben,* Kapitel 8.
3 Die Schriftstellerin Pearl S. Buck bestätigt diese Meinung in ihrem Buch *My Several Worlds,* wo sie schreibt: »... die schönen süßen Orangen von Fukien, wo solche Orangen wachsen, wie ich sie nirgends sonst gesehen habe, selbst nicht in Kalifornien«, wie sie sagt.
4 Über den »Großen König« der Animistendörfer in Fukien: J. Doolittle, a.a.0. S. 85, 124, 382.
5 *Sitze, wandle, stehe,* Neuhausen 1972, 3. Kapitel

Weitere Bibelstellen in diesem Kapitel: Johannes 5,19; 2. Korinther 12,9; Josua 6,12ff.; 1. Samuel 5; 4. Mose 17; 2. Könige 2,14.

## Dienst im Ausland

1 Dieses Lied hat 7 Strophen; es wurde als Nr. 128 in sein Liederbuch Hsiao Chun Schih-Ko (Kleine Herde Lieder) aufgenommen.
2 Lukas 4,43.
3 Berichtet in *Sitze, wandle, stehe* und *Zwölf Körbe voll* Bd. I. Die beiden etwas verschiedenen Berichte lassen darauf schließen, daß es mehr als eine von solchen Episoden gegeben hat.

## Die alten Weinschläuche

Literatur: D. M. Paton, *Christian Missions and the Judgment of God,* London 1953.

Die Bibelstellen dieses Kapitels:
1 1. Petrus 5,6.
2 Römer 6,1ff.; 1. Korinther 1,30; Galater 2,20.

## Irdene Gefäße

1 W. Nee, *The Spiritual Man:* Die englische Übersetzung erschien in drei Bänden in New York 1968. Die beiden Vorworte stammen vom 4. Juni 1927 und 25. Juni 1928.

2 1. Korinther 10,16ff.; 11,23f.; 14,26.29ff.; Apostelgeschichte 20,7ff.; 1. Korinther 11,5ff.; 14,34f.; 1. Timotheus 2,11f.

3 Einige Informationen über die Zeitschriften, die Watchman Nee herausgegeben hat – neben »Der Christ« auch das kurzlebige Blatt »Der Bibel-Report« –, und Auszüge daraus entnahmen wir dem Buch seines ältesten Neffen Stephen C. T. Chan: *O-tih Chiu Fu Ni To-sheng* (Mein Onkel Watchman Nee), Hongkong 1970. Chan stellt fest, daß »seine offenen Briefe in *Erweckung* Jahrgang 1928 große Schwäche als Folge seiner langen Krankheit verraten«. – Margaret E. Barber, *Verse eines Pilgrims,* herausgegeben von ihrer Kollegin Margaret L. Ballord, erschien in Futschou Oktober 1931.

4 2. Korinther 1,8; 2,4; 4,8; 6,10.

## Ernüchterung

Literatur: Stephen C. T. Chan, a.a.O., Kapitel 22; A. J. Gardiner, *The Revocery and Maintenance of the Trust,* 2. A. Kingst-upon-Thames 1963; L. T. Lyall, *John Sung,* London 1954.

1 W. Nee, *The Latent Power of the Soul,* New York 1972, S. 69. Er war musikalisch. Dissonanzen konnten ihn peinigen.

2 Offiziell »Hymnen« oder mit dem vollständigen Titel: *A Few Hymns and some Spiritual Songs, selected 1856, for the Little Flock,* überarbeitet von J. N. Darby, London 1881. Der Titel ist an die Worte Lukas 12,32 angelehnt: »Fürchte dich nicht, kleine Herde, denn es hat eurem Vater gefallen, euch das Reich zu geben.«

3 *The Latent Power of the Soul.* Hier besonders die Seiten 51, 54f., 71ff. Das Buch wurde zum ersten Mal 1933 als Anhang zu *The Spiritual Man* gedruckt und steht in enger Nachbarschaft zu Jessie Penn-Lewis' *Soul and Spirit.*

4 Es waren: aus England C. R. Barlow und Mr. und Mrs. A. Mayo, aus San Franzisko Dr. Powell und aus Australien Mr. und Mrs. Joyde, M. Phillips und Mr. W. J. House.
5 Es handelt sich um die im Unterschied zu den »Offenen Brüdern« als »Exklusive Brüder« bekannte Gruppe, deren Ansichten keineswegs für die Brüderbewegung repräsentativ sind.
6 Einen Fall von Exorzismus sehen wir in *»Der persönliche Auftrag des Christen«*, Wuppertal 1968, S. 127f.
7 Taylor schrieb aus New York: »Die Person, durch die er bekehrt wurde, eine Frau, lehrte ihn einiges über Prophetie. Es entspricht dem, was die Heiligen normalerweise glauben. Bei ihm aber verstärkte es seine Irrtümer. Er gab die Wahrheit für den Irrtum hin.«
8 Dies ist eine der befriedigendsten Äußerungen Watchman Nees über die christliche Wahrheit. Weitere finden wir in *»Sitze, wandle, stehe«; Das normale Christenleben*, S. 123f.; *Der Spiegel Gottes*, S. 64f.; *Zwölf Körbe voll*, Bd. I, S. 27f.

**Neue Horizonte**

Literatur: Leslie T. Lyall, *John Sung*, London 1954; Hollington Ton, *Christianity in Taiwan*, 1961; F. B. Jones in China Bulletin 4/1955; *The Orthodoxy in the Church*, Los Angeles 1970; Frank Rawlinson, *The China Christian Year Book*, Schanghai 1935; A. I. Gardiner, *The Recovery and the Maintenance of the Trust*, 2. A. 1963; Witnes Lee, *The Baptism of the Holy Spirit*, Los Angeles 1969.

1 Jesaja 54,17.
2 Das Schreiben bekennt sich zu folgenden Grundsätzen:
»Wir müssen unterscheiden zwischen ›Sünden‹ (sowohl moralische als auch lehrmäßige), die die Gemeinschaft mit Gott stören, und ›Sünden‹ die das nicht tun. Wir sind sicher, daß ›Sünden‹ wie Götzendienst und Leugnen, daß Christus im Fleisch gekommen ist, den Betreffenden aus der Gemein-

schaft ausschließen, daß aber andere ›Sünden‹, etwa die falsche Gemeinschaft oder falsche Auslegung der Prophetie, die Gemeinschaft mit Gott nicht hindern. Die Tatsache bleibt bestehen, daß manches Kind Gottes in solchen Systemen, denen wir die Fähigkeit zur Gemeinschaft absprechen, eine engere Verbindung zu Gott und eine reichere Gemeinschaft mit dem Herrn hat als wir. Es ist der Geist, und der Geist allein, der über die Frage entscheidet, ob jemand tauglich zur Gemeinschaft ist oder nicht.
Wir nehmen einen Menschen an, weil Gott ihn angenommen hat (Römer 14,3). Dazu kommt das göttliche Gebot: ›Den Schwachen im Glauben aber nehmet auf‹ (Römer 14,1). Wir sollen alle die annehmen, die Gott angenommen hat. Dieses Gebot ist klar, entscheidend und umfassend.«

3 Vergl. 1. Korinther 12,30.

### Rückbesinnung

Literatur: George A Young, *The Living Christ in Modern China*, Schanghai 1938, London 1947; *The Keswick Convention 1938*, London 1938.

1 *Concerning Our Missions*, London u. Schanghai 1939, erschien in Washington 1962 unter dem Titel *The Normal Christian Church Life*, deutsch: *»Das normale Gemeindeleben«*, Wuppertal 1974. Doch in dem Titel *»Das normale Christenleben«* versteht Nee das Wort normal als bewußte Abschwächung des Wortes sieghaft und soll als Herausforderung verstanden werden, während im Titel »Das normale Gemeindeleben« normal mehr als korrekt verstanden wurde, was einschließt, daß jede andere Art kirchlichen Lebens oder auch der Mission abnorm wäre. Dazu kommt, daß das normale Gemeindeleben nicht in erster Linie die Kirche, sondern das »Werk« betrifft. Deshalb sagt er ausdrücklich: »Der Titel des Buches erklärt seinen Charakter. Es ist keine Abhandlung über missionarische Methoden, sondern ein Rückblick auf unsere Arbeit im Lichte

dessen, was Gott will, soweit wir dies in seinem Wort entdeckt haben.«

2 G. H. Lang sagt, daß Nee in dem Vers Apostelgeschichte 9,31 den Plural »Kirchen« überbetont, während die Grundtexte den Singular haben. Nee sah dieses Problem und versuchte eine Lösung durch den Vergleich mit den Londoner Postbezirken, die aber zuweilen durch die Laune der Stadtverwaltung verändert wurden. Hat er diesen Nebeneffekt beabsichtigt?

## Der Höhepunkt

1 W. Nee, *Changed into His Likeness,* London 1968 – *Der Spiegel Gottes,* 2. Aufl. Wuppertal 1970.

2 Norman Baker, Verlagsmitarbeiter bei der CIM, hatte Nee die damals gültige Ausgabe von deren Handbuch »Principles and Practice« gezeigt, und Nee stellte bei der Durchsicht fest, daß die Mission unter der Rubrik »Kirchenleitung« wenig oder gar keinen Raum für die chinesische Vorstellung von Gottesdienst gab, auch nicht für den Fall, daß die Kirchenleitung eines Tages in chinesische Hände überginge.

3 Das Pamphlet von H. T. Ku hatte den Titel *Hsiao-shun* und erschien in Schanghai 1940. Vielleicht war es dieses Pamphlet, das zusammen mit anderen zwölf Jahre später den Vorwurf der Zusammenarbeit mit Imperialisten stützen mußte.

## Rückzug

1 Johannes Klimakus, *Scala Paradisi.*

2 Diese Predigten über Offenbarung Kapitel 2 und 3 wurden in Tschungking 1945 veröffentlicht.

3 *Tschia,* Familie, vielleicht zunächst als Hausgemeinde verstanden, Römer 16,5; schon bald weitet sich dieser Begriff auf Versammlungen in großen Versammlungshäusern aus, wie später in Taiwan, die jedoch weiterhin unter der Führung der Ältestenschaft einer einzigen Stadtgemeinde stehen. Hebräer 13,17.

4 *Pai,* ein militärischer Begriff für einen Zug Infanterie.

5 In New York 1972 veröffentlicht unter dem Titel *Basis Lessons on Practical Christian Living* in 6 Bänden. Die Untertitel sind: *A Living Sacrifice, The Good Coniession, Assembling Together, Not I, but Christ, To All to the Glory of God, Love One Anotber.* Dieses System wurde später in die Hände der Polizei eines totalitären Staates gespielt.

6 »Report of a Fellowship Gathering« von Witness Lee im ersten Heft einer neuen Zeitschrift, *The Ministry,* herausgegeben von W. Nee, Juni 1948.

**Rückkehr**

1 Johannes 12,24. *Freiheit für den Geist,* Neuhausen, 4. Aufl. 1972.

2 Bericht in *Believer's News,* herausgegeben von C. H. Yu, Schanghai Oktober 1944.

3 Diese Gedanken wurden in späteren Instruktionen ausgearbeitet, so in Watchmans Ansprachen für die Mitarbeiter in Kuliang im August 1948: *Further Talks on the Church Life,* Los Angeles 1966.

4 Die Aussöhnung in Futschou war jedoch noch nicht vollständig. Seit 1928 gab es in Nantai zwei Versammlungen mit zwei Gruppen von Ältesten, die das Prinzip »eine Stadt ohne Kirche«, das der Bewegung so wichtig war, sprengten. Chang Chi-chen, der Nachfolger von John Wang, war der Senior unter den Ältesten jener Gruppe, die sich in der Nähe des Fußballplatzes trafen. Und obwohl er sich an den Diskussionen beteiligte, lehnte er die neuen Ideen ab und war in diesem Stadium der Diskussion nicht bereit, seine Mitältesten zum Brotbrechen mit den Mitarbeitern und Vertretern der anderen Gruppe zu führen. Das verursachte viel Kummer unter denen, die auf einen vollständigen Neubeginn in Futschou gehofft hatten. Und obwohl Watchman Nee selbst große Anstrengungen machte, blieb die Situation ungeklärt. Stephen Chan, a.a.O., S. 51ff.

5 George N. Patterson, *God's Fool,* London 1956, und Geoffrey Bull, *Am Tor der Gelben Götter,* Wuppertal 1957.

6 Alle außer der letzten sind in Englisch erschienen. *The Normal Christian Worker,* Hongkong 1965; *Der normale Mitarbeiter,* Winterthur 3. Aufl. 1971; *The Ministry of God's Word,* New York 1971; *Spiritual Authority,* New York 1972; daraus erschien gesondert *The Spiritual Man,* New York 1968; Basic Lessons, 6 Bände New York 1972-74; *Further Talks on the Church Life,* Los Angeles 1966.

## Eine folgerichtige Wahl

Literatur: Leslie T. Lyall, *Come Wind, come Wether,* London 1961, (*Trotz Wind, trotz Wetter,* Gießen 1961); E. Hunter, *The Story of Mary Liu,* London 1956; George N. Patterson, *Christianity in Commun ist China,* Waco, Texas, 1969; F. P. Jonas, *Documents of the Three Self Movement,* New York 1963; Kittockin, *Servants of God in People's China,* New York 1962; A. I. Swanson, *Taiwan,* Pasadena 1970.

1 Als die Gemeinde von Schanghai in die Nanyangstraße umzog, verbreitete ein chinesischer Christ aus einer anderen Gruppe eine Broschüre mit dem Titel »Sieben offene Briefe an Watchman Nee«, die Watchman geistliche Arroganz nachsagten, die sich mit seiner Selbstbescheidung in der Predigt schlecht vertrüge.

2 Die Jesus-Familie, die Ma-Chuang 1921 in Tien-jing gegründet hatte, übertrug die Prinzipien der ersten Christenheit auf das chinesische Familiensystem. Damit wollten sie auf kleinem Raum praktizieren, was der Kommunismus im Blick auf Eigentumspolitik propagierte. Trotz einiger Irrtümer in Lehre und Praxis waren es echte Evangelikale, die ihre Bibel liebten. Leslie Lyall schreibt über diese Bewegung: »Anstatt einsame Pioniere hinauszuschicken, die nur wenig Fortschritt sahen und oft entmutigt wurden, verpflanzte sich eine ganze christliche Gemeinschaft mitten in heidnisches Gebiet und lebte dort aktives Gemeindeleben. Man muß nicht viel Phantasie haben, um sich vorzustellen, was das für Möglichkeiten sind,

wenn es darum geht, chinesische Gebiete zu evangelisieren, in denen es noch keine Gemeinden gibt.« *China millions*, London Januar 1951; D. Rees, »*The Jesus family in Kommunist China*«, London 1954.

3 Hebräer 10,25.

4 Mary Weller in *China's Millions* 1951, S. 103. Zwei Jahre später lesen wir: »Es ist interessant zu sehen, wie sich die ›Kleine Herde‹, oder wie sie sich lieber nennen: Christliche Versammlung, zu einer großen christlichen Denomination in China entwickelt.« Francis P. Johns, *China Bulletin* 7. Dezember 1953.

5 John R. Mott erntete eine Generation früher die Bewunderung chinesischer Studenten dadurch, daß er den Posten eines US-Botschafters bei Tschiang Kai-schek ablehnte.

6 Merwin und Jones, Documents S. 19f.; 34ff.; E. Hunter, a.a.0. S. 138; L. T. Lyall, a.a.O., S. 21ff.

7 Markus 6,35ff.; Johannes 6,1ff.

## Die Falle klappt zu

Einen außerordentlich guten Bericht über die 10 Jahre in Schanghai von 1949 bis 1959 finden wir in dem Buch von Helen Willis, das im Christian Book Room 1961 in Hongkong unter dem Titel *Through Encouragement of the Scriptures* erschienen ist. Weitere Literatur: Merwin und jones, *Documents; The Story of the Year 1951* der China Inland Mission, London; E. Hunter, a.a.O.; Wing-tsit Chan, *Religious Trends in Modern China*, New York 1953. Viele haben in dem ausgesprochen puritanischen Charakter dieser Phase einen christlichen Hintergrund entdeckt, auch in einigen Techniken; so C. P. Fitzgerald, a.a.0. S. 134; *Liberation Daily*, Schanghai, 18. Februar 1956; Robert Ford, *Captured in Tibet*, London 1957, S. 16ff.; Geoffrey T. Bull, *Am Tor der Gelben Götter*, Wuppertal 1957; Edward Hunter, *Brain-Washing in Red China*, New York 1951; *Himmlischer Wind*, Schanghai 1956, Nr. 4, 7, 8; Mary Wang, *The Chinese Church that Will Not Die*, London 1971; *China Bulletin* 12, 17-20; Leslie T. Lyall, a.a.0. Kapitel 6.

1 Philipper 3,7.
2 Soweit bekannt ist, gipfelte die Erkenntnis in dem Eingeständnis, daß er bezahlte Angestellte einsetzte, um die Besitzungen in Futschou zu pflegen, ohne selbst mit Hand anzulegen.
3 Einige Vertreter der »Kleinen Herde« hatten die nationale christliche Konferenz der Drei-Selbst-Bewegung im Mai 1954 als Beobachter besucht, einer von ihnen betätigte sich als eines der zwölf Mitglieder im ständigen Exekutivkomitee.
4 Einige Ausgaben, die unter Ruth Lee's Leitung erschienen sind, sind noch vorhanden; die letzten tragen das Impressum von Schanghai von 1953 und 1954.
5 Nachdem er ein Jahr später mit einem Nervenzusammenbruch entlassen worden war, fand er genug neue Kraft, um sein öffentliches Bekenntnis zu widerrufen, woraufhin er wieder ins Gefängnis kam, diesmal für unbestimmte Zeit.

**Die Feuerprobe**

Die Ereignisse und Vorfälle, die in diesem Kapitel beschrieben werden, fanden ihren Niederschlag in Schanghai in *Liberation Daily* vom Februar 1956; in *Tien Feng* (Himmlischer Wind), Schanghai, dem offiziellen Organ der Chinesischen Drei-Selbst-patriotischen Bewegung, Nr. 3 bis 8, 1956; und in *Hsueh Hei Tung Hsun* (Studien-Report) vom Februar 1956, einer Veröffentlichung der gleichen Bewegung in Schanghai. Auszugsweise erschienen Übersetzungen in F. P. Jones, *The China Bulletin*, New York, Band 6, 1956, und in Clayton H. Chu, *Religion in Communist China*, New York 1958, S. 30ff. Außerdem bei Thomas I. Lee, *China News Release Nr. 11*, Minneapolis, 17. Juli 1956; Merwin und Jones, *Documents*, S. 122ff.

1 Dort, wo Dokumentationen nachgeprüft werden können, zeigt es sich, wie die totale Verfälschung und Übertreibung der Fakten durch die sinnlose Wiederholung von Frage und Antwort noch gesteigert wurden. Zur »Reaktionärsclique«

gehörten »Ruth Lee, Peace Wang, Cheng Yu-chih, Lan Chih-i und andere«.

2 »Seit hundert Jahren wenden die Missionare des Imperialismus ein bösartiges Rezept an: Es gehört zu ihrer geschickt planenden Strategie, daß sie die chinesischen Christen mit dem Gift der Idee impfen, Religion stehe über der Politik.« Dr. H. H. Tsui an die nationale Konferenz der chinesischen christlichen Kirche, Peking März 1956 (Merwin und Jones, Dokumente S. 141).

3 *In der Welt – nicht von der Welt,* London 1968/Wuppertal 1971. Das Thema wurde 1941 erarbeitet.

4 Nach einem allerdings nicht lückenlosen Bericht hatte die »Kleine Herde« damals 362 Gemeinden und 36000 Mitglieder allein in Tchekian. Daraus schließt man, daß die Mitglieder der »Kleinen Herde« 15 bis 20% der gesamten protestantischen Kirche in China ausgemacht haben, und das würde wiederum bedeuten, daß sie die größte Einzel-Denomination gewesen wäre (nach *Ecumenical Press Service,* Genf, 22. November 1957). Es ist jedoch sicher, daß viele von diesen Gemeinden ursprünglich von der China-Inland-Mission gegründet worden waren und mit anderen unabhängigen Gruppen zur »Kleinen Herde« stießen (*The Millions,* London, Juli 1958).

5 Offiziell wird angenommen, daß es sich um einen Zeitabschnitt von 15 Jahren handelt. Merwin und Jones glauben aber 1963 Gründe genug zu haben, 20 Jahre anzunehmen (Documents of the Three Self Movement, S. XII); sie haben recht.

**Unterdrückung**

Einen guten Überblick über diese Zeit gibt Leslie T. Lyall in seinem Buch *»Der rote Himmel«,* China und die Christen nach der Kulturrevolution, Gießen 1969. Meine Informationen über die Verhältnisse im Schanghaier »First Municipal Prison I« verdanke ich Leslie Haylen's Beschreibung in *Chinese Journey,* Sydney 1959,

S. 73ff., und den Erfahrungen zweier Angehöriger der Jehovas Zeugen in *The Watchtower* vom 15. Juli 1963, S. 437; ferner einem Bericht von Stanley E. Jones, Mary Wang, a.a.0. S. 89ff.; Helen Willis, a.a.0. S. 58ff.; Merwin und Jones, *Documents,* S. 180ff. Ferner bei den beiden australischen Gesandten in Peking und Schanghai, Colin Mackerras und Neale Hunter in *China Observed 1964-67,* London 1967, Kapitel 12-14; weitere Informationen gibt *China Reconstructs,* Peking, April 1968, S. 2.

1 Möglicherweise beide Arme. Die Episode ist vielleicht der Hintergrund für die im Westen kursierenden Gerüchte über seine Verstümmelung. Nach Richard Wurmbrand stachen ihm die Kommunisten, weil er nicht aufhörte, sich zu Christus zu bekennen, die Augen aus, schnitten ihm die Zunge heraus und hackten ihm die Hände ab (zitiert bei Harold Martinson). Diese grauenhaften Gerüchte kursierten im Mai 1970 und dann noch einmal im Dezember 1972. Watchmans letzter handgeschriebener Brief, der ohne Zweifel echt ist, widerlegt die Gerüchte.

**Die letzten Jahre**

Literatur: David M. Paton, *Christian Missions and the Judgment of God,* London 1953, S. 49. Siehe auch Victor E. W. Hayward, *»Ears to Hear«, Lessons from the China Mission,* London 1955; Wing-tsit Chan, *Religious Trends in Modern China,* New York 1953; C. P. Fitzgerald, *The Birth of Communist China,* London 1964.

1 Diese Bewegung muß im Zusammenhang mit dem heutigen China als eine von Gottes ursprünglichen Schöpfungen betrachtet werden, denen wir in der Geschichte immer wieder begegnen. Ihr Verfahren auf andere Bewegungen zu übertragen, würde nur Enttäuschungen hervorrufen.
2 David Bentley-Taylor in einem Brief an *The Life of Faith,* Dezember 1963.

3 Ein Chinese, der seinen Namen mit dem chinesischen Zeichen für »Drachen« schreibt, ist bei der Taufe immer daran interessiert, seinen Namen zu ändern.

Fitzgerald, a.a.O., S. 141.

Johannes 16,24, Jesus vergleicht christliches Fruchtbringen mit der Erhörung des Gebets in Johannes 15,16.